Astrologie : Livre 6

Les aspects astrologiques à la Lune et à Vénus

© 2015/2021 – Eric Jackson Perrin
www.coaching-evolution.net

Edité par Eric Jackson Perrin
69300 Caluire et Cuire

Imprimé en Allemagne par BoD – Books en Demand
ISBN : 979-10-94871-09-6
Dépôt Légal : Mai 2015

Table des matières

PREFACE ET REMERCIEMENTS

L'astrologie est en pleine évolution depuis quelques décennies et chacun a son opinion sur cette discipline.

L'objectif n'est pas ici de présenter un résumé des aspects astrologiques, différents auteurs le faisant fort bien, mais de traiter chaque aspect en profondeur, en envisageant les différentes facettes sous lesquelles l'aspect peut s'exprimer, et de donner quelques clefs pour canaliser chaque aspect dans le sens d'un développement personnel. Les textes qui suivent ont donc vocation à être utilisés pour effectuer des prises de conscience puis des transformations.

Ce livre s'adresse aux astrologues qui veulent approfondir leur pratique des aspects astrologiques, aux étudiants en astrologie et à toute personne souhaitant approfondir sa connaissance de la nature humaine.

Pour utiliser les textes qui suivent sur les aspects, il est préférable d'avoir des notions de base en astrologie. Cependant, il est simple de comprendre que l'être humain est constitué d'un ensemble de personnages, tout comme le corps physique est constitué de différentes parties.

L'âme humaine est fabriquée à partir de 144 « archétypes » ou personnages et les « aspects » sont une partie de ces archétypes. La totalité de chaque archétype est présentée ici. Il est cependant important de noter que chaque individu va exprimer un aspect à sa façon, en fonction de son histoire personnelle et de l'ensemble de son thème astral, c'est-à-dire de sa structure psychologique. Chacun pourra reconnaitre sa façon personnelle d'exprimer un aspect mais aussi le potentiel de chaque aspect, potentiel qui n'a peut-être pas été exprimé.

Chacun est ensuite libre d'exprimer chaque personnage en lui donnant une forme adaptée à son évolution.

Ce livre et les suivants, dont je suis simplement l'interprète, sont issus de deux millénaires de civilisation occidentale baignée par l'astrologie. Ils n'auraient pu être écrits si des astrologues anciens et contemporains, Américains, Arabes et Européens, n'avaient pas effectués des recherches et différentes publications, et si ceux qui nous guident dans les hautes sphères de l'invisible n'étaient pas là pour faciliter leur réalisation.

Un grand merci aux astrologues conditionnalistes sans lesquels ce livre n'aurait pu être aussi détaillé et aux ami(e)s, qui par leurs témoignages et commentaires, ont permis de faire coller la théorie à la réalité vécue.

Un fervent hommage et un chaleureux merci à :

Sylvie Beauget
Jean-Pierre Nicolas
Bernard Blanchet
Et Christophe de Cène

Ce livre et les suivants sont dédiés :

 - A toutes les personnes qui souhaitent utiliser un outil source de conscience.

- Aux professionnels des sciences humaines et de la relation d'aide pour qu'ils expérimentent l'outil astrologique.

 Et à mes ancêtres

- Aux descendants de Sir James Whitaker Jackson et Elizabeth Stackhouse Dowbiggin.
- Aux descendants de Charles Louis Meiner et Rosalie Japy
- Aux descendants de Jean-Frédéric et Suzanne Peugeot
- Aux descendants de Don Antonio Bennasar Joy et Margarita Ballester Gari.
- Et aux descendants de Melchior Perrin et Jeanne Collilieuf.

Enfin, un chaleureux merci aux ami(e)s de Besançon.

Besançon le 01/01/1996
Caluire et Cuire le 02/04/2021

INTRODUCTION ET GESTION DES ASPECTS : QUELQUES DONNEES TECHNIQUES.

L'interprétation plus détaillée des aspects est décrite dans le livre « Analyse et interprétation du thème astrologique. Vous trouverez néanmoins ici l'essentiel des données techniques.

DEFINITION D'UN ASPECT :

D'un point de vue astronomique, un aspect est une distance angulaire significative entre deux planètes, où entre le Soleil et une planète. Un aspect se mesure en degrés d'angle.

Dans l'interprétation astrologique, un aspect est une relation cyclique entre deux ou plusieurs fonctions psychologiques, c'est-à-dire entre un ensemble de besoins, de tendances et d'aptitudes à satisfaire ces besoins.

Il existe un aspect entre deux fonctions psychologiques lorsque les deux planètes forment un certain angle entre elles.

Prenons l'exemple du Soleil et de la Lune : Une relation entre ces deux fonctions psychologiques débute lorsque les deux planètes sont l'une à coté de l'autre, à la nouvelle Lune. Cette relation évolue au fur et à mesure que la planète la plus rapide s'éloigne de la plus lente.

Au cours de cette évolution, la relation entre ces deux fonctions traverse différentes étapes, différentes phases, où la relation entre les deux fonctions a une signification particulière par rapport à l'ensemble du cycle.

Les aspects sont donc les étapes importantes de la relation cyclique entre deux fonctions psychologiques. Les étapes les plus importantes se produisent lorsque les deux planètes forment des angles de zéro degré (on appelle cet aspect la conjonction), de soixante degrés (on appelle cet aspect le sextil), de quatre vingt dix degrés (on appelle cet aspect le carré), de cent vingt degrés (on appelle cet aspect le trigone) et de cent quatre vingt dix degrés (on appelle cet aspect l'opposition).

On dit qu'il y a par exemple une conjonction Soleil-Lune, un sextil Soleil-Lune etc. En nommant un aspect, on nomme en premier la planète la plus rapide puis la plus lente. On parle ainsi d'un aspect Soleil-Vénus, Jupiter-Saturne, Saturne-Uranus, et non d'un aspect Vénus-Soleil, Jupiter- Saturne etc. Chaque aspect ou relation a des caractéristiques particulières. Certaines relations (les sextils et trigones) sont vécues de façon naturelle, souvent inconscientes, spontanées et en douceur. Les deux fonctions psychologiques se comportent comme des associés, des partenaires, des complices ou des amis, en accord l'une avec l'autre, l'une intervenant systématiquement quand l'autre se manifeste en l'aidant, mais sans qu'il y ai forcément la tension nécessaire pour évoluer.

D'autres relations (les carrés et oppositions) sont vécues comme des crises ou des défis, dans la difficulté et la dualité. Les deux fonctions se comportent comme des rivales et sont en compétition, en rapport de force l'une avec l'autre. Cela engendre cependant une tension intérieure qui, lorsqu'elle est bien gérée, permet à l'individu d'évoluer.

Lorsque deux planètes sont en conjonction, elles tendent à fonctionner ensemble, l'une intervenant quand l'autre se manifeste, le résultat pouvant être bénéfique ou source de difficultés suivant la nature première des planètes en conjonction.

Il existe des aspects dit majeurs car ce sont eux qui ressortent le plus dans la personnalité. Les aspects majeurs sont la conjonction, le sextil, le carré, le trigone et l'opposition. Il existe également des aspects dits mineurs dont on tient éventuellement compte que lorsque les aspects majeurs ont été pleinement exploités ou lorsqu'il y a très peu d'aspects majeurs dans un thème.

Les aspects dit harmoniques sont basés sur une division du zodiaque par trois ou par des multiples de trois (30 degrés = 360 divisé par 12, 60 degré = 360 divisé par 6) tandis que les aspects dissonants sont basés sur une division du zodiaque par deux ou par des multiples de deux (180 degrés = 360 divisé par 2, 90) = 360 divisé par 4). Chaque type de relation ou aspect est expliqué dans l'ouvrage consacré à l'interprétation.

Les orbes

Un orbe est une tolérance entre l'aspect exacte et le moment où l'aspect commence à être opérationnel même s'il n'est pas exact.

Exemple : un sextil existe lorsque les deux planètes sont distantes de soixante degrés mais les effets du sextil commencent à se manifester avant et après que les deux fonctions forment un angle exact de soixante degrés.

Cette marge de tolérance s'appelle l'orbe de l'aspect. Plus l'orbe est réduite et plus l'aspect, c'est à dire la relation entre les fonctions, est fort.

L'intensité de l'aspect dépendra également de l'importance respective des planètes en relation au sein de la structure psychologique. Ainsi un aspect entre deux fonctions psychologiques qui sont « dominantes » chez une personne pourra fonctionner et se voir dans la vie de l'individu alors que l'orbe est supérieur à la moyenne.

Inversement, un aspect précis de par exemple 180 degrés formé par deux planètes qui jouent un rôle mineur au sein de la personnalité sera relativement peu visible dans la vie de l'individu. Les orbes admises peuvent être différentes suivant les auteurs et les astrologues. L'important est de vérifier si et comment l'aspect s'exprime dans la personnalité du sujet.

Les orbes des aspects dits « majeurs ».

Conjonction : Orbe de 10° et de 12° pour les luminaires (Soleil et Lune). (soit une distance de 350° à 10°).

Sextil : Orbe de 6° et de 7° pour les luminaires. (de 55° à 65°) .

Carré : Orbe de 7° et de 8° pour les luminaires. (de 83° à 97°) .

Trigone : Orbe de 7° et de 8° pour les luminaires. (de 113° à 127°) .

Opposition : Orbe de 10° et de 12° pour les luminaires. (de 170 0 190°) .

La tradition divisait les aspects en bénéfiques et maléfiques. S'il est vrai que les aspects jadis appelés bénéfiques engendrent une certaine facilité, ils permettent en revanche difficilement à l'individu d'évoluer. De même, si les aspects jadis appelés maléfiques correspondent à des problèmes qu'il faut résoudre, à des faiblesses lorsqu'ils ne sont pas maîtrisés, et à une tension intérieure opposée au bien-être, ils deviennent des armes plus efficaces que les aspects dit bénéfiques lorsqu'ils sont maîtrisés et ils favorisent l'évolution. De nos jours, on parle d'aspects harmoniques et d'aspects dissonants ou dynamiques, de relations tendues ou de relations détendues.
Importance d'un aspect dans le thème

Certains thèmes astraux comportent de très nombreux aspects et d'autres très peu.

Certains aspects sont plus importants que d'autres dans un thème et il est essentiel de connaître l'importance respective de chaque aspect pour effectuer une analyse correcte.

Comment échelonner l'importance respective des différents aspects ? Cela se fait en hiérarchisant l'importance des planètes à travers un calcul que l'on nomme calcul de la dominante, puis en additionnant les points attribués à chaque planète. Les aspects sont ensuite classés par ordre d'importance. (Voir le livre sur l'interprétation).

Les aspects qui sont le plus mis en valeur dans un thème sont appelés « aspects dominants ». Les aspects ayant moins d'importance sont appelés aspects « sous-dominants », « secondaires » ou « aveugles ».

Un aspect dominant s'exprime plus fréquemment et avec plus de conscience. Un aspect entre deux planètes peu exprimées, que l'on appelle « planètes aveugles » parce que c'est comme si la personne ne les voyait pas, tend à être enfoui dans l'inconscient. Un travail de prise de conscience est alors nécessaire pour ramener l'aspect « à la lumière ».

Présentation des textes qui suivent

Chaque aspect est décrit à l'état « pur », hors du contexte du thème.

La première partie du texte décrit l'aspect sous sa forme harmonique, c'est-à-dire lorsqu'il est vécu d'une façon naturelle et plus ou moins consciente, sans que des efforts importants soient nécessaires pour bien intégrer l'aspect, sous une forme harmonieuse. Cette partie montre comment une relation entre deux planètes peut être bien vécue et utilisée constructivement. Chacun peut ainsi choisir, parmi les différentes formes d'expression possible de l'aspect, celle qui convient à sa personnalité.

La deuxième partie décrit chaque aspect sous sa forme conflictuelle, en envisageant une large gamme d'expressions possibles pour chaque aspect. Un aspect dissonant indique le plus souvent un conflit à résoudre et des efforts à faire pour canaliser consciemment et constructivement la partie de la personnalité correspondant à l'aspect. C'est grâce à ces efforts que la personnalité évolue car les aspects dit dissonant/dynamiques fournissent la tension sans laquelle peu de réalisations sont possibles.

L'objectif de cette partie est de permettre à chacun de formuler les difficultés, les obstacles ou les faiblesses rencontrées. Comme chaque personne ressent un aspect d'une façon spécifique, l'important est de localiser la partie de l'aspect correspondant au vécu, puis d'envisager d'utiliser le potentiel conféré par l'aspect d'une façon constructive, en opérant une transformation.

La troisième partie évoque les différentes façons de canaliser une relation conflictuelle entre deux planètes, ou comment passer d'une relation planétaire conflictuelle à une relation planétaire dynamique exprimée consciemment.

DEFINITION DE LA LUNE

La Lune correspond au premier des quatre grands personnages féminins ou archétypes féminins en vous. Elle est représentée graphiquement par un croissant de Lune. La lune en signe décrit la façon dont vous ressentez les choses, comment vous vous ressourcez, comment vous vous rechargez et trouvez votre bien-être ainsi que les valeurs refuges qui vous permettent de le faire. La Lune en signe décrit aussi comment vous créez des ambiances intimes et sécurisantes et comment vous vous évadez du monde en recréant votre propre monde, votre propre chez-soi. Elle décrit votre façon de vous nourrir et ce qui vous nourrit. Elle décrit ce à quoi vous êtes sensible, comment vous exprimez votre sensibilité et vos émotions. Elle correspond entre autre à votre enfant intérieur et renseigne sur comment a été vécue votre enfance, la relation avec votre mère et avec votre famille. Elle décrit les croyances qui déterminent vos comportements quotidiens inconscients, instinctifs et naturels, votre seconde nature, votre vie intime, privée et quotidienne. Le signe lunaire est ainsi vécu d'une manière naturelle, machinale, instinctive, familière et exprimé quotidiennement, comme une seconde nature.

Chez une femme, le signe occupé par la Lune représente la façon dont elle se définit et se voit, l'image qu'elle a d'elle-même, sa façon de vivre sa maternité et d'exprimer son amour maternel, d'exprimer ses émotions et sa sensibilité, de se ressourcer et de se sentir bien. Chez un homme, la Lune en signe décrit son image de la femme au niveau de l'Etre, son idéal Féminin et donc les modèles féminins (au niveau de l'Etre) vers lesquels il est attiré.

La Lune décrit aussi chez un homme comment la femme est ressentie et donc les réflexes, les attitudes quotidiennes typiques ainsi que les réactions envers sa partie féminine et envers les femmes, mais aussi envers la famille et les enfants. A sa naissance, l'homme possède en lui un reste de son pôle complémentaire, qui est plus ou moins développé selon la nature de la scission en deux (en un pôle masculin incarné et en un pôle féminin inconscient) de son être androgyne lors de son incarnation dans la matière.

Cette image de la femme permet à l'homme de comprendre, de ressentir, de vivre et d'intégrer sa féminité et à travers sa propre féminité, de vivre des relations avec les femmes.

DEFINITION DE VENUS

Vénus correspond au deuxième des quatre grands personnages féminins ou archétypes féminins en vous. Elle est votre Femme intérieure dans son intelligence relationnelle, ses sentiments, sa sensualité, ses désirs de bonheur et de plaisir. Elle est représentée graphiquement par la croix de la matière surmontée du cercle de l'Esprit. Elle permet de faire la liaison entre l'Esprit et la matière, d'incarner l'amour dans la matière et de s'incarner dans la vie grâce aux sens, à la capacité à créer des formes et à les matérialiser. Elle correspond à vos goûts, vos désirs, vos préférences et à vos choix. Elle est votre besoin et votre capacité d'attirer, de séduire, de plaire et d'entrer en relation avec autrui de façon à créer un partenariat, une association, un lien, un couple. Elle vous permet ainsi de contribuer à la création et au maintien de la civilisation.

Vénus en signe décrit comment vous vous incarnez, comment vous exprimez vos sentiments amoureux, votre tendresse, votre douceur, votre sens esthétique et artistique et votre sens de la justice. Elle décrit comment vous gérez la matière, l'argent et l'abondance, comment, c'est à dire dans quel état d'esprit, vous accédez au sentiment d'équilibre, au plaisir, à la joie et au bonheur. Vénus en signe décrit comment vous cherchez à plaire, à séduire, à attirer, ce qui vous plaît, vous attire et vous séduit chez les autres, le genre de personnes et d'événements que vous tendez à attirer, qui vous séduisent, vous attirent et vous équilibrent.

Elle décrit la façon dont ont été vécus les liens affectifs avec vos parents et avec vos premiers partenaires, l'idée ou l'image que vous avez du couple et de la femme, image qui conditionne vos comportements amoureux, les conditions psychologiques dont vous avez besoin pour exprimer votre affectivité ou vos talents artistiques et les comportements face aux autres.

Chez une femme, Vénus en signe indique comment (à travers quel état d'esprit) elle se sent belle et séduisante, comment elle se sent Femme, comment elle charme et séduit pour attirer, comment elle exprime sa féminité, comment elle vit son corps et sa sensualité. Chez l'homme, elle décrit comment a été vécu la relation avec sa mère dans les faits, comment la mère a été perçue, comment il voit la femme, quel genre de femmes l'attirent, plus précisément, quelles sont les qualités qu'il souhaite voir développées chez sa partenaire et les comportements qu'il induit chez une femme en fonction de ses images intérieures. Elle décrit son image du couple, ses comportements affectifs, ce que faisait sa mère, ses goûts et ses préférences.

Travail sur soi proposé pour être votre propre coach :

Vous pouvez si vous le souhaitez, faire l'exercice ci-dessous pour chaque aspect. Vous avez été créé par la Source, par le Créateur de toute Vie et vous êtes une partie de ce Créateur. La vie vous demande d'utiliser votre pouvoir créateur et d'incarner le meilleur et vous-même, en donnant à chaque partie de vous-même la meilleure forme possible.

Vous pouvez répondre aux questions suivantes :

1- Par rapport au texte ci-dessus, comment vivez-vous actuellement cette partie de votre personnalité, quelles sont les croyances que vous avez nourries jusqu'à présent, quels sont vos comportements en lie avec le texte et quelles sont vos prises de conscience suite à la lecture du texte ? La première étape est de reconnaître ce qui est et de vous acceptez tel que vous êtes, là où vous en êtes.

2- Quelle est votre prise de conscience principale ?

3- Quels objectifs pouvez-vous choisir pour améliorer la façon dont vous vivez cette partie de votre personnalité décrite dans le texte ?

4- En fonction de votre prise de conscience principale, de vos autres prises de conscience, quelles actions souhaitez-vous mettre en place ?

La vie est une succession de choix qui amènent des expériences et des transformations. Selon votre choix et vos décisions, vous dirigez votre volonté vers l'expérience en conséquence. Votre choix et vos décisions déterminent la direction que prend votre volonté dans le monde physique.

En fonction de votre choix, vous orientez votre volonté. Tant qu'il n'y a pas de décision de changer, le changement ne se fait pas. Si vous n'y arrivez pas, c'est que vous n'avez pas fait le choix. Observez que : quand vous décidez vraiment, petit à petit, vous pouvez changer les choses. Acceptez que cela prenne un peu de temps. Remerciez-vous de vous être donné les moyens d'incarner le meilleur de vous-même.

5- Quand souhaitez-vous réaliser ces actions ?

6- Quand souhaitez-vous faire le point avec vous-même par rapport aux actions réalisées ?

LES ASPECTS A LA LUNE

ASPECT HARMONIQUE LUNE-MERCURE

Il y a dans votre thème astral une relation permanente, continue et symbiotique entre la Lune et Mercure. Ces deux planètes s'expriment en vous comme deux partenaires. Comme vous êtes sensible aux effets positifs que chaque planète a sur l'autre et que vous croyez que lorsque vous vivez l'une des planètes, l'autre viendra systématiquement la soutenir, vous récoltez le meilleur de chacune de ces deux fonctions psychologiques et des expériences qui y sont associées.

Chez vous, sensibilité et intelligence, besoin de communication et besoin de bien-être s'expriment ensemble en même temps. Vous vous nourrissez d'informations, de mouvements, de découvertes et de contacts. La souplesse, le sens de l'humour, la sociabilité, le besoin de savoir, de comprendre, de communiquer, de vous divertir, de découvrir, d'établir des contacts et de faire des connaissances sont chez vous une seconde nature. Ils vous nourrissent. Ils font partie de vos habitudes quotidiennes et sont vos valeurs refuge, c'est à dire les valeurs qui vous permettent de vous ressourcer, de vous détendre et d'être bien dans votre peau.

Votre intellect, votre curiosité, votre sens de la communication et votre langage sont influencés par votre imaginaire, par votre sensibilité, par vos émotions et par les contenus de votre subconscient.

L'âme et l'intellect fonctionnent chez vous ensemble, l'un aidant l'autre à s'exprimer. Cela peut vous permettre de sentir l'énergie derrière les mots, de saisir ou de véhiculer des émotions lorsque vous utilisez un langage, d'utiliser un langage imagé ou poétique, de commenter, de formuler et de décrire vos intuitions, votre ressenti, les contenus de votre inconscient ou l'ambiance dans laquelle vous baignez mais aussi de comprendre, d'analyser et de trier vos craintes, vos émotions et votre inconscient, en établissant des liens entre les mondes visibles et les mondes invisibles.

Vous êtes en perpétuel dialogue avec vous-même et êtes souvent en train de vous analyser. Vous pouvez avoir besoin d'être ému pour être intéressé et tout ce qui vous intéresse déclenche rapidement en vous des émotions. Vous pouvez aussi avoir besoin de sentir les informations et les idées pour les comprendre.

Parce que vous êtes d'un naturel curieux et que vous aimez apprendre et vous informer, il est rare que vous vous ennuyiez. Inversement, vos habitudes, vos croyances, vos valeurs refuge et votre seconde nature s'adaptent à l'environnement, aux personnes avec qui vous êtes en contact ou aux informations dont vous disposez. L'entourage proche ou des livres peuvent ainsi avoir une certaine influence sur votre personnalité, vos habitudes ou votre vie quotidienne.

Vous pouvez ainsi vous ressourcer, vous détendre et vous reposer lorsque vous lisez ou écrivez, lorsque vous communiquez avec votre entourage, lorsque vous vous déplacez et explorez votre environnement et lorsque vous vivez un mouvement perpétuel. Vous tenez donc difficilement en place et avez besoin de variété, de changements, de nouveauté, de mouvement, de contacts et de relations pour vous sentir bien.

Vous avez un tempérament extrêmement mobile, spontané, primesautier et parfois bohème. Parce que vous vous nourrissez d'idées et de contacts, vous vous sentez facilement mal à l'aise lorsque vous êtes seul(e) ou lorsque vous n'obtenez pas les informations dont vous avez besoin.

Votre capacité à vous familiariser voire à fusionner avec le monde des idées vous permet d'utiliser facilement votre intellect. Vous avez ainsi de grandes facilités pour assimiler et digérer l'information, une excellente mémoire des mots, une certaine plasticité mentale, une facilité pour vous adapter à votre milieu natal et parfois des dons oratoires, linguistiques, littéraires ou commerciaux. Votre subconscient regorge d'informations qui s'accumulent en vrac comme dans un grenier intellectuel. Et lorsque vous abordez votre environnement ou que vous analysez des informations, alors des émotions et des souvenirs puisés dans le grenier de votre inconscient tendent à influencer vos comportements. Votre tendance à mêler raisonnements objectifs et ressentis personnels, émotions et souvenirs peut vous rendre assez subjectif.

Vous êtes capable, lorsque vous abordez votre entourage, lorsque vous faites des rencontres et lorsque vous communiquez, d'être convivial, naturel, sympathique, détendu et fantaisiste, de respecter le bien être, le rythme et l'intimité de l'autre, de permettre à autrui d'exprimer ses émotions, de mettre vos interlocuteurs à l'aise en créant un climat d'intimité, d'habiter votre discours et de préserver votre équilibre émotionnel. Vous savez être disponible envers autrui. Vous pouvez avoir de grandes facilités pour communiquer et avoir tendance à vous comporter avec votre entourage proche, avec vos collègues ou vos voisins comme s'ils étaient votre seconde famille, comme vous le faites avec ceux qui font partie de votre univers intime.

Votre sens de la famille peut s'élargir à l'ensemble de votre environnement et d'une rencontre intéressante peut facilement naître une relation intime. De ces comportements peuvent naître une certaine popularité. Vous avez cependant plus de facilités pour communiquer d'individu à individu, dans l'intimité, et pour dialoguer lorsque les contacts impliquent un échange émotionnel personnel que pour les discussions et débats impersonnels.

Si vous êtes très sensible à ce qui ce passe dans votre environnement et si vous êtes ouvert à toute nouvelle information, à toute nouvelle rencontre et à tout échange, vous avez cependant besoin de vous sentir protégé, d'éprouver du bien-être et de la sympathie, de respecter vos rythmes et vos habitudes, de vous sentir porté par l'ambiance et de ne pas être dénaturé lorsque vous communiquez, lorsque vous vous adaptez, lorsque vous vous informez ou lorsque vous vous déplacez. Vous pouvez avoir tendance à être indifférent, à vous réfugier dans votre monde, à fuir et à ne communiquer que difficilement lorsque l'on perturbe votre bulle ou votre quiétude et lorsque vous vous sentez dérangé. Vous pouvez aussi avoir tendance à changer fréquemment de relations ou d'idées et à passer facilement du coq à l'âne.

Parce que vous associez votre foyer à votre besoin de mobilité, d'échanges, de communication et d'exploration de l'environnement, vous pouvez avoir tendance à changer fréquemment de lieu de résidence, à avoir deux lieux d'habitation, à être plus souvent sur les routes que chez vous ou à accueillir avec ouverture d'esprit toutes les personnes qui vous rendent visite. Votre foyer peut être un lieu où l'on s'instruit, où l'on échange des idées ou des biens, où l'on fait des rencontres, où l'on s'amuse et ou l'on se distrait.

La relation harmonieuse Lune-Mercure indique en général des facilités pour dialoguer et pour communiquer avec la mère, la famille et les enfants. Chez les deux sexes, le dialogue et la souplesse, les facultés d'adaptation et la communication peuvent consolider la vie privée. L'homme peut avoir des facilités pour comprendre les femmes et les enfants, et pour communiquer avec, parce qu'il a une bonne compréhension de sa propre féminité. Il tendra à être attiré par des femmes intelligentes, souples, mobiles, ouvertes d'esprit, compréhensives, amusantes, capable de communiquer, de lui apprendre des choses et ayant un sens de l'humour. Chez la femme, ces caractéristiques tendront à faire partie intégrante de sa féminité. Les traditions, votre milieu natal, votre famille et votre mère ont pu jouer un rôle important dans l'évolution de vos idées, de votre savoir ou dans le développement de vos capacités d'adaptation.

Vos difficultés éventuelles peuvent provenir d'une certaine paresse intellectuelle, d'une tendance aux étourderies, d'une difficulté à vous concentrer, à vous organiser, à vous discipliner et à vous stabiliser, d'une difficulté à donner un sens aux choses et à la vie, d'une tendance à être dépendant de l'environnement proche, d'un manque de sérieux, d'un manque de maturité, d'une instabilité parfois synonyme d'errance et d'une superficialité excessive. D'après Bo Yin Râ, les connaissances de l'âme demandent cependant à être contemplées, ressenties, vécues et conquises, et non pas intellectualisées. Votre tendance à être tout le temps en train d'intellectualiser et à avoir continuellement besoin de comprendre pour vous sentir bien peut entraver l'épanouissement de votre âme qui ne peut se faire que dans un silence intérieur, c'est à dire que lorsque la conscience est déconnectée des pensées.

ASPECT DISSONANT/DYNAMIQUE LUNE MERCURE

Il y a dans votre thème astral une relation permanente, mais discontinue, dissociée, duelle, tendue et conflictuelle, entre la Lune (votre sensibilité, vos émotions, votre âme) et Mercure (votre mental), car ces deux planètes vibrent en vous à deux fréquences totalement différentes. Chaque planète veut se vivre, à sa façon, à travers vous et tend à considérer l'autre comme une rivale ou comme une perturbatrice. Vous avez alors tendance, soit à exprimer l'une puis l'autre des planètes d'une façon excessive, soit à vivre l'une des planètes et à rejeter l'autre parce que vous la considérez comme perturbatrice, parce que vous voyez son côté sombre plus que son côté lumineux.

Tant que vous nourrissez ce conflit à l'intérieur de vous, vous récoltez le moins bon de chacune des deux fonctions psychologiques et des expériences qui y sont associées. La solution, que vous verrez plus bas dans le texte, est de vivre chaque fonction en pleine conscience et de savoir alterner rapidement et consciemment, entre chacune des deux fonctions psychologiques représentées par la planète. Vous transformez ainsi une relation conflictuelle en une grande force et vous vivez cette relation de façon consciente et dynamique. Cette facette de votre personnalité peut initialement engendrer, lorsqu'elle n'est pas maîtrisée, des difficultés dans la vie privée, dans l'adaptation au monde et dans la communication de par un conflit ou une dissociation entre votre âme ou vos émotions et votre intellect, entre votre mental et votre sensibilité, entre les mots et les images, entre votre besoin de sécurité et votre besoin d'ouverture, entre votre besoin de bien-être et votre besoin de communication. Vous avez alors tendance à incarner plusieurs scénarios, en alternant parfois de l'un à l'autre.

Scénario 1 : L'âme domine et le mental est rejeté ou mal intégré à votre personnalité.

Quand vous vivez votre Lune, vous avez besoin de vie, de relations émotionnelles intimes, de vivre selon votre nature, d'exprimer vos émotions et votre sensibilité, de vous créer un univers personnel familier vous protégeant du monde extérieur, de vous ressourcer à travers des valeurs refuges, d'être en sécurité, et de vous occuper de votre vie privée, d'avoir une vie familiale, des enfants ou une vie paisible au foyer.

Vous êtes alors être très sensible aux effets perturbateurs que peuvent causer votre intelligence toujours en mouvement et l'influence de votre entourage ; de ce qui se raconte autour de vous, de certains collègues ou camarades, de l'intellect, de vos études, de votre curiosité, de la superficialité, de votre besoin de mouvement ou de votre besoin d'adaptation sur votre vie privée ou sur votre bien-être. Cela peut vous donner tendance à renier, à rejeter et à refouler tout ou une partie de ce que représente Mercure.

Vous pouvez alors avoir tendance à n'accorder crédit qu'à votre ressenti, qu'à votre instinct, qu'à vos émotions ou vos intuitions, et avoir tendance à rejeter toute réflexion, toute spéculation, toute logique analytique, toute recherche d'information, toute curiosité simplement intéressante, toute rencontre amusante et tout dialogue avec votre environnement proche.

Cela peut vous donner des difficultés à être bien informé et à vous instruire, à comprendre ce qui se passe autour de vous, à interpréter correctement, à expliquer et à décrire vos intuitions, votre ressenti, les contenus de votre inconscient ou l'ambiance dans laquelle vous baignez, à comprendre, à analyser et à trier vos craintes, vos émotions et vos états d'âme, à faire preuve de souplesse et de disponibilité dans votre vie quotidienne, à faire des rencontres nouvelles, à tenir compte de l'ensemble de votre environnement, à communiquer avec vos intimes et à vous adapter. L'impression de ne jamais assez communiquer peut parfois entraîner un sentiment de vide relationnel.

Peut-être que vos obligations quotidiennes ou familiales vous demandent de tels investissements que vous n'arrivez pas à prendre le temps pour réfléchir sur des sujets qui vous intéressent, pour être disponible à de nouvelles rencontres, pour diversifier vos occupations ou pour dialoguer avec votre entourage.

La relation conflictuelle Lune-Mercure peut indiquer un manque de communication avec la mère, soit au niveau mental, soit au niveau émotionnel. La mère a parfois mis l'accent de façon excessive sur l'émotionnel au détriment de l'ouverture vers l'extérieur et du développement intellectuel, soit au contraire sur les études et l'ouverture sur l'environnement au détriment des échanges émotionnels.

Scénario 2 : Le mental domine et l'âme est rejetée ou mal intégrée à votre personnalité.

Vous pouvez être fortement sensibilisé aux effets perturbateurs que peuvent avoir votre famille, votre mère, un enfant, votre passé, vos émotions, vos souvenirs, vos croyances, vos habitudes, vos rythmes naturels, vos instincts, votre inconscient ou votre besoin de rêve, de bien-être et de repos lorsque vous communiquez, lorsque vous faites des rencontres intéressantes, lorsque vous cherchez à vous informer ou à brasser des idées pour apprendre et comprendre, lorsque vous faites des études, lorsque vous exprimez votre curiosité, lorsque vous multipliez vos centres d'intérêts et lorsque vous vous adaptez à l'environnement.

Cela peut vous inciter, lorsque vous vivez votre mental, à renier ou à ne pas exprimer tout ou une partie de votre âme parce qu'elle est vécue comme dérangeante et parce que vous n'êtes pas vraiment en accord avec vous-même. Vous pouvez ainsi avoir des difficultés pour sentir l'énergie derrière les mots, pour saisir ou véhiculer des émotions lorsque vous communiquez.

Vous avez des difficultés à être ému par ce qui vous intéresse ou par ce qui vous parle et à être intéressé par ce qui vous émeut. Vous pouvez avoir des difficultés à vous sentir à l'aise, en intimité, à éprouver du bien être, à vous sentir porté, à vous mettre dans le bain ou dans l'ambiance, à être naturel et réceptif, à être réellement présent, à vous ressourcer et à vous détendre lorsque vous apprenez, lorsque vous brassez des idées, lorsque vous communiquez avec votre entourage ou lorsque vous vous adaptez à votre environnement. Cela peut vous poser quelques problèmes de communication ou de langage.

En effet, vous pouvez avoir des difficultés à vous mettre sur la même longueur d'onde que votre interlocuteur, à sentir intuitivement ce qu'il veut dire, à gérer le non verbal ou les émotions présentes dans tout dialogue, à mettre l'autre à l'aise, à être naturel, détendu, convivial et sympathique, à vous intégrer dans l'ambiance du groupe, à respecter vos rythmes naturels ou ceux de l'autre, à habiter votre discours et finalement à être bien dans la communication.

Il n'est pas toujours facile pour vous de passer du contact superficiel à une relation plus intime, et si vous avez de nombreuses fréquentations, vous avez peu de liens émotionnels intimes et profonds, d'où parfois un sentiment de solitude. Votre difficulté à vous familiariser avec le monde des idées ne vous permet pas toujours facilement d'utiliser votre intellect. Vous pouvez avoir quelques difficultés pour assimiler et digérer l'information, pour vous concentrer, pour faire preuve de logique et pour mémoriser les mots. Vous pouvez avoir tendance à commettre des lapsus, des erreurs d'interprétation et des étourderies, à dire autre chose que ce que vous vouliez dire et parfois " à vous mélanger les pédales " dans votre discours.

Vous pouvez aussi avoir tendance à refuser tout repos, toute tranquillité et toute détente. Il vous faut sans cesse être occupé, parler ou être en mouvement. Le mouvement perpétuel peut alors chez vous devenir agitation perpétuelle ou verbiage perpétuel, au point de vous fatiguer nerveusement et d'ennuyer, d'agacer ou de saouler les personnes qui recherchent la tranquillité et la détente. Peut-être considérez-vous le repos comme mortellement ennuyeux ou comme synonyme d'un vide qui vous fait peur ?

Une peur de l'irrationnel peut engendrer, par compensation, une tendance à s'accrocher à tout ce qui est logique et rationnel. Vous pouvez avoir une impression, ou une insatisfaction, qui peut être subjective ou correspondre à une réalité, que vos relations, que certaines personnes de votre environnement, que ce qui vous intéresse, ce que vous lisez, apprenez ou écrivez, que les échanges que vous vivez ne correspondent pas à vos rythmes personnels ou à une certaine partie de votre personnalité, qu'ils ne vous conviennent pas réellement, qu'ils dérangent vos habitudes, perturbent votre bien être, vous déstabilisent émotionnellement, vous empêchent de vous détendre et de vous consacrer pleinement à votre vie privée ou familiale.

Scénario 3 : L'âme est dominante en excès.

Lorsque vous êtes identifié à la Lune, vous pouvez l'être excessivement. Un besoin excessif d'être en sécurité, de préserver votre bien être, de vous protéger contre ce qui extérieur à votre réalité, de vous enfermer dans votre coquille, une tendance à être complètement indifférent à ce qui ne vous concerne pas directement, une tendance à voir le monde comme vous l'imaginez et non comme il est réellement, à trop vivre en fonction de vos émotions et de votre ressenti, à être trop attaché à vos souvenirs ou à trop être sous l'influence de votre famille ou de votre clan peuvent diminuer vos capacités à communiquer, à apprendre, à faire face à la nouveauté, à l'inconnu et à vous adapter normalement.

Vous pouvez avoir tendance à suivre trop facilement vos caprices, vos humeurs et vos instincts, à vous comporter de façon inconsciente, désordonnée et étourdie, à être instable ou à vivre dans un monde imaginaire virtuel en fuyant la réalité. Vos capacités à communiquer ou à créer des relations peuvent être gênées par une sensibilité excessive à ce qui se passe dans votre environnement, par des peurs et des angoisses, par une tendance à changer trop souvent de relations et par une difficulté à assurer une continuité ou un suivi des rencontres que vous faites.

Un complexe d'infériorité intellectuelle, un penchant pour la facilité, une tendance à être trop facilement influencé par ce qui se passe dans votre environnement, une tendance à vous laisser vivre ainsi qu'une certaine paresse lorsqu'il s'agit d'être informé, de communiquer ou de vous adapter à l'environnement peuvent vous donner tendance à vous mettre dans des situations de dépendance dans ce genre de situation. Cette facette de votre personnalité peut vous poser quelques difficultés à vous orienter dans la vie ou peut vous donner une tendance à mener une vie bohème et instable.

Scénario 4 : Le mental domine en excès

Des réactions de compensation à une non satisfaction des besoins de votre mental peuvent vous inciter, lorsque vous vivez votre mental, à le vivre d'une façon excessive. Vous vous nourrissez d'une façon excessive de mots et d'informations, au détriment de la vie.

Cela peut se traduire par une grande nervosité, par une instabilité agitée, par une curiosité insatiable qui est alimentée par une impression de ne pas en savoir assez, par une tendance à trop réfléchir, à vouloir tout le temps comprendre, intellectualiser, analyser ou cataloguer au détriment du ressenti et par une tendance à trop parler au point de perturber l'intimité et la tranquillité d'autrui. Votre raison peut avoir tendance à étouffer votre sensibilité et votre âme à force de vouloir tout intellectualiser ou à force museler vos émotions et votre ressenti.

D'après Bô Yin Râ, les connaissances de l'âme demandent cependant à être contemplées, ressenties, vécues et conquises, et non pas intellectualisées.

Votre tendance à être tout le temps en train d'intellectualiser et à avoir continuellement besoin de comprendre pour vous sentir bien peut entraver l'épanouissement de votre âme qui ne peut se faire que dans un silence intérieur, c'est à dire que lorsque la conscience est déconnectée des pensées. La pratique de la méditation et du Yoga peut vous aider à cultiver le silence intérieur.

Vous pouvez également avoir tendance à vous disperser dans trop de directions différentes pour que l'une d'elle prenne le dessus, à dilapider votre énergie dans des paroles inutiles, à toucher à tout sans rien finir, à déformer la vérité selon votre intérêt, à être tellement curieux, ouvert et disponible que vous pouvez vivre tout et n'importe quoi et à ne rien prendre au sérieux. Votre sens critique excessif peut parfois mettre les autres mal à l'aise.

Dans la vie privée, il peut exister une difficulté à vivre avec la même personne les échanges émotionnels et les échanges intellectuels. L'homme peut avoir des difficultés à communiquer avec certaines femmes ou à les comprendre, peut être parce qu'il a des difficultés à comprendre sa propre féminité, parce que son mental n'y a pas accès facilement tant que le travail nécessaire n'a pas été effectué. La femme peut avoir des difficultés à communiquer dans sa vie intime ou à s'adapter à son environnement extérieur.

Expression positive consciente puis naturelle :

Lorsque vous apprenez à maîtriser cette partie de votre personnalité et à utiliser toute sa richesse et lorsque vous avez fait le chemin pour exprimer cette relation en pleine conscience et d'une manière positive.

Pour transformer la relation Lune-Mercure dissociée en relation consciente et dynamique, il peut être utile d'effectuer un travail sur l'image de la mère et de la femme, sur les émotions, sur l'intimité, sur vos différentes peurs, sur l'adolescence et sur le rôle que doit avoir la raison, l'information, la communication, l'intellect, l'environnement proche et le mental au sein de votre personnalité.

Cette facette de votre personnalité peut être gérée et canalisée en oscillant entre les deux fonctions psychologiques qui sont vécues dans des états d'esprit très différents de façon telle que chaque fonction rectifie l'autre au moindre excès. Vous pouvez ainsi vivre des moments où vous êtes engagé dans une relation émotionnelle intime, où vous vous consacrez à votre vie privée ou familiale, où vous vous détendez et vous ressourcez à travers vos valeurs refuge, où vous nourrissez votre bien-être à l'intérieur de votre bulle et de vos frontières.

Puis vous pouvez vivre d'autres moments où vous êtes dans une dynamique d'ouverture, où vous êtes avec vos copains et copines, où vous explorez et vous adaptez à votre environnement, où vous vous instruisez et vous informez. Vous faites bien la différence entre votre vie privée et le reste de votre environnement, sans que l'un empiète sur l'autre, et vous savez qu'il y a un temps pour parler et un temps pour écouter.

Vous savez aussi vivre en fonction d'un ressenti pur, faire ensuite preuve d'un sens de l'analyse objectif et faire la synthèse entre ses différents registres d'informations. Votre aptitude à vous déconnecter de votre mental peut vous ouvrir les portes et les richesses de votre vie intérieure.

Lorsque vous maîtrisez cette partie de vous-même, vous pouvez alors faire preuve d'une intelligence, d'une capacité à communiquer et d'une souplesse au-dessus de la moyenne. Vous savez alors débrancher votre mental quand il n'est pas nécessaire et mettre votre sensibilité de côté quand vous ne souhaitez pas qu'elle intervienne.

Quand la relation Lune-Mercure est maîtrisée et vécue en conscience, la souplesse, le sens de l'humour, la sociabilité, le besoin de savoir, de comprendre, de communiquer, de vous divertir, de découvrir, d'établir des contacts et de faire des connaissances tendent à constituer votre seconde nature, à faire partie de vos habitudes quotidiennes et à être vos « valeurs-refuge », c'est à dire les valeurs qui vous permettent de vous ressourcer, de vous détendre et d'être bien dans votre peau, et cela en pleine conscience.
Parce que vous êtes d'un naturel curieux et que vous aimez apprendre et vous informer, il est rare que vous vous ennuyiez. Inversement, vos habitudes, vos croyances, vos valeurs refuge et votre seconde nature s'adaptent à l'environnement, aux personnes avec qui vous êtes en contact ou aux informations dont vous disposez. L'entourage proche ou des livres peuvent ainsi avoir une certaine influence sur votre personnalité, vos habitudes ou votre vie quotidienne.

Votre intelligence, votre curiosité, votre sens de la communication et votre langage tendent à être influencés par votre imaginaire, par votre sensibilité, par vos émotions et par les contenus de votre subconscient. L'âme et l'intellect fonctionnent chez vous ensemble, l'un aidant l'autre à s'exprimer.

Cela peut vous permettre de sentir l'énergie derrière les mots, de saisir ou de véhiculer des émotions lorsque vous utilisez un langage, d'utiliser un langage imagé ou poétique, de commenter, de formuler et de décrire vos intuitions, votre ressenti, les contenus de votre inconscient ou l'ambiance dans laquelle vous baignez mais aussi de comprendre, d'analyser et de trier vos craintes, vos émotions et votre inconscient, en établissant des liens entre les mondes visibles et les mondes invisibles. Vous devenez alors un(e) spécialiste de l'émotion et de l'information.

Vous savez être en perpétuel dialogue avec vous-même et vous analyser. Vous pouvez avoir besoin d'être ému pour être intéressé et tout ce qui vous intéresse déclenche rapidement en vous des émotions. Vous pouvez aussi avoir besoin de sentir les informations et les idées pour les comprendre.

Vous pouvez ainsi vous ressourcer, vous détendre et vous reposer lorsque vous lisez ou écrivez, lorsque vous communiquez avec votre entourage, lorsque vous vous déplacez et explorez votre environnement et lorsque vous vivez un mouvement perpétuel.

Vous tenez difficilement en place parce que vous avez besoin de variété, de changements, de nouveauté, de contacts et de relations pour vous sentir bien. Vous avez un tempérament extrêmement mobile, spontané, primesautier et parfois bohème. Parce que vous vous nourrissez d'idées et de contacts, vous vous sentez facilement mal à l'aise lorsque vous êtes seul ou lorsque vous n'obtenez pas les informations dont vous avez besoin.

Votre capacité à vous familiariser voire à fusionner avec le monde des idées vous permet d'utiliser facilement votre intellect d'une façon extrêmement fluide. Vous avez ainsi de grandes facilités pour assimiler et digérer l'information, une excellente mémoire des mots, une certaine plasticité mentale, une facilité pour vous adapter à votre milieu natal et parfois des dons oratoires, linguistiques, littéraires ou commerciaux. Votre subconscient regorge d'informations qui s'accumulent en vrac comme dans un grenier intellectuel.

Et lorsque vous abordez votre environnement ou que vous analysez des informations, alors des émotions et des souvenirs puisés dans le grenier de votre inconscient tendent à influencer vos comportements.

Vous êtes capable, lorsque vous abordez votre entourage, lorsque vous faites des rencontres et lorsque vous communiquez, d'être convivial, naturel, sympathique, détendu et fantaisiste, de respecter le bien être et l'intimité de l'autre, de permettre à autrui d'exprimer ses émotions, de mettre vos interlocuteurs à l'aise en créant un climat d'intimité, d'habiter votre discours et de préserver votre équilibre émotionnel.

Vous savez être disponible envers autrui. Vous pouvez avoir de grandes facilités pour communiquer et avoir tendance à vous comporter avec votre entourage proche, avec vos collègues ou vos voisins comme s'ils étaient votre seconde famille, comme vous le faites avec ceux qui font partie de votre univers intime.

Votre sens de la famille peut s'élargir à l'ensemble de votre environnement et d'une rencontre intéressante peut facilement naître une relation intime. De ces comportements peuvent naître une certaine popularité. Vous avez cependant plus de facilités pour communiquer d'individu à individu, dans l'intimité, lorsque les contacts impliquent un échange émotionnel, que pour les discussions et les débats impersonnels.

Si vous êtes très sensible à ce qui se passe dans votre environnement et si vous êtes ouvert à toute nouvelle information, à toute nouvelle rencontre et à tout échange, vous avez cependant besoin de vous sentir protégé, d'éprouver du bien être et de la sympathie, de respecter vos rythmes et vos habitudes, de vous sentir porté par l'ambiance et de ne pas être dénaturé lorsque vous communiquez, lorsque vous vous adaptez, lorsque vous vous informez ou lorsque vous vous déplacez. Parce que vous maîtrisez votre bulle et votre bien-être, vous savez communiquer même lorsque l'on perturbe votre bulle, votre quiétude où lorsque vous vous sentez dérangé.

Vous pouvez aussi avoir tendance à changer fréquemment de relations ou d'idées et à passer facilement du coq à l'âne. Parce que vous associez votre foyer à votre besoin de mobilité, d'échanges, de communication et d'exploration de l'environnement, vous pouvez avoir tendance à changer fréquemment de lieu de résidence, à avoir deux lieux d'habitation, à être plus souvent sur les routes que chez vous ou à accueillir avec ouverture d'esprit toutes les personnes qui vous rendent visite.

Votre foyer peut être un lieu où l'on s'instruit, où l'on échange des idées ou des biens, où l'on fait des rencontres, où l'on s'amuse et ou l'on se distrait. Le dialogue et la souplesse, les facultés d'adaptation et la communication peuvent consolider votre vie privée.

ASPECT HARMONIQUE LUNE-VENUS

Il y a dans votre thème astral une relation permanente, continue et symbiotique entre la Lune et Vénus qui s'expriment en vous comme deux partenaires. Comme vous êtes sensible aux effets positifs que chaque planète a sur l'autre et que vous croyez que lorsque vous vivez l'une des planètes, l'autre viendra systématiquement la soutenir, vous récoltez le meilleur de chacune de ces deux fonctions psychologiques et des expériences qui y sont associées.

La relation entre la Lune et Vénus, deux fonctions d'essence féminine, créent en vous une féminité développée, une grande sensibilité aux valeurs féminines et une tendance à être identifié à vos sentiments, à vos relations, à vos désirs et au plaisir.

La création de liens sociaux et affectifs, le relationnel, les relations privilégiées, la vie de couple ou le mariage, les plaisirs et les loisirs, la beauté, la nature, l'harmonie, l'équilibre et l'argent tendent à être vos valeurs refuge, vos nourritures ou des éléments indispensables à votre bien être.

Ils vous permettent de vous ressourcer et de vous créer un univers personnel ou un monde familier que vous protégez de tout ce qui n'en fait pas partie. Ils vous permettent également de vivre votre part de rêve.

Parce que vous ne vous sentez bien que dans la relation avec l'autre, qu'en situation de couple ou que lorsque vous êtes avec d'autres, vous pouvez avoir des difficultés à supporter la solitude.

Votre facilité à vous sentir bien et à vous familiariser avec vos relations, avec vos sentiments, votre partenaire, vos désirs, votre corps, votre sens esthétique ou votre besoin de plaire et de séduire vous permet de les vivre et de vous vivre de façon naturelle, dans un climat d'intimité et de complicité pouvant aller jusqu'à la fusion, et de vous en imprégner en les assimilant à votre univers personnel. Vous adaptez facilement vos habitudes à celles de l'autre ou à celles de votre civilisation.

Vos capacités à croire et à imaginer sont étroitement liées à l'affectif et au relationnel. Cela vous permet de visualiser vos désirs, d'imaginer votre bonheur et de croire en lui, de rêver à l'amour et d'engendrer une vie quotidienne et des situations faites d'équilibre, de tendresse, de plaisir et de paix, où vos sentiments peuvent s'exprimer librement. Cela peut aussi parfois vous rendre subjectif dans la mesure où vous prenez parfois vos rêves et les produits de votre imagination pour la réalité. Votre tendance à aborder les autres à travers votre imaginaire, à ressentir les choses, les êtres, et les événements sous leurs aspects les plus favorables et voir le monde " tout beau tout gentil " peut vous conférer un coté très agréable à vivre, une grande confiance en la vie et une nature positive.

Mais votre tendance à projeter votre bonté naturelle sur autrui et à ne pas toujours voir derrière les apparences parce que vous mêlez affectif et ressenti peut parfois être synonyme de naïveté ou de crédulité. Votre grande sensibilité aux climats affectifs, aux ambiances et aux changements d'ambiance, aux sentiments des autres et à ce qui vous équilibre ou vous déséquilibre vous permet d'être pleinement présent dans toute situation où des sentiments sont en jeu.

Mais elle peut aussi vous donner un coté vulnérable parce que facilement perturbé et parce que toute séparation peut être ressentie comme une partie de vous qu'on vous enlève voire comme une crevaison de votre bulle. Heureusement, vous savez en général préserver votre équilibre et votre bien-être en ignorant ou en éloignant tout ce qui pourrait heurter ou déranger votre sensibilité, tout ce qui vous procure un sentiment de désagrément et tout ce qui pourrait nuire à votre équilibre.

Cela vous donne parfois l'apparence d'être égocentrique dans le sens où vous pouvez être aussi attaché à ce qui fait partie de votre univers intime et à ce qui vous plaît qu'indifférent envers le reste. L'aventure, la nouveauté, le risque, les ruptures d'équilibre et toute situation où vous n'éprouvez pas un bien être peuvent alors facilement vous effrayer.

Votre foi peut vous aider à créer la vie sentimentale qui vous correspond avec une personne qui vous va comme un gant. Vous choisissez d'instinct, dans votre vie quotidienne et privée, des milieux où règnent l'harmonie, la paix et une douceur de vivre, et des personnes qui vous équilibrent. Cela vous prédispose à une vie tranquille et agréable. Vous pouvez par contre avoir un penchant pour la facilité, une tendance à vous laisser vivre, un coté pantouflard, une difficulté à assumer de gros efforts ou des responsabilités, à vous remettre en question, à supporter et à gérer crises et conflits.

La relation Lune-Vénus vous confère une nature douce, gentille et affectueuse, agréable et soucieuse de plaire, gracieuse et charmante, sociable et conciliante. Vous savez accorder vos rythmes naturels à ceux d'autrui, ressentir les besoins et attentes des autres puis y répondre, adapter vos comportements à ceux de l'entourage, faire des concessions pour le bonheur du couple ou de la relation, servir de miroir à l'autre en lui renvoyant une image positive et vous faire accepter et aimer d'emblée.

Il vous apporte des facilités aussi bien pour créer des relations superficielles que des liens intimes. Votre capacité à vous situer en fonction des autres ou de la société vous permet de vous intégrer dans le système socioculturel qui vous entoure et de vivre avec votre temps. Cependant, comme vous permettez parfois aux autres de conditionner vos comportements, de dicter vos besoins naturels et d'engendrer votre bien-être, vous pouvez avoir tendance à rendre autrui responsable de votre bonheur ou de votre malheur.
Cela peut vous prédisposer à vivre dans des situations de dépendance vis à vis des autres, vis à vis du monde où vous vivez, ou vis à vis du climat affectif dans lequel vous baignez. Cela peut vous conférer une certaine fragilité.

Parce que votre charme, votre sens esthétique et votre gentillesse tendent à se manifester entre autre dans le cadre du foyer, cela vous donne le besoin et les moyens d'embellir votre foyer, de le décorer avec amour, avec tendresse et avec des objets d'art. Vous pouvez ainsi jouir d'une habitation agréable, vous plaire chez vous, y vivre dans une ambiance joyeuse, harmonieuse, douce et équilibrante, et recevoir ceux qui font partie de votre cercle d'intimes avec sourires et plaisir, en étant accueillant(e) et chaleureux(se).

La relation Lune-Vénus est souvent synonyme de chance au foyer ou en ce qui concerne l'immobilier, peut être parce que vos goûts sont accordés à votre nature intime et parce que vous savez vous laisser porter d'instinct vers la réalisation de vos désirs. Vous pouvez avoir des goûts et des talents pour le dessin, la musique, l'alimentaire, pour les activités en rapport avec un public, pour promouvoir les valeurs familiales et pour prendre soin des enfants, et pour tout ce qui concerne l'immobilier et le foyer. Vous pouvez également avoir des aptitudes pour l'art, la photo, la décoration, la danse, pour toute les activités associatives, pour tout ce qui concerne les loisirs et pour tout ce qui permet d'agrémenter l'existence.

LA VIE SENTIMENTALE

En amour, vous avez besoin pour être séduit(e) et pour aimer, d'une ambiance intime, d'une complicité des âmes, de fusionner émotionnellement avec l'autre, de bien être et de sympathie, de vous sentir rassuré(e) et protégé du monde extérieur à travers la création d'un univers familier, d'un partenaire qui vous fasse rêver et qui vous corresponde parce que sa sensibilité est proche de la vôtre. Lorsque vous êtes attiré(e) par une personne ou par quelque chose, vous êtes attiré(e) par l'ensemble, par sa globalité, de façon plus ou moins consciente, et sans forcément pouvoir définir avec précision et clarté le détail qui vous a séduit. Les goûts et les couleurs, ce qui vous attire, vous séduit ou vous déplaît ne dépend pas chez vous de la logique ni de la raison analytique mais de vos émotions et de votre sensibilité.

Parce que vous êtes en accord avec vos propres sentiments, vous tendez à attirer dans votre vie des personnes qui vous correspondent, qui vous procurent un certain bien être et avec lesquelles vous avez la possibilité de partager votre vie quotidienne, de vous ressourcer et de vivre des moments de quiétude où vous vous laissez porter. Votre nature sensible et émotive vous confère parfois le besoin d'être materné et prise en charge tel un enfant. Une tendance aux caprices et aux changements d'humeurs en fonction de vos états d'âme ou de l'ambiance environnante peut donner à votre vie affective un coté folklorique.

Mais lorsque vous avez su gérer et utiliser l'enfant en vous pour créer votre bonheur et lorsque vous avez su dépasser votre coté infantile, vous pouvez devenir un(e) partenaire d'une douceur toute maternelle et être une personne chaleureuse, accueillante, dévouée, fidèle et protectrice, avec un coté romantique, romanesque et fleur bleue. Cela peut vous permettre de vivre une relation fondée sur une intime communion des âmes et de vivre un bonheur simple, mais profond et serein.

Avec cet aspect des rencontres importantes peuvent se faire dans des lieux publics, en musique, lors d'un repas ou un concert, à travers la famille, des enfants ou à travers un cercle d'intimes.

Lune-Vénus favorise également le bonheur au foyer et prédispose à une vie de couple et de famille heureuse. Vous pouvez être très attaché aux valeurs familiales et à votre famille, à vos racines, à votre pays et à vos souvenirs et faire preuve de comportements très affectueux envers les enfants. Les enfants peuvent être pour vous un moyen d'épanouissement affectif, et lorsque vous envisagez le mariage ou une vie à deux, c'est souvent pour fonder un foyer et une vie familiale.   Avec cette relation Lune-Vénus en vous, vous avez tendance à attirer dans votre vie des personnes marquées par la Lune, c'est à dire des personnes sympathiques, rêveuses, intimistes, nature, sensibles et émotives, douces et romantiques, ayant l'esprit de famille et l'amour des enfants et qui peuvent vous faire rêver. L'homme est attiré par des femmes douces et féminines, incarnant à la fois l'épouse et la mère.

La relation Lune-Vénus peut faire de la femme une partenaire ou collaboratrice idéale et adorable, capable de s'investir affectivement dans une relation harmonieuse, de créer un climat d'entente, de préserver la continuité de la relation et d'assumer à la fois sa vie de femme, d'épouse et de mère de famille. Elle tend parfois à abandonner l'initiative à l'homme, à s'abriter derrière lui et à faire l'expérience d'elle-même à travers son union. Elle a parfois un coté enfant fragile, un coté émotif, un charme naturel et des facilités pour savoir comment toucher l'autre à travers l'émotion. Elle peut aussi avoir le don d'inspirer l'autre dans toute activité créatrice.

La relation Lune-Vénus permet à l'homme d'intégrer les valeurs féminines dans ce qu'elles ont de plus positives. Il lui donne un coté féminin et lui confère cette part de sensibilité, d'émotivité, de douceur et de galanterie qui fait le bonheur des dames. Il lui permet de comprendre ce dont une femme a besoin pour être heureuse et d'adopter les comportements en conséquence. Sa bonne image de la femme et sa complicité naturelle avec elles lui permettent souvent de bénéficier des faveurs des femmes. La relation Lune-Vénus prédispose à bénéficier d'un climat affectueux au sein de la cellule familiale et à être sensible à la tendresse dont font preuve les parents et la mère en particulier. La mère ou votre environnement familial peuvent jouer un rôle important dans le développement de votre vie sentimentale, de votre vie relationnelle, de vos capacités artistiques ou de votre aptitude à jouer un rôle dans la civilisation.

ASPECT DISSONANT/DYNAMIQUE LUNE VENUS

Il y a dans votre thème astral une relation permanente, mais discontinue, dissociée, duelle, tendue et conflictuelle, entre la Lune (l'âme) et Vénus (vos désirs, vos plaisirs, vos sentiments, vos choix, votre relationnel), car ces deux planètes vibrent en vous à deux fréquences totalement différentes. Chaque planète veut se vivre, à sa façon, à travers vous et tend à considérer l'autre comme une rivale ou comme une perturbatrice.

Vous avez alors tendance, soit à exprimer l'une puis l'autre des planètes d'une façon excessive, soit à vivre l'une des planètes et à rejeter l'autre parce que vous la considérez comme perturbatrice, parce que vous voyez son côté sombre plus que son côté lumineux. Tant que vous nourrissez ce conflit à l'intérieur de vous, vous récoltez le moins bon de chacune des deux fonctions psychologiques et des expériences qui y sont associées.

La solution, que vous verrez plus bas dans le texte, est de vivre chaque fonction en pleine conscience et de savoir alterner rapidement et consciemment, entre chacune des deux fonctions psychologiques représentées par la planète Vous transformez ainsi une relation conflictuelle en une grande force et vous vivez cette relation de façon consciente et dynamique.

Cette facette de votre personnalité peut initialement engendrer, lorsqu'elle n'est pas maîtrisée, des difficultés dans la vie privée, au niveau du bien-être, des relations avec la famille et avec les enfants où de la maternité, mais aussi dans le domaine des sentiments, des finances et des relations à cause d'un conflit ou d'une dissociation entre par exemple votre besoin de bien être et votre besoin de plaisir, entre vos décisions et vos choix, entre un besoin de participer à la civilisation et un besoin de se protéger de tout ce qui est extérieur à l'intimité, entre votre besoin de vous reposer et votre besoin d

e vie sociale. Cette relation dissociée peut vous donner une difficulté à concilier plaisir et bien-être, comme si ce qui vous procurait du plaisir ne vous procurait pas de bien-être, où comme si, dès lors qu'une situation vous procure du bien-être, vous ne ressentez pas de plaisir. Vous pouvez alors avoir l'impression de ne pas vous sentir bien avec les personnes que vous aimez et qui vous séduisent où au contraire ne pas avoir l'impression d'aimer et d'être séduit(e) par les personnes avec qui vous vous sentez bien car les valeurs de plaisir et de séduction et les valeurs d'intimité et de bien-être sont vécues dans des états d'esprit totalement différents. Elle peut parfois se traduire par une difficulté à habiter le même lieu que votre partenaire.

Vous avez alors tendance à incarner plusieurs scénarios, en alternant parfois de l'un à l'autre.

Scénario 1 : L'âme domine et Vénus est rejetée ou mal intégré à votre personnalité.

Quand vous vivez votre Lune, vous avez besoin de vie, de relations émotionnelles intimes, de vivre selon votre nature, d'exprimer vos émotions et votre sensibilité, de vous créer un univers personnel familier vous protégeant du monde extérieur, de vous ressourcer à travers des valeurs refuges, d'être en sécurité, et de vous occuper de votre vie privée, d'avoir une vie familiale, des enfants ou une vie paisible au foyer.

Vous pouvez alors être très sensible aux effets perturbateurs que peuvent causer une relation sentimentale, toute attache à un objet ou à une personne, l'influence de la mère ou d'une femme, vos désirs, vos sentiments ou vos besoins relationnels sur votre tranquillité, votre bien être, Votre vie familiale, quotidienne ou privée. Cela peut vous donner tendance à ne pas exprimer vos sentiments et vos désirs, à ne pas vivre ce qui vous fait plaisir et à limiter votre vie relationnelle.

Vous pouvez avoir l'impression que votre vie quotidienne, vos petites habitudes et vos instincts naturels, votre famille ou vos obligations familiales vous empêchent de vivre pleinement une relation affective, d'avoir des loisirs ou de vous offrir ce qui vous ferait plaisir. Vous pouvez également avoir l'impression, dans votre vie quotidienne, privée ou familiale, ou lorsque vous êtes dans l'ambiance d'une relation intime, de ne pas réellement plaire, de ne ressentir aucune joie, aucun plaisir, aucune manifestation de tendresse, aucun résultat concret ou aucun apport financier.

Une difficulté à vous identifier à vos sentiments, à les vivre de façon naturelle et intime, et à vous sentir bien, rassuré et tranquille en présence des autres peut engendrer une difficulté à recevoir les sentiments d'autrui ou à croire en leur sincérité. Cela peut engendrer une désagréable sensation de ne pas être réellement aimé(e) et une impression de vide affectif. Mais peut-être que par certains de vos comportements, vous ne donnez pas aux autres la possibilité de vous aimer et de vous témoigner des marques de tendresses ? Une difficulté à concilier imaginaire et affectif peut vous donner des difficultés à écouter vos vrais désirs, à visualiser vos désirs, à rêver de tendresse, de moments agréables et de vie à deux, ou à croire au bonheur d'une relation affective épanouie.

Vous avez alors des difficultés à croire au bonheur et à vous servir de votre imagination et de votre foi pour créer votre bonheur. Votre vie quotidienne ou votre vie privée peuvent alors manquer de tendresse, de joie, d'agréments et d'harmonie. Peut-être êtes-vous dans votre vie quotidienne avec des gens qui ne sont pas équilibrés ou qui quelque part vous déséquilibrent ?

Dans certains cas, il peut exister une tendance à se servir des obligations quotidiennes ou familiales pour ne pas vous engager affectivement, pour ne pas vivre vos vrais désirs, pour ne pas vous exprimer socialement ou inversement, vous pouvez avoir une tendance à vous servir de votre vie sociale, de vos conditions matérielles, de relations privilégiées pour ne pas vous engager dans une relation intime au quotidien et pour ne pas vous consacrer à votre vie familiale, aux enfants, au foyer et à vous-même. Peut-être avez-vous dans le fond peur de ce que vous désirez ?

Scénario 2 : Vénus domine et l'âme est rejetée ou mal intégrée.

Si l'affectif, les désirs et les plaisirs prédominent dans votre personnalité, vous êtes facilement sensibilisé aux effets perturbateurs que peuvent par exemple causer l'influence de la famille, de la mère ou d'un enfant dont il faut vous occuper, des souvenirs, de vos croyances, d'inquiétudes, de craintes engendrées par une imagination très active, l'intimité, la routine des habitudes sur votre vie sociale, affective ou matérielle au point de croire que l'un de ces éléments perturbera systématiquement votre bonheur, votre équilibre et votre épanouissement. Vous pouvez avoir tendance à rejeter toute forme de détente, de relâchement, de passivité et de repos, votre famille et tout ce qui permet un plus grand bien-être.

Vous pouvez avoir des difficultés pour vous créer une bulle dans laquelle vous pouvez vous réfugier ou un univers intime vous protégeant du monde extérieur, pour créer des ambiances accueillantes et sympathiques où chacun se sent comme chez soi, pour utiliser des valeurs refuges vous permettant de vous ressourcer, pour vous reposer et vous détendre et pour vous laisser porter par le courant de la vie. Vous pouvez avoir des difficultés à accepter l'enfantement par crainte de perdre une certaine liberté relationnelle ou financière, l'affection d'une personne qui vous est chère ou une certaine esthétique à laquelle vous êtes attachée. Peut-être avez-vous trop facilement l'impression que ce que représente la Lune (l'intimité, les enfants et les habitudes) ne vous enrichi pas ?

Lorsque vous êtes en société ou avec des relations privilégiées, lorsque vous êtes avec votre partenaire ou que vous gérez vos finances, vous pouvez avoir des difficultés à être vous-même, à être naturel, à préserver votre équilibre, à vous sentir bien, à adapter vos habitudes et votre personnalité aux demandes de l'autre, du groupe ou de la société, à être convivial et familier, à créer des ambiances où chacun peut se détendre, à être réellement proche de l'autre, à véhiculer des émotions, à gérer celles qui sont présentes dans la situation et à mettre autrui à l'aise.

Vous pouvez également avoir des difficultés à respecter vos rythmes naturels ou ceux des autres, à vous mettre dans le bain, à suivre le sens du courant, à tenir compte de l'ambiance et des différents courants de sensibilité présents dans la situation et à être proche des gens. Vous n'êtes donc alors pas forcément populaire dans votre environnement relationnel.

Vous pouvez être insatisfait, inquiet ou mal à l'aise lorsque vous exprimez votre féminité, lorsque vous vivez une relation affective ou sociale, lorsque quelque chose ou quelqu'un vous plaît ou vous attire. Vous pouvez en effet avoir l'impression que votre vécu affectif ou votre vécu tout court ne correspond pas à votre nature intime, qu'il manque à votre vie une part d'intimité, une part de rêve, des moments où vous pouvez vous laisser aller et vivre selon vos penchants naturels, une complicité réelle des âmes avec autrui, un chez-soi, une sécurité, une vie de famille ou des enfants qu'au fond vous désirez.

Vous pouvez également avoir l'impression que votre partenaire ne vous convient pas réellement ou qu'il dérange votre bien-être, vos petites habitudes, votre quiétude ou qu'il vous déstabilise émotionnellement. Vous pouvez alors avoir des difficultés à vous installer avec l'autre dans le bien être des habitudes, à fusionner avec l'autre, à le faire entrer dans votre univers intime, à vivre la relation de couple au quotidien, sous le même toit, ou avoir une peur bleue que cela se produise.

Ces peurs peuvent vous ôter une part de naturel et vous donner quelques difficultés à vous laisser aller dans une relation. Peut-être que vous ne voulez pas, ou que vous ne pouvez pas, accorder vos rythmes naturels à ceux d'autrui ? Peut-être avez-vous des difficultés à ressentir les besoins et attentes d'autrui, à adapter vos comportements à ceux des autres ou à sacrifier une partie de votre nature ou de votre égoïsme infantile pour trouver un consensus mutuel? Ou vous pouvez avoir l'impression que la vie de famille, les enfants ou le train-train des habitudes quotidiennes vous empêchent de vous épanouir affectivement, ou qu'ils ne vous permettent pas (ou risquent de ne pas vous permettre) de vous exprimer socialement.

Scénario 3 : L'âme est dominante en excès.

Lorsque vous êtes identifié à la Lune, vous pouvez l'être excessivement. Un besoin excessif d'être en sécurité, de préserver votre bien être, de vous protéger contre ce qui extérieur à votre réalité, de vous enfermer dans votre coquille, une tendance à être complètement indifférent à ce qui ne vous concerne pas directement, une tendance à voir le monde comme vous l'imaginez et non comme il est réellement, à trop vivre en fonction de vos émotions et de votre ressenti, à être trop attaché à vos souvenirs ou à trop être sous l'influence de votre famille ou de votre clan peuvent diminuer vos capacités à entrer en relation avec autrui et à vous adapter normalement à la civilisation.

Peut être avez peur de la vie ? Vous vous barricadez alors dans votre coquille dès que quelque chose perturbe votre équilibre. Une compensation à une impression de ne pas vivre de façon naturelle ou selon vos instincts naturels peut déboucher sur une tendance à laisser libre court à tous vos besoins, émotions, humeurs, états d'âme et caprices, ce qui peut provoquer un égoïsme primaire d'enfant ou vous donner une apparence lunatique.

Une réaction envers une impression de ne pas arriver à vous ressourcer grâce à des valeurs refuges peut engendrer une tendance à goûter avec excès à ce qu'on appelle les valeurs refuges. Cela peut se traduire par des excès de boisson ou de nourriture, par une difficulté à sortir de son lit, de son chez soi ou de ses mondes intérieurs. Lorsque le moyen de se ressourcer est le rêve, une réaction de compensation peut donner tendance à se réfugier dans des mondes virtuels et imaginaires au point d'en oublier les réalités pratiques.

Peut-être êtes-vous tellement attaché à vos parents ou à votre famille que vous avez des difficultés à aimer quelqu'un d'autre, ou à vous attacher à une personne qui ne plait pas à votre famille réelle ou symbolique ? Une tendance à choisir un partenaire en fonction des critères de vos parents, pour faire plaisir à vos parents et non en fonction de ce que vous voulez personnellement peut déboucher sur des difficultés sentimentales. Votre excès de sensibilité aux climats affectifs, aux ambiances et à toute variation d'ambiance, aux sentiments des autres et à tout ce qui vous équilibre ou vous déséquilibre peut vous rendre facilement perturbé.

Vous donnez parfois l'impression d'être ailleurs, d'être égocentrique ou sectaire à cause de votre indifférence envers tout ce qui ne fait pas partie de votre univers privé ultra protégé.

Peut-être que si vos élans affectifs ne produisent pas les effets que vous souhaiteriez, c'est parce que vous les exprimez à contre courant, en perturbant le bien-être ou la tranquillité d'autrui, ou parce que votre façon d'être un miroir pour l'autre, de par l'image de lui que vous lui renvoyez, déforme sa nature intime ? Ces tendances tendent à générer des relations affectives instables et désordonnées. L'influence excessive de la Lune peut vous donner une tendance à la paresse, à l'indolence, au laisser aller, à entretenir une situation de dépendance vis à vis de certaines personnes, à voir les réalités extérieures qui vous entourent comme vous l'imaginez et non comme elles le sont réellement, aux excès d'émotivité et de sensibilité et parfois à l'infantilisme.

Un penchant pour la facilité, une tendance à vous laisser vivre, des craintes ou des sentiments d'infériorité, un besoin excessif de fusion avec l'autre peuvent engendrer des situations de dépendance vis à vis des autres à qui vous demandez inconsciemment de vous materner. Ces personnes risquent alors de conditionner vos comportements, de dicter vos besoins naturels, d'engendrer vos états d'âme et de devenir responsables de votre bonheur ou de votre malheur, au point que vous pourriez y perdre quelque part une partie de votre bien être, de votre identité et de votre autonomie.

Scénario 4 : Vénus, (sentiments, désirs, besoins relationnels) domine en excès.

L'influence excessive de Vénus peut se traduire par une recherche abusive de sollicitations sensorielles, de plaisirs, de relations sociales ou de gains matériels, par un besoin exagéré de plaire et de séduire, de recevoir des marques d'affection au point dans le pire des cas de faire n'importe quoi avec n'importe qui, quitte à vivre des plaisirs ou des relations qui sont finalement déséquilibrantes. Vous pouvez aussi avoir tendance à rechercher des relations faciles qui ne vous donne pas la possibilité de trouver le bien être affectif. Une influence trop importante des sentiments et des désirs peut se traduire par une trop grande affectivité, par une humilité ou une tolérance trop grande, par une subjectivité empêchant de voir les choses en face, par une tendance au laxisme, à l'indécision, à l'insouciance, au laissez aller et par une attitude partisane du moindre effort dans la vie quotidienne.

Vous pouvez avoir tendance à être trop bon et trop gentil, peut être par peur de décevoir, ou à en demander trop à l'autre au point que vos demandes sont parfois étouffantes et difficiles à supporter.

En amour, la relation Lune-Vénus dissociée peut vous causer des difficultés à quitter la famille et le foyer natal, vous conférer une tendance à rechercher des relations où l'un des partenaires est dépendant, soumis et entièrement pris en charge, tel un enfant, par l'autre partenaire, une tendance à ne vivre votre vie affective que dans des rêves et des fantasmes, ou une tendance à fuir toute relation privilégiée par peur qu'elle vous empêche de vivre d'autres relations potentielles.

Elle peut également être synonyme de difficultés à modifier vos habitudes quotidiennes pour vous adapter à l'autre tandis que lorsque l'adaptation se fait, que votre couple se construit et qu'il s'installe dans le quotidien, vous pouvez alors facilement envahi par une impression d'ennui, de monotonie, d'avoir partagé avec l'autre tout ce qui pouvait l'être, ou par une impression d'être étouffé par la tendresse et les bonnes intentions de l'autre.

Parce que vos désirs affectifs, votre besoin de bien être et de vie quotidienne s'expriment de façon totalement différente, vous pouvez avoir des difficultés à éprouver en même temps ou pour la même personne élans affectifs, tendresse et bien être. Une tendance à attirer, par manque d'objectivité, des partenaires qui ne conviennent pas à la nature intime peut engendrer une difficulté à assurer la continuité d'une relation, d'où parfois une instabilité relationnelle.

Dans un thème féminin, il peut exister deux femmes vivant dans deux états d'esprit totalement différents et parfois contradictoires, chacune tendant à heurter ou gêner l'expression de l'autre. Cela peut initialement engendrer chez la femme un conflit avec elle-même, avec l'enfant en elle et par conséquent avec les femmes en général ; ainsi qu'une tendance à se mettre dans des situations qui sont la réplique extérieure de son conflit intérieur, c'est à dire par exemple où une femme (ou un enfant) tendent à gêner voire à empêcher une liaison et la création d'une vie de couple ou à perturber le bien être.

Cela peut déboucher sur des difficultés sentimentales mais cela peut aussi permettre de se détacher de ses émotions et sentiments, et donc de mieux les gérer. Cette facette de votre personnalité peut, si vous êtes une femme, faire de vous, une partenaire ou collaboratrice idéale et adorable, capable de s'investir affectivement dans une relation harmonieuse, de créer un climat d'entente, de préserver la continuité de la relation et d'assumer à la fois votre vie de femme, d'épouse et de mère de famille.

La femme tend parfois à abandonner l'initiative à l'homme, à s'abriter derrière lui et à faire l'expérience d'elle-même à travers son union. Elle a parfois un coté enfant fragile, un coté émotif, un charme naturel et des facilités pour savoir comment toucher l'autre à travers l'émotion. Elle peut aussi avoir le don d'inspirer l'autre dans toute activité créatrice. Dans un thème masculin, l'aspect dissonant peut correspondre à une peur de la femme, à un sentiment que les femmes sont insécurisantes et perturbent le bien-être ou l'équilibre, à une impression que les femmes qui sont concrètement présentes dans la vie sont en contradiction avec l'idéal féminin, à une difficulté à vivre l'intimité avec elle, ou donner une image négative de la femme parce que le sujet est plutôt sensibilisé à ces défauts et faiblesses de celle ci au lieu de voir ce qu'elle a de positif. La mère devient parfois un contre modèle. L'homme tendra à être attiré par des femmes douces et féminines, incarnant à la fois l'épouse et la mère.

Expression positive consciente et naturelle : Lorsque vous apprenez à maîtriser cette partie de votre personnalité et à utiliser toute sa richesse et lorsque vous avez fait le chemin pour exprimer cette relation en pleine conscience et d'une manière positive.

Pour transformer la relation Lune-Vénus dissociée en relation consciente et dynamique, il peut être utile d'effectuer un travail sur l'image de la mère et de la femme, sur l'enfance et le passé, sur les émotions, sur l'intimité, sur vos différentes peurs et sur le rôle que doivent avoir les choix, vos vrais désirs, le plaisir, la vie de couple, les relations sociales et la civilisation au sein de votre personnalité. Cette facette de votre personnalité peut être gérée et canalisée en oscillant entre les deux fonctions psychologiques qui sont vécues dans des états d'esprit très différents de façon telle que chaque fonction rectifie l'autre au moindre excès. Vous pouvez alors vivre, durant une période donnée en un lieu donné, des moments d'intimité et de tranquillité où vous êtes bien dans votre bulle, dans l'univers protégé que vous vous êtes créé, des moments où vous profitez de votre foyer avec ceux qui sont vos intimes, où vous profitez de votre vie familiale, où vous vous ressourcez à travers des valeurs refuges.

Puis vous pouvez consacrer une autre période (de la journée, de l'année ou de votre vie) dans un autre lieu et/ou dans un autre état d'esprit où vous vivez votre vie relationnelle, votre vie sociale et votre vie de couple, où vous sortez de votre bulle pour vous consacrer à l'autre et où vous vous consacrez à vos vrais désirs et à ce qui vous fait plaisir. Vous savez exprimer vos sentiments et vivre des relations privilégiées agréables sans que cela ne perturbe votre bien être et vous faîtes bien la différence entre votre vie de couple et votre vie de famille.

Quand la relation Lune-Vénus est vécue en conscience, la création de liens sociaux, le relationnel, les relations privilégiées, la vie de couple ou le mariage, les plaisirs et loisirs, la beauté, la nature, l'harmonie, l'équilibre et l'argent tendent à être vos valeurs refuges, vos nourritures ou des éléments indispensables à votre bien être. Ils vous permettent de vous ressourcer et de vous créer un univers personnel ou un monde familier que vous protégez de tout ce qui n'en fait pas partie. Ils vous permettent également de vivre votre part de rêve.

Votre capacité à vous sentir bien et à vous familiariser avec vos relations, avec vos sentiments, votre partenaire, vos désirs, votre corps, votre sens esthétique ou votre besoin de plaire et de séduire vous permet de les vivre et de vous vivre de façon naturelle mais consciente, dans un climat d'intimité et de complicité pouvant aller jusqu'à la fusion, et de vous en imprégner en les assimilant à votre univers personnel. Vous adaptez facilement vos habitudes à celles de l'autre ou à celles de votre civilisation.

Vos capacités à croire et à imaginer sont étroitement liées à l'affectif et au relationnel. Cela vous permet de visualiser vos désirs, d'imaginer votre bonheur et de croire en lui, de rêver à l'amour et d'engendrer une vie quotidienne et des situations faites d'équilibre, de tendresse, de plaisir et de paix, où vos sentiments peuvent s'exprimer librement.

Votre foi peut vous aider à créer la vie sentimentale qui vous correspond avec une personne qui vous va comme un gant. Vous choisissez d'instinct, dans votre vie quotidienne et privée, des milieux où règnent l'harmonie, la paix et une douceur de vivre, et des personnes qui vous équilibrent.

Cela vous prédispose à une vie tranquille et agréable. Cette facette de votre personnalité vous confère alors une nature douce, gentille et affectueuse, agréable et soucieuse de plaire, gracieuse et charmante, sociable et conciliante. Vous savez accorder vos rythmes naturels à ceux d'autrui, ressentir les besoins et attentes des autres puis y répondre, adapter vos comportements à ceux de l'entourage, faire des concessions pour le bonheur du couple ou de la relation, servir de miroir à l'autre en lui renvoyant une image positive et vous faire accepter et aimer d'emblée.

Il vous apporte des facilités aussi bien pour créer des relations sociales que des liens intimes. Votre capacité à vous situer en fonction des autres ou de la société vous permet de vous intégrer dans le système socioculturel qui vous entoure et de vivre avec votre temps. Parce que votre charme, votre sens esthétique tendent à se manifester entre autre dans le cadre du foyer, cela vous donne le besoin et les moyens d'embellir votre foyer, de le décorer avec amour, avec tendresse et avec des objets d'art.

Vous pouvez ainsi jouir d'une habitation agréable, vous plaire chez vous, y vivre dans une ambiance joyeuse, harmonieuse, douce et équilibrante, et recevoir ceux qui font partie de votre cercle d'intimes avec sourires et plaisir, en étant accueillant et chaleureux.

La relation Lune-Vénus exprimée de façon consciente et positive est synonyme de chance au foyer ou en ce qui concerne l'immobilier, peut être parce que vos goûts sont accordés à votre nature intime et parce que vous savez vous laisser porter d'instinct vers la réalisation de vos désirs. Il peut vous conférer des goûts et talents pour le dessin, la musique, l'alimentaire, pour les activités en rapport avec un public, les valeurs familiales et les enfants, l'immobilier et le foyer. Il peut également vous apporter des aptitudes pour l'art, la photo, la décoration, la danse, pour toute activité associative, pour tout ce qui concerne les loisirs et pour tout ce qui permet d'agrémenter l'existence.

En amour, vous avez besoin pour être séduite et pour aimer, d'une ambiance intime, d'une complicité des âmes, de fusionner émotionnellement avec l'autre, de bien être et de sympathie, de vous sentir rassuré et protégé du monde extérieur à travers la création d'un univers familier, d'un partenaire qui vous fasse rêver et qui vous corresponde parce que sa sensibilité est proche de la vôtre. Lorsque vous êtes attiré par une personne ou par quelque chose, vous êtes attiré par l'ensemble, par sa globalité, de façon plus ou moins consciente, et sans forcément pouvoir définir avec précision et clarté le détail qui vous a séduit.

Lorsque vous avez su gérer et utiliser l'enfant en vous pour créer votre bonheur vous pouvez devenir un(e) partenaire d'une douceur toute maternelle et être une personne chaleureuse, accueillante, dévouée, fidèle et protectrice, avec un coté romantique, romanesque et fleur bleue. Cela peut vous permettre de vivre une relation fondée sur une intime communion des âmes et de vivre un bonheur simple, mais profond et serein. Avec cette facette de votre personnalité des rencontres importantes peuvent se faire dans des lieux publics, en musique, lors d'un repas ou un concert, à travers la famille, des enfants ou à travers un cercle d'intimes.

ASPECT HARMONIQUE LUNE-MARS

Il y a dans votre thème astral une relation permanente, continue et symbiotique entre la Lune et Mars qui s'expriment en vous comme deux partenaires. Comme vous êtes sensible aux effets positifs que chaque planète a sur l'autre et que vous croyez que lorsque vous vivez l'une des planètes, l'autre viendra systématiquement la soutenir, vous récoltez le meilleur de chacune de ces deux fonctions psychologiques et des expériences qui y sont associées.

Vous êtes particulièrement sensible à ce qui se passe autour de vous, aux réalités qui vous entourent, au déroulement des événements mais aussi aux manifestations d'agressivité, aux combats, aux rapports de force, aux ordres et aux différences qu'il y a entre vous et le reste du monde. Votre tendance à ressentir les choses de façon entière, nette, directe, brusque et rapide vous font réagir au moindre stimulus et au moindre changement d'atmosphère. Vous êtes un modèle de spontanéité. Vous vous enflammez facilement, pouvez vivre des passions émotionnelles qui vous font parfois surchauffer et avoir un coté soupe au lait.

Votre sensibilité, votre mémoire, votre capacité à croire et à imaginer sont étroitement liées à votre activité, à vos engagements et à vos combats. Cela vous permet d'utiliser votre imagination pour créer des événements en visualisant ce que vous voulez faire, de matérialiser ce qui traverse votre sensibilité, de réaliser vos rêves de façon spontanée, d'être inspiré dans vos initiatives en sentant ce qu'il faut faire et en faisant comme vous le sentez, de provoquer l'inspiration chez autrui et de croire en vos moyens.

Votre foi et votre nature dynamique vous incite à créer une vie quotidienne pleine d'événements, une vie quotidienne bien remplie, parfois mouvementée et qui résulte avant tout de vos décisions et initiatives. Vous avez en toutes circonstances besoin de votre part d'indépendance. Et vous vivez dans le présent.

L'engagement dans une entreprise, la mobilisation de vos énergies pour vous affirmer, la lutte pour obtenir des résultats, le besoin de faire face aux réalités du monde extérieur, de vivre des moments forts, de vous frotter à la vie, de prouver que vous existez, bref l'action et la réaction font donc partie de vos comportements quotidiens et peuvent être chez vous comme une seconde nature. En effet, parce que vous savez vivre en parfaite complicité avec les événements qui font partie de votre univers quotidien, être complètement identifié au présent et à ce que vous faites mais aussi être détendu dans l'action, l'influence des obstacles, des différences, des dualités et donc des efforts nécessaires à la réalisation de vos entreprises sont amoindris.

Et si vous savez accorder vos rythmes naturels aux réalités qui vous entourent, c'est parce qu'en toutes circonstances vous vivez une intimité totale avec votre corps et vos instincts en ne faisant qu'un avec eux.

Cela peut vous conférer une certaine force musculaire ou tout au moins une excellente vitalité, une rapidité des réflexes, une surprenante souplesse physique ainsi qu'un coté instinctif, animal et parfois un peu sauvage.

Vous pouvez par contre être à tel point absorbé par votre vécu, par l'intensité du présent que le reste, c'est à dire ce qui ne vous concerne pas ou ce qui ne fait pas partie de la situation immédiate ou de votre univers, peut vous laisser totalement indifférent. Cela peut parfois être synonyme d'égocentrisme. Paradoxalement, ces comportements, c'est à dire le besoin d'engagement, de mobilisation, de lutte, d'intensité, de vie et d'action tendent à être vos valeurs refuges, les éléments indispensables à votre bien être, votre part de rêve, vos moyens de vous ressourcer, de vous détendre et de vous créer un univers intime et personnel. Vous pouvez donc avoir quelques difficultés à vous reposer, à vous détendre et à rester inactif parce que quelque chose en vous vous appelle systématiquement à l'action.

Vous pouvez avoir besoin que de très peu de sommeil et avoir tendance à ne dormir que d'un œil parce que vous vous rechargez vite et parce que vous restez actif et vigilant dans la détente. Inversement, vos moyens d'action peuvent dans certains cas être amoindris en puissance par l'influence de la Lune parce que vous pouvez avoir besoin, dans votre vie active, de toujours préserver votre bien être, d'être en sécurité dans votre bulle et de vous protéger contre tout ce qui est extérieur à votre réalité.

Vous avez parfois tendance à résister aux événements, à aborder les réalités du monde qui vous entoure à travers une attitude d'auto-défense, à ignorer ce qui ne semble pas vous correspondre ou ce qui vous fait peur et à vous replier dans votre coquille dès qu'il y a de la confrontation dans l'air, dès que les événements ne se déroulent pas d'une façon fluide et naturelle ou dès que la réalité devient trop dure. Vous pouvez donc avoir des difficultés à être efficace en dehors de ce qui vous est familier.

Par contre vous êtes particulièrement capable de vous battre, de conquérir, de vous affirmer, de vous engager, de mobiliser vos énergies, de déployer les grands moyens, de faire usage de la force et s'il le faut de l'agressivité lorsqu'il s'agit de créer votre univers intime, un foyer, une famille ou un clan, lorsqu'il s'agit d'acquérir, de préserver ou de défendre votre cadre de vie, votre bien être, votre équilibre personnel ou votre progéniture.

Vous pouvez également être particulièrement dynamique lorsque vous êtes dans un univers familier avec des frontières bien délimités (au sein d'un groupe, d'un clan, d'une collectivité ou d'une entreprise familiale par exemple), lorsque vous vivez vos valeurs refuges, lorsque vous êtes dans un climat d'intimité où l'ambiance est sympathique et bon enfant, bref lorsque vous vous sentez comme chez vous et que vous éprouvez du bien-être. Vous connaissez la force des émotions et savez les utiliser pour vous affirmer.

Votre force peut justement être de savoir en toute situation créer un climat d'intimité, une ambiance familière, de vous mettre rapidement dans le bain en faisant parti des événements, mais aussi de pouvoir maîtriser et utiliser activement votre sensibilité, l'émotion, l'image et les valeurs refuges. Cela peut vous conférer des aptitudes pour diriger un groupe ou une collectivité, pour faire de la musique, du dessin, de la cuisine, pour reproduire, refléter et imiter mais aussi pour des activités en rapports avec le public, la famille, les enfants et la maternité, le foyer, l'immobilier, la biologie, l'alimentation, l'utilisation de l'eau et le passé. Le sport peut être un moyen pour vous de vous ressourcer ou de vous sentir bien.

La femme peut avoir une capacité à inspirer l'homme. Elle peut être attirée par des hommes doux capables d'exprimer leurs émotions, leur enfant intérieur et leur sensibilité. L'homme peut être attiré par des femmes actives capables d'être dynamiques, franches et efficaces. La relation Lune-Mars peut indiquer des parents énergiques et virils, des rapports intenses, francs, directs et parfois passionnels au sein de la famille, ou plus généralement une vie familiale dynamique, mouvementée, animée, avec de nombreuses discussions, querelles et débats. Votre famille a pu vous inciter très tôt à prendre votre indépendance, ou inversement à rester pendant longtemps au foyer, proche de votre famille et de votre milieu natal. Vous pouvez avoir besoin de mener la barque de votre vie familiale et privée de façon dynamique et à être le chef chez vous. Votre famille aura souvent jouée, directement ou indirectement, un rôle important dans le développement de vos capacités à faire face aux réalités de la vie, à faire preuve de courage, de dynamisme et d'efficacité, à agir et à réagir. Elle peut donc être pour vous une source de force.

ASPECT DISSONANT/DYNAMIQUE LUNE-MARS

Il y a dans votre thème astral une relation permanente, mais discontinue, dissociée, duelle, tendue et conflictuelle, entre la Lune (l'âme) et Mars (votre moteur, la décision, l'action, le combat), car ces deux planètes vibrent en vous à deux fréquences totalement différentes. Chaque planète veut se vivre, à sa façon, à travers vous et tend à considérer l'autre comme une rivale ou comme une perturbatrice. Vous avez alors tendance, soit à exprimer l'une puis l'autre des planètes d'une façon excessive, soit à vivre l'une des planètes et à rejeter l'autre parce que vous la considérez comme perturbatrice, parce que vous voyez son côté sombre plus que son côté lumineux.

Tant que vous nourrissez ce conflit à l'intérieur de vous, vous récoltez le moins bon de chacune des deux fonctions psychologiques et des expériences qui y sont associées. La solution, que vous verrez plus bas dans le texte, est de vivre chaque fonction en pleine conscience et de savoir alterner rapidement et consciemment, entre chacune des deux fonctions psychologiques représentées par la planète Vous transformez ainsi une relation conflictuelle en une grande force et vous vivez cette relation de façon consciente et dynamique. Cette facette de votre personnalité peut initialement engendrer, lorsqu'elle n'est pas maîtrisée, des difficultés dans la vie privée, au niveau du bien-être et de la maternité, mais aussi dans la vie active car elle ne facilite pas la prise de décision, l'affirmation de soi et l'engagement à cause d'un conflit ou d'une dissociation, entre par exemple votre besoin de vous reposer et votre besoin d'agir, entre votre besoin de bien être et votre besoin de performance, entre vos décisions et vos croyances, entre votre besoin de vivre dans le présent et votre tendance à vivre en fonction du passé.

La relation Lune-Mars indique souvent un conflit avec les parents, au sein de la cellule familiale, durant l'enfance, ainsi qu'une tendance à nourrir le conflit et à se servir du conflit pour s'empêcher de vivre libre et heureux. Peut-être vous êtes vous senti agressé(e) verbalement ou physiquement, souvent à cause de vos besoins les plus naturels de bien-être, de sécurité et d'amour ? Peut-être avez vous baigné dans un climat de rivalité, de rapports passionnels et conflictuels au sein de la sphère familiale ? Peut être avez-vous été marqué par la présence de parents durs, colériques, violents et agressifs? Vous avez pu ainsi être sensibilisé aux effets perturbateurs de l'agressivité et de la jalousie au point d'en avoir une peur bleue et au point de croire que la vie quotidienne au foyer n'est que violence. Le risque est alors de reproduire dans votre vie d'adulte ce que vous avez vécu dans l'enfance ou à l'inverse de refuser d'exprimer la colère quand il y en a. Ou inversement, vous avez pu manquer dans votre enfance d'encouragements et d'une présence qui vous poussait à vous affirmer.

Vous avez alors tendance à incarner plusieurs scénarios, en alternant parfois de l'un à l'autre.

Scénario 1 : L'âme domine et Mars, votre moteur est rejeté ou mal intégré à votre personnalité.

La relation Lune-Mars tend à matérialiser des parents énergiques et virils, des rapports intenses, francs, directs et parfois passionnels au sein de la famille, ou plus généralement une vie familiale dynamique, mouvementée, animée, avec de nombreuses discussions, querelles et débats.

Votre famille a pu vous inciter très tôt à prendre votre indépendance, ou inversement, elle a pu vous inciter à rester pendant longtemps au foyer, proche de votre famille et de votre milieu natal. Vous pouvez avoir besoin de mener la barque de votre vie familiale et privée de façon très dynamique et à être le chef chez vous. Votre famille aura souvent jouée, directement ou indirectement, un rôle important dans le développement de vos capacités à faire face aux défis de la vie, à faire preuve de courage, de dynamisme et d'efficacité, à agir et à réagir.

Quand la Lune s'exprime, vous avez besoin de bien-être, d'être en sécurité, de vous sentir protégé au sein d'un univers intime et familier, de vous ressourcer à travers des valeurs refuges, de vivre selon vos rythmes naturels, d'avoir une vie familiale ou une vie paisible au foyer. Vous pouvez être fortement sensibilisé aux effets perturbateurs que peuvent avoir la colère, l'agressivité, la combativité, l'usage de la force, la présence d'un homme, l'expression spontanée de vos besoins, de vos différences et de vos instincts, le face à face avec la réalité du monde extérieur et l'affirmation de votre personnalité sur votre bien-être et votre vie privée. Cela peut vous inciter à rejeter tout ou une partie de ce que représente Mars.

Cela peut alors vous donner des difficultés à utiliser la force ou à gérer les rapports de force, les heurts, les conflits, les discussions et les tensions, à vous engager dans une entreprise quelconque, dans un combat ou dans la vie sans que soient perturbés votre bien être, votre tranquillité et vos besoins naturel. Au pire, vous refusez la confrontation avec la réalité en fuyant le monde et ses combats parce que cela vous déstabilise émotionnellement. Une hypersensibilité à ce qui se passe autour de vous, aux réalités qui vous entourent mais aussi aux manifestations d'agressivité, aux rapports de force, aux ordres et aux menaces, aux différences, aux obstacles, aux efforts qu'il faut fournir pour obtenir des résultats, une difficulté à être totalement identifié au présent et à ce que vous faites ainsi qu'une difficulté à être détendu dans l'action peut rendre difficile votre insertion dans la vie active.

Vous avez peut-être une grande peur inconsciente de vous faire agresser, de ne pas savoir-faire ou de ne pas y arriver ? Si vous avez des difficultés à accorder vos rythmes naturels aux réalités qui vous entourent peut être est ce parce que vous ne vous sentez pas bien dans votre corps, parce que vous nourrissez la croyance que vos instincts vous dénaturent quelque part, parce que vous et vos élans instinctifs sont deux êtres différents et parce que vous contrôlez mal vos énergies vitales. Vous pouvez avoir des difficultés pour ressentir votre force, votre énergie, votre corps et vos instincts.

Vous pouvez ainsi avoir des difficultés à vous affirmer, à mobiliser vos énergies pour obtenir des résultats, à être pratique et fonctionnel, à faire preuve de courage, à lutter efficacement et à aller de l'avant dans votre vie quotidienne et dès qu'il s'agit de vous créer un univers intime, un foyer, une famille, lorsqu'il s'agit d'acquérir, de préserver ou de défendre votre cadre de vie, votre bien être, votre équilibre personnel ou votre progéniture, lorsque vous êtes dans un climat d'intimité où l'ambiance est sympathique, lorsque vous éprouvez du bien être et le sentiment rassurant de vous sentir comme chez vous. Tout cela ne vous nourrit pas, vous fait peur et dérange votre bien être. Vous nourrissez alors une tendance à ne pas exprimer les valeurs positives de Mars.

Peut-être vous servez-vous de votre imagination, d'obligations familiales ou du bien-être ressenti dans l'univers personnel douillet que vous vous êtes créé pour ne pas faire ce que vous avez à faire, pour ne pas vous affirmer, ou pour ne pas exercer une activité dans le monde extérieur ? Et si vous avez des difficultés à réaliser vos rêves, peut être est ce parce que lorsque vous imaginez quelques chose, vous ne tenez pas assez compte des réalités concrètes du terrain, vous ne passez pas suffisamment aux actes et à la pratique et vous ne vous donnez pas les moyens pour allez jusqu'au bout de votre rêve ? Ces comportements peuvent être engendrés par votre imagination qui amplifie les obstacles à franchir, par une impression que les efforts à fournir sont trop importants et au-dessus de vos moyens, par une difficulté à croire en vos moyens et parce que vous ne voyez pas comment faire ou à quoi ce que vous faites peut servir.

Mais à force de refouler tout ou une partie de Mars, vous pouvez avoir l'impression que votre vie quotidienne, votre vie familiale, vos enfants, votre nature intime, vos habitudes ou une relation de dépendance vous empêchent de vous affirmer pleinement, de faire ce que vous avez besoin de faire, d'être efficace, de mobiliser vos énergies dans un engagement quelconque. Votre vie quotidienne peut alors vous paraître terriblement ennuyeuse car dépourvue d'action et d'événements ou alors vous pouvez avoir l'impression de ne pas aller assez vite ou de ne pas obtenir les résultats voulus.

Scénario 2 : Mars, votre moteur, domine et l'âme est rejetée ou mal intégré.

Si vous vous êtes identifié à Mars, prédomine alors en vous le besoin de vous affirmer dans la vie, d'agir et de réagir, de mobiliser vos énergies pour obtenir des résultats et de faire face aux réalités du monde extérieur.

Vous pouvez alors être fortement sensibilisé aux effets perturbateurs de l'influence de la famille, de la mère ou d'un enfant, de vos souvenirs, de vos croyances, de vos inquiétudes et de vos habitudes, de votre paresse, de vos émotions sur votre vie active, vos engagements ou vos résultats.

Cela peut vous inciter à rejeter toute forme de détente, de relâchement et de passivité mais aussi le repos et les ambiances tranquilles, soit parce que vous les considérez comme synonyme d'ennui, d'inefficacité et de faiblesse, soit parce que vous avez l'impression de ne pas exister en de telles circonstances. Vous pouvez alors avoir tendance à vous affirmer brutalement, à vous battre héroïquement, à mobiliser toutes vos forces dans l'entreprise qui vous tient à cœur, jusqu'à l'épuisement et parfois au détriment de votre vie privée et familiale. Cette fuite en avant dans l'action a parfois pour but de fuir un modèle familial, une vie familiale ou des émotions mal vécues. Mais vous pouvez alors être insatisfait et surtout épuisé dans votre vie active parce que vous avez cruellement l'impression qu'il vous manque des moments de repos et de détente, des moments où vous pouvez vous consacrer à votre famille ou à ne rien faire.

Certains auront tendance à vivre à contre courant parce qu'ils n'arrivent pas à se mettre dans le bain et à faire partie des événements, à casser l'ambiance dès que la situation descend en deçà d'un certain seuil d'intensité, à perturber systématiquement leur tranquillité ou celle des autres et à être incapable de vivre sans chahuter ou sans provoquer des tensions émotionnelles, des prises de becs et des conflits. Votre sensibilité, votre mémoire, vos émotions, votre capacité à croire et à imaginer peuvent être dissociées de votre activité et de vos combats. Cela peut vous donner des difficultés à utiliser votre imagination pour créer des événements, à visualiser ce que vous voulez faire, à matérialiser ce qui traverse votre sensibilité et à réaliser vos rêves de façon spontanée.

Vous pouvez aussi alors avoir des difficultés à vous laisser porter par la vie et par les événements, à sentir ce qu'il faut faire, à croire en vos moyens, à avoir confiance en vous, à maîtriser vos émotions, votre imagination et vos valeurs refuges et à aller jusqu'au bout de vos actes sans être interrompu par un irrésistible besoin de vous reposer.

Scénario 3 : L'âme est dominante en excès.

Dans certains cas, votre force de frappe et vos moyens d'action peuvent être amoindris en puissance par l'influence excessive ou mal gérée de la Lune (de la sensibilité, des émotions, d'une relation intime ou familiale, du besoin de bien-être ou de la peur).

Ce peut être parce que vous avez des difficultés à vous sentir concerné, touché et ému par ce que vous faites ou parce que vous avez excessivement besoin, dans votre vie active, d'être en sécurité, de préserver votre bien être et de vous protéger contre tout ce qui est extérieur à votre réalité. Cela peut se traduire par une tendance à avoir peur de la vie, à aborder les réalités du monde qui vous entoure à travers une attitude d'auto défense, à ignorer totalement ce qui vous fait peur ou ce qui ne vous semble pas vous correspondre, à vous barricader dans votre coquille dès qu'il y a de la confrontation dans l'air ou dès que la réalité devient trop dure et à voir la réalité et les événements autour de vous comme vous les imaginez et non comme ils sont réellement, c'est à dire à faire preuve de subjectivité.

Vous pouvez aussi avoir tendance à suivre trop facilement vos caprices, humeurs et instincts, à agir de manière totalement inconsciente, désordonnée et étourdie et à fuir la réalité dans l'alcool, les stupéfiants, l'érotisme, le spiritisme ou dans une recherche d'autres formes de violence. Un penchant pour la facilité, une tendance à vous laisser vivre et un sentiment d'infériorité peuvent engendrer une dépendance envers autrui ou envers la famille dans la vie active. Ceux qui ont tendance à passer d'un excès à l'autre vivront des périodes de dépenses forcenées, de passions violentes, d'excès de vitesse, de colères infantiles, d'explosions émotionnelles et auront tendance à brûler la chandelle par les deux bouts jusqu'à devenir trop épuisé pour agir, lutter et réagir.

Puis suivent alors des périodes d'indolente passivité, de rêves qui vous emportent très loin des réalités, de paresse, d'avachissement et de laisser aller total, jusqu'à ce que les événements ou les impératifs de votre situation vous obligent à retourner sur le terrain pour reprendre les choses en main ou jusqu'à ce que vous réagissiez à une désagréable impression que votre situation se dégrade parce que les choses ne sont pas faites, que vous n'êtes plus efficace ou que votre image en prend un coup. Cela peut vous prédisposer à vivre des périodes de très intense activité suivies de périodes de très intense inactivité.

Scénario 4 : Votre moteur surchauffe

Une impression de manque de force, de résultats ou d'activité peut dans certains cas vous inciter à de violentes réactions de compensation. Et lorsque vous êtes identifié à Mars, vous pouvez avoir tendance à l'être excessivement. L'influence excessive de Mars peut se traduire par des accès de colère non maîtrisés, par un sentiment de révolte généralisé et par des réactions de contestation systématiques envers tout ce qui va à l'encontre de votre bien être.

Vous pouvez alors avoir tendance à vous irriter trop facilement contre vous-même ou contre autrui, à vivre dans un sentiment d'urgence permanent en voulant tout tout de suite, à brûler les étapes, à avoir des difficultés pour agir sans forcer et sans vous précipiter, à avoir besoin que tout soit fini avant même d'avoir commencé et à ne vivre qu'en fonction de vos instincts et de vos besoins personnels au point d'en devenir égoïste. Vous pouvez subir des chutes, des blessures, des brûlures ou des coupures à cause de votre impulsivité, par manque de contrôle de vos actes, ou parce que vous êtes distrait et dans la Lune.

Un des symptômes de l'aspect dissonant Lune Mars est la tendance à oublier la casserole sur le feu et à faire brûler les aliments ! Vous pouvez également avoir tendance à utiliser l'émotion comme une arme dont vous usez ou abusez pour parvenir à vos fins, pour mesurer votre force ou simplement pour alimenter une tension permanente. Votre franchise peut être brutale et heurter la sensibilité d'autrui. Votre tendance à ressentir les choses de façon trop directe, brusque, rapide et violente vous fait réagir de façon disproportionnée, comme par réflexe, au moindre stimulus et au moindre changement d'atmosphère. Un besoin excessif de sensations fortes ou de violence émotionnelle, un manque de réceptivité aux dangers réels, une tendance à surestimer vos moyens ou à sous estimer les obstacles peuvent vous donner une tendance à brûler la chandelle par les deux bouts ou à vous aventurer dans des voies violentes qui peuvent avoir des répercussions néfastes sur votre bien être ou sur votre santé.

Une tendance à croire que les autres vont systématiquement vous agresser fait parfois que la moindre perturbation de votre bien être peut vous faire exploser. Une tendance à lutter contre des dangers qui n'existent que dans votre imaginaire et à avoir l'impression que toute personne ou objet qui pénètre dans votre univers familier le fait par infraction peut vous rendre méfiant, susceptible, facilement irritable, agressif et parfois asocial.

Au pire cet aspect peut vous prédisposer à vivre des colères aveugles, à entrer systématiquement en conflit avec votre entourage, votre clan, votre famille ou avec votre enfant et à ne vous sentir bien que dans une atmosphère orageuse, atmosphère que vous alimentez, en voulant tout le temps avoir raison, en ayant tendance à vivre avec autrui des rapports de compétition et en vous comportant de manière agressive, provocante et violente. Coté santé, une difficulté à gérer sa colère et son énergie vitale, un bassin trop étroit ou des problèmes mécaniques dans les organes féminins peut engendrer des règles douloureuses et des accouchements difficiles. Il peut y avoir chez les deux sexes une tendance à manger trop vite ou à consommer des aliments qui agressent l'estomac et qui sont susceptibles de provoquer des ulcères.

Chez la femme, la relation dynamique Lune-Mars peut engendrer un complexe de virilité ou un complexe d'infériorité envers l'homme, une tendance à refuser la condition féminine et les qualités féminines qui sont considérés comme des faiblesses, une tendance à déviriliser l'homme, à le provoquer par des attitudes contestataires et à déclencher chez lui des comportements agressifs. Cela peut venir d'un conflit avec la mère vécu comme un contre modèle, d'une peur de l'homme ou simplement d'une difficulté à contrôler ses réactions émotionnelles.

La femme peut également avoir la capacité de refléter la force de l'homme à tel point qu'elle le propulse hors du foyer, puis avoir tendance à se plaindre que son homme n'est pas assez présent à la maison. Une difficulté à prendre des décisions parce que toute décision est vécue comme mutilatrice peut engendrer une dépendance vis à vis de l'homme. Une difficulté à recevoir des conseils parce qu'ils sont vécus comme des ordres agressifs, et une tendance à vivre des rapports de force ou de compétition avec l'homme peut prédisposer à vivre des scènes de ménage et des conflits au foyer. Un excès de virilité et un manque de tendresse vis à vis des enfants peut engendrer des relations conflictuelles avec eux.

Chez l'homme, la relation dynamique Lune-Mars peut provoquer une peur de la femme, de ses propres émotions ou des relations intimes, des rapports d'agressivité avec la mère, ainsi qu'une tendance à projeter, sur les femmes et les enfants, des émotions violentes vécues dans le passé.

L'homme peut avoir tendance à rejeter certaines valeurs féminines voire la femme dans son ensemble. Il peut à susciter chez la femme des comportements agressifs de par une tendance à vouloir toujours avoir raison, à être provoquant ou " macho " et à entretenir des rapports conflictuels au foyer. La dissonance Lune Mars peut également correspondre chez l'homme a une difficulté à vivre une relation intime avec le père ou à vivre avec lui des échanges émotionnels.

Expression positive consciente et naturelle : Lorsque vous apprenez à maîtriser cette partie de votre personnalité et à utiliser toute sa richesse et lorsque vous avez fait le chemin pour exprimer cette relation en pleine conscience et d'une manière positive.

Pour transformer la relation Lune-Mars dissociée en relation consciente et dynamique, il peut être utile d'effectuer un travail sur l'image de la mère et de la femme, sur l'enfance et le passé, sur les émotions, sur l'intimité, sur vos différentes peurs et sur le rôle que doivent avoir la motivation, la prise de décision, l'engagement, la combativité et l'action, au sein de la personnalité.

Un travail sur la conscience corporelle (Tai-Chi, Massages, Danse, Yoga, Tantrisme) et un peu de sport peuvent vous faire le plus grand bien.

Cette facette de votre personnalité peut être gérée et canalisée en oscillant entre les deux fonctions psychologiques qui sont vécues dans des états d'esprit très différents de façon telle que chaque fonction rectifie l'autre au moindre excès. Vous pouvez alors vivre des moments où vous prenez votre vie en main, où vous faites face aux circonstances avec courage et confiance en vous, où vous agissez et réagissez et où vous vous affirmez pour conquérir votre place au soleil. Et vous pouvez alors être d'autant plus efficace que vous savez laisser de coté vos émotions et vos inquiétudes éventuelles, parce que vous savez utiliser consciemment votre imagination pour aplanir les dualités et les obstacles ou parce que vous savez susciter un climat de sympathie là où vous allez. Puis vous savez vivre d'autres moments où vous vous reposez, vous consacrez à votre foyer et à votre famille, à votre vie privée et à votre santé.

Vous savez alors vous battre et agir sans que cela perturbe votre bien être et vous reposer sans permettre à votre situation de se dégrader. Vous savez faire preuve d'une tendresse toute maternelle quand cela est possible tout comme vous savez vous affirmer de façon franche et virile quand cela est nécessaire.

Bien maîtrisée, la relation Lune-Mars peut vous conférer un ensemble d'aptitudes qui sont alors vécues d'une façon particulièrement consciente et dynamique. Cela peut par exemple se traduire, pour ce qui concerne la Lune, par des capacités à vibrer avec les émotions, à faire face au public ou à être en résonance avec lui, à ressourcer et se ressourcer ou à utiliser des valeurs refuges (musique, dessin, l'eau) qui sont hors du commun et en ce qui concerne Mars par un dynamisme, une combativité, une capacité à vous motiver et à prendre des décisions, un courage, un sens de l'efficacité et des capacités physiques qui sont au-dessus de la moyenne.

Vous êtes alors particulièrement capable de vous battre, de conquérir, de vous affirmer, de vous engager, de mobiliser vos énergies, de déployer les grands moyens, de faire usage de la force et s'il le faut de l'agressivité lorsqu'il s'agit de créer votre univers intime, un foyer, une famille ou un clan, lorsqu'il s'agit d'acquérir, de préserver ou de défendre votre cadre de vie, votre bien être, votre équilibre personnel ou votre progéniture.

Vous pouvez également être particulièrement dynamique lorsque vous êtes dans un univers familier avec des frontières bien délimitées (au sein d'un groupe, d'un clan, d'une collectivité ou d'une entreprise familiale par exemple), lorsque vous vivez vos valeurs refuges, lorsque vous êtes dans un climat d'intimité où l'ambiance est sympathique et bon-enfant, bref lorsque vous vous sentez comme chez vous et que vous éprouvez du bien être. Vous connaissez la force des émotions et savez les utiliser pour vous affirmer.

Votre force peut justement être de savoir en toute situation créer un climat d'intimité, une ambiance familière, de vous mettre rapidement dans le bain en faisant partie des événements, mais aussi de pouvoir maîtriser et utiliser activement votre sensibilité, l'émotion, l'image et les valeurs refuges.

Cela peut vous conférer des aptitudes pour diriger un groupe ou une collectivité, pour faire de la musique, du dessin, de la cuisine, pour reproduire, refléter et imiter mais aussi pour des activités en rapports avec le public, la famille, les enfants et la maternité, le foyer, l'immobilier, la biologie, l'alimentation, l'utilisation de l'eau et le passé.

Le sport peut être un moyen pour vous de vous ressourcer ou de vous sentir bien. Votre image de l'homme est celle d'un homme doux mais plein de vie, aimant, maternel, intimiste, naturel, un peu poète ou musicien, aimant la vie, les enfants et la nourriture. Votre foi et votre nature dynamique vous incite à créer une vie quotidienne pleine d'événements, une vie quotidienne bien remplie, parfois mouvementée et qui résulte avant tout de vos décisions et initiatives. Vous savez en toutes circonstances préserver votre part d'indépendance tout comme vous savez qu'une relation d'interdépendance émotionnelle intense peut être la source d'une très grande force.

ASPECT HARMONIQUE LUNE-JUPITER

Il y a dans votre thème astral une relation permanente, continue et symbiotique entre la Lune et Jupiter qui s'expriment en vous comme deux partenaires. Comme vous êtes sensible aux effets positifs que chaque planète a sur l'autre et que vous croyez que lorsque vous vivez l'une des planètes, l'autre viendra systématiquement la soutenir, vous récoltez le meilleur de chacune de ces deux fonctions psychologiques et des expériences qui y sont associées. Les comportements et tendances propres à la Lune sont extériorisés, vous conférant ainsi une personnalité sympathique et débordant de naturel, votre autorité et votre enfant intérieur étant capable de s'exprimer ensemble et en harmonie l'un avec l'autre. Pour ressentir du bien-être, vous avez besoin d'avoir votre espace vital, d'occuper une place dans le monde, d'être en règle où de pouvoir définir vous-même les règles, parfois de vous sentir confortable et parfois au contraire de partir à l'aventure tel un cheval sauvage.

Les voyages du corps et de l'esprit, les voyages imaginaires, la culture, la philosophie, l'ésotérisme, l'élargissement de vos horizons, les règles, les normes, les lois et les conventions, votre vie professionnelle et la vie en société sont vos nourritures, vos valeurs refuge et les éléments indispensables à votre bien être.

Vous avez des facilités pour vous créer, parallèlement à votre vie extérieure, un foyer, un univers intime ou une bulle dans lesquels vous pouvez vous réfugier et grâce auxquels vous vous ressourcez. Cela vous permet d'accomplir vos obligations professionnelles ou de satisfaire votre besoin d'élargir vos horizons sans que soit perturbée votre vie privée, votre vie familiale ou votre bien-être. Vous savez ainsi trouver un équilibre entre votre vie privée et votre vie dans le monde extérieur. Cela vous permet de vous sentir porté par la vie et par la société. Vous pouvez avoir l'impression d'être intimement lié au contexte qui vous entoure : à votre pays, à votre civilisation où à l'humanité en général et votre notion de clan ou de famille tend à s'élargir pour englober la société et le monde entier.

Vous vous sentez naturellement impliqué, de façon intime et personnelle, dans la société qui vous entoure et pouvez être très réceptif aux fluctuations économiques, politiques et sociales.

Vous pouvez être très sensible au qu'en dira-t-on, à l'image sociale que vous donnez et avoir besoin de préserver une certaine honorabilité. Vous pouvez avoir tendance à voir le monde extérieur et ses lois, la société et ses cultures, les voyages et les découvertes d'une façon personnelle et parfois assez subjective, d'après les souvenirs qu'ils laissent, en fonction de votre ressenti ou de l'impact émotionnel qu'ils ont sur vous.

Lorsque vous êtes en famille, entre intimes, en groupe, en réunion, en collectivité ou en public, vous savez faire preuve d'autorité et de maturité, de bon sens et d'un bon jugement, d'optimisme et d'opportunisme. Vous savez voir le bon coté des événements et des gens et faire preuve de tolérance et de compréhension envers autrui.

Vous savez utiliser les règles du jeu, les normes et les lois pour le bien être de l'ensemble ou pour faire la loi. Vous savez susciter la sympathie de votre entourage par votre gentillesse, votre autorité rassurante, votre bonté, votre joie de vivre, votre chaleur humaine, votre sociabilité, votre facilité à partager et par votre capacité à inspirer confiance grâce à votre bonne moralité. Il se dégage de vous un charme certain et une joie de vivre qui vous rendent d'une compagnie agréable et qui vous permettent d'établir un ensemble de relations utiles qui facilitent votre vie.

L'ensemble de ces capacités vous confère de grandes facilités d'adaptation au monde extérieur ou à la société dans laquelle vous vivez. Elles peuvent vous prédisposer à connaître une certaine popularité dans votre cadre professionnel ou dans votre environnement social. Vous pouvez ainsi vous sentir particulièrement à l'aise dans les fêtes, les grandes réunions, les salons et dans les manifestations culturelles ou religieuses. Vous n'aimez en général pas la solitude et avez besoin de monde autour de vous. Lune-Jupiter facilite également l'épanouissement émotionnel, la création d'une vie de famille et les rapports avec un public, un clan ou un cercle d'intimes. Votre intuition, votre ressenti et votre sensibilité peuvent vous servir de guide dans le monde extérieur. Votre imagination fertile peut vous permettre d'imaginer les événements, de créer des circonstances, de diminuer les efforts nécessaires pour vous exprimer et donc vous faciliter la vie. Elle peut aussi vous donner une tendance à exagérer ou vous faire transformer en événement officiel d'une grande importance une anecdote ou un détail insignifiant.

Vous pouvez être doué pour ressentir intuitivement le sens, la raison d'être ou l'utilité de toutes choses, pour donner un sens à votre vie quotidienne, pour intégrer dans votre vie quotidienne les valeurs, les idéologies, les normes et les lois de votre espace temps, pour sentir puis saisir les opportunités présentes en toutes situations, pour optimiser et rentabiliser, et pour évaluer en toute occasion les sacrifices nécessaires et les bénéfices pouvant être escomptés. La capacité à être civilisé, philosophe, optimiste, généreux, dynamique et opportuniste fait partie de votre seconde nature. Vous avez une autorité naturelle et bienveillante. Et vous pouvez être naturellement chanceux parce que vous savez vous accorder à la chance.

Vos faiblesses peuvent provenir d'une tendance à être facilement satisfait et donc peu exigeant, d'une tendance à vous laisser vivre, d'une tendance à l'égocentrisme, d'un optimisme confiant n'arrivant pas toujours à voir les problèmes en face, les anomalies ou ce qui n'est pas normal, d'une difficulté à voir derrière les apparences, ce qui peut être synonyme de naïveté, d'une difficulté à prendre du recul, d'une tendance à n'être qu'un produit conventionnel de votre système, de votre environnement socioculturel et d'une tendance à compter exclusivement sur le monde extérieur pour assurer votre bien être, en devenant bourgeois, au détriment de l'initiation, de l'évolution intérieure et de la transcendance.

Vous pouvez avoir tendance à ne pouvoir vous extérioriser, affirmer votre autorité, ou élargir vos horizons que lorsque vous êtes bien dans votre peau, que lorsque vous allez dans le sens du courant et que lorsque vous êtes porté par une ambiance, ce qui peut diminuer votre sens critique et réduire votre initiative personnelle.

Et vous savez être dynamique, généreux, chaleureux et très humain surtout lorsque cela ne vous déstabilise pas émotionnellement, lorsque votre tranquillité et votre bien être ne sont pas dérangés et quand les efforts à fournir ne sont pas excessifs. L'élargissement de vos horizons, votre développement socioprofessionnel et votre expansion peuvent être diminués par un attachement à votre milieu natal ou familial, ou par le besoin de vous installer confortablement dans le bien être de votre foyer.

Il peut donc être important pour vous d'intégrer le fait que si la vie en société puisse apporter bien-être et épanouissement, elle n'apporte en revanche pas la paix intérieure qui elle découle de l'introspection, de l'isolement et d'un travail de développement personnel. L'homme sera attiré par des femmes expansives et extraverties capables de générosité, de voyager ou d'être bien insérées dans la société.

LA VIE PROFESSIONNELLE ET LES APTITUDES

Vous pouvez vous épanouir, affirmer votre autorité et vous insérer professionnellement en exerçant une activité en rapport avec un public, avec l'alimentation, la biologie et la vie, avec la restauration, le tourisme ou l'hôtellerie, avec les enfants, la famille, le foyer, la collectivité et avec la musique ou le dessin. Votre rôle social peut être de procurer un bien être et d'assurer une continuité de la vie à travers des valeurs refuges, de réunir des gens partageant une même philosophie de vie ou de représenter, de soigner, d'éduquer ou de diriger un public, un groupe ou une collectivité.

Un lien étroit entre votre vie privée et votre vie professionnelle, entre votre foyer et votre lieu de travail, entre votre besoin d'expansion et votre besoin d'intimité peut vous prédisposer à travailler chez vous ou près de chez vous, à faire de votre lieu de travail une seconde résidence, à vous créer un monde professionnel personnalisé, à travers une profession libérale par exemple, ou au contraire à ne vous sentir bien et chez vous que dans l'agitation du monde extérieur, dans l'aventure, la liberté ou à l'étranger.

Lorsque vous vous insérez dans la société à travers une activité professionnelle, lorsque vous êtes en société ou dans un groupe partageant des objectifs communs, ou lorsque vous assumez des responsabilités et que vous affirmez votre autorité en faisant la loi, vous savez être en accord avec l'ensemble de votre personnalité. Vous savez préserver votre équilibre et votre bien être, adapter vos habitudes aux demandes du groupe, être naturel, convivial et familier, véhiculer des émotions et gérer celles qui sont présentes dans la situation.

Vous savez aussi respecter vos rythmes naturels et vos habitudes ou ceux des autres, adapter vos ambitions aux capacités de votre personnalité, vous mettre dans le bain en suivant le sens du courant, suivre la voie professionnelle nécessitant le moins d'efforts, tenir compte de l'ambiance et du contexte général, coopérer, être proche des gens et mettre autrui à l'aise par votre coté sympathique. Vous savez prendre les gens comme ils sont et vous adapter au caractère de chacun.

L'ENFANCE, LA VIE FAMILIALE, LE FOYER, LA VIE PRIVEE

Un soutien familial, affectif et matériel, une relation épanouie avec votre mère ou avec votre famille, une reconnaissance de votre environnement, le soutien d'une personne protectrice et généreuse, une ouverture culturelle ou sociale, des voyages ou l'influence de l'étranger ont pu alimenter chez vous un certain bien être, un sentiment de satisfaction, une confiance en vous-même et une foi en la vie capable d'attirer la chance. Cette influence bénéfique d'événements extérieurs tend à engendrer en vous un fond d'optimisme qui vous prédispose à attirer dans votre vie par vos croyances et comportements tout ce dont vous avez besoin, une activité professionnelle sympathique, de nombreuses relations, une union heureuse vivant dans un cadre convivial et une vie de famille épanouie, où votre grande générosité de cœur peut s'exprimer librement.

Votre vie familiale et privée tend à vous apporter des ouvertures sur le monde extérieur, ce qui facilite votre insertion dans la société. Votre famille, votre mère ou une femme, votre milieu natal, un public ou une collectivité peuvent contribuer à votre épanouissement, à l'élargissement de vos horizons à travers les voyages ou une culture ou à votre insertion dans la société. Les enfants peuvent être un moyen de reconnaissance sociale. Vous pouvez avoir tendance à rechercher une vie tranquille rythmée par les habitudes ou à l'inverse une vie itinérante avec des changements fréquents de lieu de travail. Vous savez gérer votre vie quotidienne de telle sorte à ce qu'elle soit toujours le plus confortable possible. Vous appréciez le confort matériel et êtes le plus souvent un bon vivant sachant profiter des plaisirs de la vie.

Votre sensualité et votre sensorialité sont puissantes mais vécues sainement et joyeusement, en respectant les codes en vigueur dans votre contexte socioculturel. Vous pouvez avoir besoin d'un foyer spacieux et confortable. Votre foyer peut être classique et conforme aux normes et coutumes véhiculées par notre société ou être un lieu d'aventure, un lieu de culture et d'échanges d'idées ouvert au monde extérieur.

D'après la tradition, votre foyer d'origine a pu être une grande maison reflétant une certaine aisance matérielle ou du moins un grand besoin d'espace vital. Vous pouvez faire preuve d'un remarquable sens de l'hospitalité et d'une grande disponibilité vis à vis de tout ce qui vous est étranger.

ASPECT DISSONANT/DYNAMIQUE LUNE-JUPITER

Il y a dans votre thème astral une relation permanente, mais discontinue, dissociée, duelle, tendue et conflictuelle, entre la Lune (l'âme) et Jupiter (votre relation à l'espace et à la société), car ces deux planètes vibrent en vous à deux fréquences totalement différentes.

Chaque planète veut se vivre, à sa façon, à travers vous et tend à considérer l'autre comme une rivale ou comme une perturbatrice. Vous avez alors tendance, soit à exprimer l'une puis l'autre des planètes d'une façon excessive, soit à vivre l'une des planètes et à rejeter l'autre parce que vous la considérez comme perturbatrice, parce que vous voyez son côté sombre plus que son côté lumineux. Tant que vous nourrissez ce conflit à l'intérieur de vous, vous récoltez le moins bon de chacune des deux fonctions psychologiques et des expériences qui y sont associées.

La solution, que vous verrez plus bas dans le texte, est de vivre chaque fonction en pleine conscience et de savoir alterner rapidement et consciemment, entre chacune des deux fonctions psychologiques représentées par la planète Vous transformez ainsi une relation conflictuelle en une grande force et vous vivez cette relation de façon consciente et dynamique.

Cette facette de votre personnalité peut initialement engendrer, lorsqu'elle n'est pas maîtrisée, des difficultés dans la vie privée et au niveau de votre bien-être, mais aussi des difficultés d'adaptation au monde extérieur, des difficultés à gérer votre espace, à exprimer votre autorité et à élargir vos horizons à cause d'un conflit ou d'une dissociation entre par exemple votre besoin de vous reposer chez vous et votre besoin de partir à l'aventure explorer le monde, entre votre besoin de bien être et votre besoin d'exprimer votre autorité, entre votre vie professionnelle et votre vie privée, entre votre besoin de bien être et votre besoin d'épanouissement.

Vous avez alors tendance à incarner plusieurs scénarios, en alternant parfois de l'un à l'autre.

Scénario 1 : L'âme domine et Jupiter est rejeté ou mal intégré à votre personnalité.

Quand vous vivez votre Lune, vous avez besoin de vous sentir protégé au sein d'un univers intime et familier, d'être en sécurité, de vous ressourcer à travers des valeurs refuge, de vivre selon vos rythmes naturels et vos habitudes, de préserver votre équilibre naturel, d'exprimer vos émotions, votre imagination et votre sensibilité, de vivre une vie familiale ou une vie paisible au foyer et d'éprouver du bien être.

Vous pouvez alors être facilement sensibilisé aux effets perturbateurs que peuvent causer tout élargissement de vos horizons à travers les voyages, la culture, l'influence de l'étranger et des étrangers, toute recherche philosophique ou spirituelle, le système administratif, éducatif, juridique ou médical, l'autorité et le paternalisme, vos activités professionnelles et la société en général avec ses obligations, ses lois, sa fiscalité, ses codes et ses normes. Tout cela ne vous nourrit pas, vous fait peur et dérange votre bien-être. Vous nourrissez alors une tendance à ne pas exprimer les valeurs positives de Jupiter.

Cette sensibilité aux mauvais cotés de la fonction jupitérienne a pu être alimentée, durant votre enfance, par un conflit entre vous et un symbole d'autorité. Vous avez pu avoir l'impression que votre mère, qu'une femme ayant sur vous une grande influence, que membres de votre famille, qu'une éducatrice ou qu'une personne incarnant l'ordre et l'autorité était excessivement autoritaire, surprotectrice et étouffante ou qu'elle était pour vous comme une étrangère, vous empêchant d'exprimer vos émotions, votre personnalité ou vos besoins naturels, et vous empêchant ainsi d'éprouver du bien être et de vous sentir porté par la vie.

Ou inversement, peut être avez vous mal tété ? Peut-être n'avez vous pas eu une enfance normale ou un soutien familial, affectif et matériel, un épanouissement émotionnel avec votre mère ou avec certains membres de votre famille, la reconnaissance de votre environnement, le soutien d'une personne protectrice et généreuse, une ouverture culturelle ou sociale, une influence positive de l'étranger ou d'étrangers ? Cela a pu alimenter un sentiment et une impression générale d'insatisfaction, un manque de bien-être voire un manque de confiance en vous et en la vie.

Vous pouvez alors avoir des difficultés à accepter et à bien vivre toute manifestation d'ordre et d'autorité, la société et ses normes, le système éducatif, médical, juridique ou économique, les fêtes, les grandes réunions ou les longs déplacements, les activités culturelles ou religieuses.

Vous pouvez avoir des difficultés à faire preuve de chaleur humaine, de générosité, de bon sens et parfois de bonne moralité. Vous êtes beaucoup plus sensible aux sacrifices qu'impose la société qu'aux bénéfices et récompenses qu'elle vous offre, d'où parfois une difficulté à vous intégrer et à trouver votre place dans la société. Ou vous pouvez avoir des difficultés à vous affirmer, à vous discipliner, à faire la loi et à faire preuve d'autorité dans votre vie privée ou dans votre monde personnel.

Votre intuition, votre ressenti, votre imagination, vos habitudes, vos réflexes conditionnées, vos craintes, vos rythmes naturels et vos émotions ne sont pas toujours bien gérées et prises en main par votre autorité, par votre philosophie, par des règles logiques ou par une volonté d'insertion sociale. Vos lois personnelles s'opposent parfois à l'éducation que vous avez reçue ou aux lois du monde extérieur, d'où parfois une prédisposition à avoir quelques soucis avec certains organismes d'état, à vous sentir mal à l'aise ou à être facilement déstabilisé émotionnellement lorsque vous êtes en groupe, en société, dans la vie et dans l'action ou en voyage.

Vous pouvez avoir des difficultés pour sentir intuitivement le sens, les exigences, l'utilité et la raison d'être de toute chose et de tout événement, pour intégrer dans votre vie quotidienne les valeurs, les normes et les lois, les idéologies et cultures de votre espace temps. Vous pouvez également avoir des difficultés à voir le bon coté des choses, à sentir puis saisir les opportunités présentes en toute situation, à optimiser et rentabiliser, à évaluer ou à accepter les sacrifices nécessaires et les bénéfices pouvant être escomptés, à évaluer si vos ambitions correspondent à vos moyens, à partager avec autrui et parfois à être civilisé.

Si vous n'êtes pas naturellement chanceux, peut être est ce parce que vous ne savez pas vous accorder à la chance. Cette facette de votre personnalité se traduit parfois par un procès lié à un enfant ou lié à des désaccords familiaux, par un enfant illégitime, par la nécessité d'élever les enfants des autres ou plus couramment par le besoin d'adopter un enfant.

Vous pouvez cependant être insatisfait dans votre vie quotidienne parce que vous avez l'impression qu'il vous manque une part de vie et d'action, de protection, d'utilité sociale, de reconnaissance officielle, d'ouverture d'esprit, d'élargissement de vos horizons par les voyages ou la culture, de pouvoir et d'autorité, de bon sens et de bon jugement, d'aisance matérielle, de confort et surtout d'épanouissement et de satisfaction. Vous avez peut être aussi trop facilement l'impression de ne jamais être en règle ?

Scénario 2 : Jupiter domine et l'âme est rejetée ou mal intégrée.

Quand Jupiter domine chez vous, vous avez besoin de vous insérer dans votre société, d'être utile et reconnu à travers une activité professionnelle, de confort et d'épanouissement, d'aventure, de vie et d'action, de faire la fête, de coopérer au sein d'un groupe ayant des objectifs communs, d'élargir vos horizons à travers des voyages ou à travers une activité culturelle, philosophique, religieuse ou spirituelle, d'affirmer votre autorité, d'exercer un pouvoir et de faire la loi. Vous pouvez alors être facilement sensibilisé aux effets perturbateurs d'un élément représenté par la Lune (l'influence de la famille, de votre mère, d'un enfant, de votre milieu natal, de vos souvenirs, de vos craintes, de vos croyances, de votre besoin de repos, de vos émotions, de votre imagination et de votre besoin de rêver) lorsque vous vivez Jupiter. Cela peut vous donner tendance à renier, à dénigrer, à rejeter ou à refouler tout ou partie de ce que représente la Lune.

Concrètement, vous pouvez avoir tendance à rejeter toute forme de détente, de relâchement, de passivité et de repos. Vous pouvez avoir des difficultés pour vous créer une bulle dans laquelle vous pouvez vous réfugier, une famille ou un univers intime vous protégeant du monde extérieur, pour créer des ambiances accueillantes et sympathiques où chacun se sent comme chez soi, pour utiliser des valeurs refuges vous permettant de vous ressourcer et pour vous laisser porter par le courant. Vous pouvez avoir des difficultés à adhérer à l'enfantement par crainte de perdre une certaine indépendance, une certaine liberté ou un certain confort financier. Vous pouvez avoir des difficultés à vous servir de votre intuition, de votre ressenti et de votre sensibilité pour vous guider dans le monde extérieur mais aussi à utiliser votre imagination pour imaginer les événements, pour créer des circonstances, pour diminuer la quantité d'efforts nécessaires pour vous exprimer et donc pour vous faciliter la vie.

Vous pouvez aussi, lorsque vous êtes à l'étranger, vous sentir cruellement coupé de vos racines, de votre famille et de votre foyer, au point de ne pas pleinement profiter de l'enrichissement culturel que peut vous offrir l'étranger. Lorsque vous vous insérez dans la société à travers une activité professionnelle, lorsque vous êtes dans un groupe partageant des objectifs communs ou lorsque vous assumez des responsabilités, exercez votre autorité et faites la loi, vous pouvez avoir des difficultés à être vous-même, à être naturel, à préserver votre équilibre et votre bien être, à adapter vos habitudes et votre personnalité aux demandes du groupe ou de la société, à être convivial et familier, à véhiculer des émotions ou à gérer celles qui sont présentes dans la situation.

Vous pouvez également avoir des difficultés à respecter vos rythmes naturels ou ceux des autres, à adapter vos ambitions aux capacités de votre personnalité, à vous mettre dans le bain, à suivre le sens du courant, à tenir compte de l'ambiance et des différents courants de sensibilité présentes dans la situation, à être proche des gens et à mettre autrui à l'aise. Vous n'êtes donc pas forcément populaire dans votre environnement professionnel.

Scénario 3 : L'âme est dominante en excès.

Vous pouvez avoir tendance à ne pas vous sentir concerné voire à être totalement indifférent à ce qui est extérieur à votre bulle, à votre petit monde, à votre clan, à votre cellule intime. Comme si le monde extérieur vous paraissait vide, creux et informe. Cela peut parfois être synonyme d'un manque d'ouverture d'esprit ou de disponibilité. Vous pouvez avoir excessivement besoin d'être en sécurité, de préserver votre bien être, de vous protéger contre tout ce qui est extérieur à votre réalité intime, d'ignorer totalement ce qui ne fait pas parti de votre réalité intime et de vous barricader dans votre coquille à la moindre manifestation d'autorité.

L'influence excessive de la Lune peut vous donner une tendance à la paresse, à l'indolente passivité, au laisser-aller, aux excès de nourriture ou de boisson, à vivre dans des mondes imaginaires ou virtuels, à entretenir des situations de dépendance ou un sentiment d'infériorité vis à vis des personnes qui incarnent l'ordre et l'autorité, à vous conduire comme un mouton acceptant de façon automatique les ordres et directives, à voir les réalités extérieures qui vous entourent comme vous l'imaginez et non comme elles sont réellement, aux excès d'émotivité et de sensibilité, à ne vivre qu'en fonction de vos instincts, humeurs et caprices et parfois à l'infantilisme. Votre autorité, votre chance, votre expansion et votre ouverture d'esprit peuvent alors être amoindries par l'influence de la Lune.

Scénario 4 : Votre besoin d'espace et de vie extérieure est en excès

Lorsque vous êtes identifié à Jupiter, vous pouvez l'être excessivement. Vous pouvez alors avoir tendance à faire preuve d'un besoin exagéré d'espace vital, d'être à l'extérieur, d'être reconnu, utile, écouté, accepté, complimenté et récompensé, de vous conformer aux conventions, aux normes, aux valeurs culturelles et aux lois de votre société.

Vous pouvez parfois devenir prétentieux, conformiste et bourgeois, comme s'il vous fallait absolument être honorable, respectable et normal, au point de vous dénaturer et de vous empêcher de vous exprimer librement. Peut-être avez-vous peur d'être sanctionné si vous êtes vous-même, si vous vous exprimez librement et si vous n'êtes pas dans les normes ? Une tendance à être autoritaire, à vouloir toujours faire la loi, à donner sans cesse des conseils et à vouloir détenir le pouvoir peut vous prédisposer à l'usurpation de pouvoir, à être tapageur, bruyant, envahissant, étouffant, colonialiste et impopulaire.

Vous en faites alors trop. L'influence excessive de Jupiter peut vous donner une tendance à l'exagération systématique, une tendance à trop vivre en fonction des circonstances extérieures et des opportunités du moment, une tendance aux généralisations abusives, aux emballements imaginatifs et à amplifier des faits sans importance, une tendance à tenir les discours qui servent vos intérêts personnels quitte à abuser de la confiance d'autrui, une tendance à l'hypocrisie ou à être gonflé et sans gêne ainsi qu'une tendance au gaspillage, à la démesure et aux excès de toutes sortes. Dans certains cas, peut être utilisez-vous, de façon inconsciemment voulue, une activité qui vous demande un tel investissement de temps et d'énergie, de tels sacrifices et de telles contraintes que vous n'avez plus la disponibilité pour vous consacrer à votre vie au foyer, à votre vie de famille, à votre vie privée et à vous-même.

Ce peut être votre vie professionnelle, vos obligations dans le monde extérieur, une recherche culturelle ou religieuse, un besoin de voyager, un désir de liberté, d'aventure et d'indépendance, une vie errante et des difficultés à poser vos valises pour vous installer quelque part. Peut-être vous fuyez-vous dans le monde extérieur pour ne pas avoir à faire face à une certaine fragilité émotionnelle, pour ne pas vous occuper de vous-même et pour ne pas faire face à vos obligations familiales ? Dans d'autres cas, le foyer ou un enfant peuvent être excessivement coûteux ou particulièrement loin du lieu de travail, obligeant ainsi de longs trajets. La relation Lune-Jupiter prédispose parfois à quitter son milieu natal pour changer de région ou de pays.

Expression positive consciente et naturelle : Lorsque vous apprenez à maîtriser cette partie de votre personnalité et à utiliser toute sa richesse et lorsque vous avez fait le chemin pour exprimer cette relation en pleine conscience et d'une manière positive. Pour transformer la relation Lune-Jupiter dissociée en relation consciente et dynamique, il peut être utile d'effectuer un travail sur l'image de la mère et de la femme, sur l'enfance et le passé, sur les émotions, sur l'intimité, sur vos différentes peurs et sur le rôle que doivent avoir la société avec ses règles et ses lois,

le monde extérieur, les voyages, l'autorité, l'optimisme et la confiance en soi. L'étude et l'expérience des cultures et des langues étrangères peuvent contribuer à élargir vos horizons intérieurs et extérieurs.

Cette facette de votre personnalité peut être gérée et canalisée en oscillant entre les deux fonctions psychologiques qui sont vécues dans des états d'esprit très différents de façon telle que chaque fonction rectifie l'autre au moindre excès. Vous pouvez alors vivre deux vies dans des états d'esprit, à des périodes de temps ou dans des lieux très différents. Il y a d'un coté votre rôle social, votre vie professionnelle où vous êtes à la fois conscient(e) des sacrifices à effectuer et des récompenses que vous obtenez.

Vous savez alors laisser vos émotions et vos considérations personnelles de coté et les maîtriser pour assumer vos obligations et vos responsabilités, sachant que vous retrouverez votre vie privée où vous pourrez totalement laisser de coté votre travail et vous consacrez à vous-même, à vos intimes, à votre famille et à l'expression de vos émotions, sans être dérangé par l'extérieur. Vous savez qu'il y a des moments pour être dans le système et pour assumer vos obligations, pour être ouvert et disponible et d'autres moments pour décrocher totalement afin de vous consacrer à votre vie privée. Vous faites bien la différence entre les deux et veillez de votre mieux à ce qu'un domaine n'empiète pas sur l'autre.

Bien maîtrisée, la relation Lune-Jupiter peut vous conférer un ensemble d'aptitudes qui sont alors vécues d'une façon particulièrement consciente et dynamique. Cela peut par exemple se traduire, pour ce qui concerne la Lune, par des capacités à vibrer les émotions, à faire face au public ou à être en résonance avec lui, à ressourcer et se ressourcer ou à utiliser des valeurs refuges (musique, dessin, l'eau) qui sont hors du commun et en ce qui concerne Jupiter par des aptitudes à faire des affaires et à produire des richesses, à assumer un pouvoir et des responsabilités, à incarner l'ordre et la loi, à vous cultiver et à enseigner qui sont hors du commun.

Lorsque la relation Lune-Jupiter est vécue en conscience, vous savez faire preuve d'autorité et de maturité, de bon sens et d'un bon jugement, d'optimisme et d'opportunisme lorsque vous êtes en famille, entre intimes, en groupe, en réunion, en collectivité ou en public. Vous savez voir le bon coté des événements et des gens et faire preuve de tolérance et de compréhension envers autrui. Vous savez utiliser les règles du jeu, les normes et les lois pour le bien être de l'ensemble ou pour faire la loi.

Vous savez susciter la sympathie de votre entourage par votre gentillesse, votre optimisme, votre autorité rassurante, votre bonté, votre joie de vivre, votre chaleur humaine, votre sociabilité, votre facilité à partager et par votre capacité à inspirer confiance grâce à votre bonne moralité. Il se dégage de vous un charme certain et une joie de vivre qui vous rendent d'une compagnie agréable et qui vous permettent d'établir un ensemble de relations utiles qui vous facilitent la vie. Vous avez une personnalité sympathique et débordante de naturel. Les grands voyages du corps et de l'esprit, les voyages en groupe, les voyages imaginaires, la culture, la philosophie, l'ésotérisme, l'élargissement de vos horizons, les règles, les normes, les lois et les conventions, la vie professionnelle et la vie en société sont vos nourritures, vos valeurs refuge et constituent les éléments indispensables à votre bien être. Vous avez des facilités pour vous créer, parallèlement à votre vie extérieure, un foyer, un univers intime ou une bulle dans lesquels vous pouvez vous réfugier et grâce auxquels vous vous ressourcez. Cela vous permet d'accomplir vos obligations professionnelles ou de satisfaire votre besoin d'élargir vos horizons sans que soient perturbées votre vie privée, votre vie familiale ou votre bien être. Cela vous permet également de vous sentir porté par la vie et par la société.

L'ensemble de ces capacités vous confère de grandes facilités d'adaptation au monde extérieur ou à la société qui est la vôtre. Elles peuvent vous prédisposer à connaître une certaine popularité dans votre cadre professionnel ou dans votre environnement social. Vous pouvez ainsi vous sentir particulièrement à l'aise dans les fêtes, les grandes réunions, les salons et dans les manifestations culturelles ou religieuses. Vous n'aimez en général pas la solitude et avez besoin de monde autour de vous, tout en sachant qu'in y a un temps pour être à l'extérieur et un temps pour être tranquille chez soi. Votre intuition, votre ressenti et votre sensibilité peuvent vous servir de guide dans le monde extérieur. Votre imagination fertile peut vous permettre d'imaginer les événements, de créer des circonstances, de diminuer les efforts nécessaires pour vous exprimer et donc vous faciliter la vie.

Elle peut aussi vous donner une tendance à exagérer ou vous faire transformer en événement officiel d'une grande importance une anecdote ou un détail insignifiant. Vous pouvez être doué pour ressentir intuitivement le sens, la raison d'être ou l'utilité de toutes choses, pour donner un sens à votre vie quotidienne, pour intégrer dans votre vie quotidienne les valeurs, les idéologies, les normes et les lois de votre espace temps, pour sentir puis saisir les opportunités présentes en toutes situations, pour optimiser et rentabiliser, et pour évaluer en toute occasion les sacrifices nécessaires et les bénéfices pouvant être escomptés.

La capacité à être civilisé, philosophe, optimiste, généreux, dynamique et opportuniste fait partie de votre seconde nature. Et vous pouvez être naturellement chanceux parce que vous savez vous accorder à la chance.

Votre image de la femme est celle d'une femme expansive et extravertie, bienveillante et généreuse, bien insérée socialement, aimant les voyages et ouverte au monde. Les enfants peuvent être un moyen de reconnaissance sociale. Vous pouvez avoir tendance à rechercher une vie tranquille rythmée par les habitudes ou à l'inverse une vie itinérante avec des changements fréquents de lieu de travail.

Vous savez gérer votre vie quotidienne de telle sorte à ce qu'elle soit toujours la plus confortable possible. Vous appréciez le confort matériel et êtes le plus souvent un bon vivant sachant profiter des plaisirs de la vie. Votre sensualité est puissante mais vécue sainement et joyeusement, en respectant les codes en vigueur dans votre société. Vous pouvez avoir besoin d'un foyer spacieux et confortable. Votre foyer peut être classique et conforme aux normes et coutumes véhiculées par notre société ou être un lieu d'aventure, un lieu de culture et d'échanges d'idées ouvert au monde extérieur. D'après la tradition, votre foyer d'origine a pu être une grande maison reflétant une certaine aisance matérielle. Vous pouvez faire preuve d'un remarquable sens de l'hospitalité et d'une grande disponibilité vis à vis de tout ce qui vous est étranger.

Vie professionnelle

Vous pouvez utiliser pour vous épanouir, pour affirmer votre autorité et pour vous insérer professionnellement, votre capacité à être naturel et à inspirer la sympathie et votre capacité à faire en sorte que la vie continue. Cela vous permet d'exercer une activité en rapport avec un public, avec l'alimentation, la biologie et la vie, avec la restauration ou l'hôtellerie, avec les enfants, la famille, le foyer, la collectivité et avec la musique ou le dessin. Votre rôle social peut être de procurer un bien être, d'assurer une continuité de la vie à travers des valeurs refuges, de réunir des gens partageant une même philosophie de vie ou de représenter, de soigner, d'éduquer, de diriger ou de gérer une collectivité, un service d'une entreprise ou un public. Un lien étroit entre votre vie privée et votre vie professionnelle, entre votre foyer et votre lieu de travail, entre votre besoin d'expansion et votre besoin d'intimité peut vous prédisposer à travailler chez vous ou près de chez vous, à faire de votre lieu de travail une seconde résidence, à vous créer un monde professionnel personnalisé, à travers une profession libérale par exemple, ou au contraire à ne vous sentir bien et chez vous que dans l'agitation du monde extérieur, dans l'aventure, la liberté ou à l'étranger.

Lorsque vous vous insérez dans la société à travers une activité professionnelle, lorsque vous êtes en société ou dans un groupe partageant des objectifs communs, ou lorsque vous assumez des responsabilités et que vous affirmez votre autorité en faisant la loi, vous savez être en accord avec l'ensemble de votre personnalité. Vous savez préserver votre équilibre et votre bien être, adapter vos habitudes aux demandes du groupe, être naturel, convivial et familier, véhiculer des émotions et gérer celles qui sont présentes dans la situation.

Vous savez aussi respecter vos rythmes naturels et vos habitudes ou ceux des autres, adapter vos ambitions aux capacités de votre personnalité, vous mettre dans le bain en suivant le sens du courant, suivre la voie professionnelle nécessitant le moins d'efforts, tenir compte de l'ambiance et du contexte général, coopérer, être proche des gens et mettre autrui à l'aise par votre coté sympathique. Vous savez prendre les gens comme ils sont, vous adapter au caractère de chacun et faire en sorte que les situations soient fluides.

ASPECT HARMONIQUE LUNE-SATURNE

Il y a dans votre thème astral une relation permanente, continue et symbiotique entre la Lune et Saturne qui s'expriment en vous comme deux partenaires. Comme vous êtes sensible aux effets positifs que chaque planète a sur l'autre et que vous croyez que lorsque vous vivez l'une des planètes, l'autre viendra systématiquement la soutenir, vous récoltez le meilleur de chacune de ces deux fonctions psychologiques et des expériences qui y sont associées.

Votre environnement familial a pu vous inculquer des valeurs traditionnelles voire ancestrales fortes et des valeurs familiales vous permettant à votre tour de construire une vie familiale solide parce que bien structurée, organisée et fondée sur des principes vertueux tel le respect, l'effort, le travail, l'accomplissement des devoirs, la simplicité et la bonne moralité. Vous pouvez dans ce cas être attaché voire fixé à votre milieu natal, à des traditions, à votre mère ou à votre famille qui incarnent l'ordre et la sécurité.

Coté foyer, les bâtiments anciens et rustiques, les maisons campagnardes, les chalets, les résidences situées en lieu calme et à l'écart de l'agitation extérieure, la décoration avec des objets ayant une valeur historique et des meubles massifs, les lieux où il fait frais peuvent faire partie de votre style. Des biens immobiliers peuvent constituer pour vous une sécurité. Vous avez besoin d'un foyer propre et bien ordonné où chaque chose à sa place. Vous avez vos habitudes au foyer et gare à ceux qui viennent mettre du désordre !

Votre seconde nature tend à être celle d'un être introverti, réservé, distant et parfois timide. Vos émotions, votre sensibilité, vos habitudes, vos réflexes conditionnés et les multitudes de forces qui composent votre personnalité tendent à être disciplinées, encadrées, structurées, intériorisées et peu exprimées. Vous vous permettez difficilement des caprices ou des sautes d'humeur et pouvez avoir une grande maîtrise de votre personnalité.

Vous êtes également secondaire dans le sens où ce que vous ressentez et pressentez met un certain temps avant de parvenir jusqu'à votre conscience et avant de produire des effets. Il vous faut du temps et une période d'incubation pour que l'inspiration, vos émotions et vos intuitions émergent. Vous savez dans l'immédiat ne rien montrer, rester calme, être détaché, afficher une certaine distance et garder votre sang- froid, mais ce que vous ressentez vous touche au plus profond de vous-même. Cela peut vous permettre de faire face à des situations difficiles. Votre insensibilité apparente cache souvent une hypersensibilité.

Vous êtes capable de vous remettre en question, de faire face aux difficultés et à l'adversité, de tenir compte des contraintes ou obstacles se trouvant sur votre chemin, de voir les problèmes en face et de prendre vos responsabilités. Vous pouvez être très sensible au froid, aux différents cycles de la nature et pouvez avoir une relation intime avec le temps. Vous savez tenir compte du temps, être patient et prévoyant et prendre le temps de vivre. Votre vie quotidienne et vos cycles de vie tendent à être rythmés par le temps qui passe.

Lune-Saturne peut vous permettre de ressentir intuitivement l'architecture de la vie, les structures du monde, les profondeurs de votre âme, les vérités universelles et les lois éternelles qui gouvernent le monde. Vous pouvez pressentir qu'il y a une grande différence entre les lois éternelles, les lois de la nature et les lois du monde extérieur, sentir que le monde extérieur ne peut à lui seul apporter le bien être et la paix de l'âme. Vous organisez ainsi votre vie privée de façon à ne pas être perturbé par le monde extérieur. Vous avez une facilité naturelle à vous isoler au point que vous n'êtes pas toujours disponible parce que vous avez besoin d'être tranquille.

Vous pouvez être particulièrement sensible à l'amnésie spirituelle qui règne sur cette planète, à vos propres imperfections, à ce qui ne va pas dans votre vie ou dans celle des autres. Cela peut induire chez vous un réflexe naturel de prudence, de scepticisme, de méfiance, de pessimisme et d'austérité vis à vis de ce qui est extérieur à votre monde intime. Vous abordez tout ce qui vous approche avec une attitude critique et acceptez rarement les choses telles qu'elles apparaissent. Vous êtes particulièrement sensible aux questions de sécurité.

Vous avez besoin de sécurité et de garanties pour vous sentir bien. Vous pouvez avoir tendance à mépriser les satisfactions faciles, la comédie humaine, l'hypocrisie et le mensonge, les paroles creuses, les discussions de bistrots, les gestes superficiels et l'agitation du monde extérieur qui peut vous paraître stérile. Vous pouvez avoir tendance à prendre du recul vis à vis du monde extérieur ou avoir besoin de vous retirer du monde de temps à autres.

Dans le but de préserver votre bien être et votre équilibre naturel et afin de construire votre personnalité, vous avez tendance à filtrer tout ce qui pénètre votre univers intime, à le restreindre, à réduire le nombre d'individus faisant partie de votre univers et parfois à vous enfermer dans votre monde. Vous n'aimez donc pas les foules et les lieux bruyants. Vous pouvez par contre vous sentir à l'aise dans les groupes de recherche. L'isolement, la solitude, le silence, l'introspection, la méditation, la recherche des vérités éternelles, la recherche tout court, l'expérimentation, les découvertes, l'ésotérisme et la spiritualité, l'étude et la réflexion, le besoin d'évoluer et de construire quelque chose de solide et de durable, l'organisation, la nature, le travail et les responsabilités peuvent être vos nourritures, vos valeurs refuges et constituer les éléments indispensables à votre bien être ou à votre quiétude émotionnelle.

Vous n'êtes parfois bien qu'avec vous-même ! Vous avez facilement besoin de responsabilités, d'obligations et de difficultés pour vous sentir bien, et lorsque la vie ne se charge pas de vous les apporter, vous faites le nécessaire pour en trouver vous-même, par habitude. Votre capacité à vous isoler dans le silence, votre sens de l'observation et de l'introspection, votre capacité à pratiquer une forme de recherche et à effectuer un travail sur vous-même peuvent vous ouvrir la voie aux richesses de votre inconscient, devenir un pilier de votre évolution, vous conférer une certaine sagesse et vous permettre d'accéder à la sérénité de l'âme.

Vous vous posez beaucoup de questions. Ces multiples questions peuvent vous pousser à faire des recherches, à approfondir et contribuer à votre évolution. Comment trouver le bien être et la paix intérieure est un des défis inhérents à cet aspect. Les règles et principes tendent à avoir une grande importance dans votre vie quotidienne. Votre sens moral très développé tend à vous préserver de la corruption et des dangers de l'existence. Vous êtes sensible à la qualité des choses. Vous pouvez être perfectionniste, exigeant et difficilement satisfait, car votre juge moral et votre code de lois ne vous permettent de vous sentir bien que lorsque ce que vous faites est bien fait. Lune-Saturne peut vous permettre de créer des relations profondes et durables avec votre mère, avec les enfants, avec votre famille, avec un cercle d'intime ou avec un public.

Ces personnes ont pu nourrir votre capacité à élaborer des objectifs à long terme, à vous fixer des buts et des étapes, à faire des plans et à les exécuter sans vous laisser détourner de votre chemin. Vous avez le sens de la persévérance et pouvez être particulièrement tenace, acharné voire obstiné vis à vis de tout ce qui fait partie de votre univers personnel, vis à vis de ce qui vous permet de construire votre bien être, celui de votre clan ou un univers personnel et lorsqu'il s'agit d'acquérir ou de préserver votre sécurité.

Votre vie privée tend à se construire et à se stabiliser avec le temps, et l'univers intime que vous vous construisez tend à alimenter votre sentiment de sécurité. Si vous n'êtes pas particulièrement démonstratif, vous êtes en revanche intègre, honnête, sérieux, responsable et digne de confiance. Le réalisme, le pragmatisme et le sens pratique peuvent être développés chez vous. Vous pouvez être très sensible à l'utilité, au sens, à la valeur morale et à la solidité de toute chose. Lune-Saturne vous prédispose à vous alimenter sainement, à mener une existence équilibrée ainsi qu'une bonne hygiène de vie. Les céréales, les légumes, les fruits et les produits de la terre vous sont conseillés. Vous n'avez pas une grande vitalité, mais vous bénéficiez en d'une bonne santé et d'une bonne résistance à la maladie. Vous tombez difficilement malade mais pouvez mettre un certain temps avant de vous remettre lorsque cela arrive.

Les faiblesses de la relation Lune-Saturne harmonique peuvent provenir d'une tendance à vouloir tout contrôler et d'une difficulté à lâcher prise, d'une tendance au fanatisme ou à la rigidité, d'une tendance à n'accorder votre foi qu'à ce qui est matériel ou inversement à refuser de vous investir dans le monde matériel, d'une tendance à vous enfermer dans votre monde, dans votre tour d'ivoire et à avoir des difficultés pour vous extérioriser. Vous pouvez aussi être égocentrique, égoïste, complètement indifférent à ce qui ne vous concerne pas directement ou avoir tendance à vivre dans un monde de théories et de spéculations. L'homme pourra être attiré par des femmes capables d'être sérieuses, intègres, fidèles, mûres, respectueuses, calmes et d'assumer leurs responsabilités d'épouse et de mère.

L'ENFANCE ET LA VIE FAMILIALE.

Votre enfance, votre vie familiale, votre vie quotidienne ou votre vie au foyer peuvent ou ont pu être marquées par la solitude, par un besoin de vous isoler pour partir à la recherche de vous-même ou des vérités éternelles, par une séparation de relations émotionnelles importantes pour vous (d'un parent ou d'un membre de votre famille) ; par des difficultés ou des épreuves et par des débuts difficiles.

Enfant, vous avez pu vous sentir responsable d'un de vos parents ou avoir eu à faire face à des responsabilités qui ont pu être plus ou moins lourdes à porter. La vie a pu vous apprendre que rien n'est simple, que rien n'arrive d'emblée sur un plateau et que le bien être est surtout le résultat de travail et d'efforts.

Ces événements ont pu alimenter un besoin et une capacité à construire votre vie par vos propres moyens et une tendance à ne pas accepter facilement l'aide d'autrui, au point de passer quelquefois à coté de certaines opportunités et de vous rendre la vie plus compliquée. Sensible aux insuffisances de votre milieu natal et familial, vous avez pu ressentir le besoin de prendre une certaine distance vis à vis de votre milieu d'origine pour parcourir votre propre chemin et pour découvrir vos propres vérités. Votre vie quotidienne peut alors ressembler à une quête permanente pouvant déboucher sur une certaine maturité, sur une sérénité intérieure et sur une élévation lente et progressive par l'effort, le travail et le mérite personnel.

LUNE-SATURNE DISSONANT/DYNAMIQUE

Il y a dans votre thème astral une relation permanente, mais discontinue, dissociée, duelle, tendue et conflictuelle, entre la Lune (l'âme) et Saturne (votre juge, vos relations aux structures), car ces deux planètes vibrent en vous à deux fréquences totalement différentes.
Chaque planète veut se vivre, à sa façon, à travers vous et tend à considérer l'autre comme une rivale ou comme une perturbatrice. Vous avez alors tendance, soit à exprimer l'une puis l'autre des planètes d'une façon excessive, soit à vivre l'une des planètes et à rejeter l'autre parce que vous la considérez comme perturbatrice, parce que vous voyez son côté sombre plus que son côté lumineux.

Tant que vous nourrissez ce conflit à l'intérieur de vous, vous récoltez le moins bon de chacune des deux fonctions psychologiques et des expériences qui y sont associées. La solution, que vous verrez plus bas dans le texte, est de vivre chaque fonction en pleine conscience et de savoir alterner rapidement et consciemment, entre chacune des deux fonctions psychologiques représentées par la planète Vous transformez ainsi une relation conflictuelle en une grande force et vous vivez cette relation de façon consciente et dynamique.

Cette facette de votre personnalité peut initialement engendrer, lorsqu'elle n'est pas maîtrisée, des difficultés dans la vie privée, des difficultés pour se sentir bien dans sa peau et des difficultés pour se structurer, construire, être ordonné, respectueux et responsable, pour évoluer et pour trouver la paix intérieure, à cause d'une forte sensibilité à toute situation d'abandon et de par un conflit ou une dissociation entre un besoin de lien émotionnel avec votre famille et un besoin de solitude, entre un besoin de communion et un besoin de détachement ou de distance, entre un besoin de bien être et une difficulté à être satisfait, entre un besoin de laisser allez et un besoin de tout contrôler, entre un besoin d'exprimer ses émotions et un besoin de s'en détacher. Vous avez alors tendance à incarner plusieurs scénarios, en alternant parfois de l'un à l'autre.

Scénario 1 : L'âme domine et Saturne (le juge, les structures), est rejetée ou mal intégrée à votre personnalité.

Quand vous vivez votre Lune, vous avez besoin de vie, de relations émotionnelles intimes, de vivre selon votre nature, d'exprimer vos émotions et votre sensibilité, de vous créer un univers personnel familier vous protégeant du monde extérieur, de vous ressourcer à travers des valeurs refuges, d'être en sécurité, et de vous occuper de votre vie privée, d'avoir une vie familiale, des enfants ou une vie paisible au foyer. Vous pouvez alors être particulièrement sensible aux effets négatifs ou perturbateurs que peuvent avoir ou causer l'ordre et les structures, le fait de concrétiser, vos obligations et responsabilités professionnelles, votre carrière, votre âge, votre idéal de perfection, votre morale, toute introspection, toute remise en question, toute interrogation, toute forme de recherche, d'expérimentation et d'investigation, tout obstacle ou difficulté, la vérité et vos peurs, comme par exemple la peur d'être abandonné(e) ou la peur d'être jugé(e).

Tout cela ne vous nourrit pas, vous fait peur et dérange votre bien être. Vous nourrissez alors une tendance à ne pas exprimer les valeurs positives de Saturne. Cela peut se traduire par une difficulté à concrétiser les choses, à construire, à vous respecter et donc à respecter les autres, à vous organiser concrètement, à prendre du recul, à analyser votre vie quotidienne de façon objective et réfléchie, à comprendre le sens et les causes profondes de toute situation, à faire preuve de discernement, à vous poser les vrais questions et à chercher les réponses, à tenir compte des difficultés et à accepter de faire face aux obstacles, à voir les problèmes en face et à réagir efficacement, à trouver la paix de l'âme.

Vous pouvez aussi avoir des difficultés à voir les choses à long terme, à prévoir, à vivre avec peu, à vous fixer des buts et des étapes, à tenir compte du temps, à être à l'heure dans vos rendez-vous, à être réaliste et pragmatique, à vous discipliner et à vous organiser de façon logique, à avoir les pieds sur terre, à faire des efforts, à travailler dur, à faire preuve de persévérance voire d'obstination, à être simple ou patient, ou à faire preuve de maturité, d'honnêteté, de sérieux, de moralité et de sagesse dans votre vie quotidienne, familiale ou privée. Vous pouvez également avoir des difficultés à discipliner, à maîtriser, à structurer et à ordonner vos émotions, votre sensibilité, vos habitudes, vos réflexes conditionnés et la multitude de forces qui composent votre personnalité mais aussi à rester calme et à garder votre sang froid dans des situations délicates.

Vous pouvez ne pas être très sensible aux questions de sécurité et de qualité, ou ne pas être assez exigeant et perfectionniste. L'isolement, la solitude, le silence, l'introspection, la méditation, la recherche des vérités éternelles, la recherche tout court, l'ésotérisme et la spiritualité et les responsabilités peuvent vous faire peur et vous déranger parce que vous êtes convaincu qu'elles perturberont votre bien être. Les lois éternelles ou votre juge moral semblent s'opposer à vos lois personnelles.

Vous pouvez cependant être insatisfait dans votre vie quotidienne familiale ou privée parce que vous avez l'impression qu'il vous manque une certaine maîtrise, un bon contrôle de la situation, une bonne gestion, une sécurité, la satisfaction de vos exigences, la construction de quelque chose de solide et de durable, les réponses aux questions essentielles et une certaine paix de l'âme. Ou vous pouvez avoir l'impression que votre vie privée, quotidienne ou familiale, certaines de vos habitudes ou de vos relations intimes sont en décalage avec vos valeurs profondes, avec vos exigences, avec votre moralité ou avec les réalités concrètes du terrain et qu'elles ne vous permettent pas d'évoluer, de grandir, et d'être en paix avec vous-même.

Scénario 2 : Saturne, votre juge, domine et l'âme est rejetée ou mal intégrée.

Si votre juge intérieur prédomine en vous, vous faites de tout une affaire de devoir, de principe, d'ambition et d'évolution. Vous avez besoin de structurer votre vie autour d'un projet à long terme ou d'effectuer une forme de recherche, d'assumer vos responsabilités, d'accomplir vos devoirs et de travailler.

Vous pouvez alors être facilement sensibilisé aux effets perturbateurs que peut avoir ou causer un élément représenté par la Lune (les relations intimes, les échanges émotionnels, l'influence de la famille, de votre mère, d'un enfant, de votre milieu natal, de vos souvenirs, de vos craintes, de vos croyances, de votre besoin de repos et de vous ressourcer, de votre imagination et de votre besoin de rêver).

Vous pouvez alors dans ces situations éprouver des difficultés à être vous-même, à être naturel, à préserver votre équilibre et votre bien-être, à vous mettre dans le courant des événements, à être convivial et familier, à vous sentir ému et intimement concerné par vos responsabilités. Vous pouvez éprouver des difficultés à véhiculer des émotions ou à gérer celles qui sont présentes dans la situation, à être proche des gens, à tenir compte de l'ambiance et des différents courants de sensibilité présents dans la situation ou à être naturel, convivial, familier et sympathique. Vous pouvez avoir des difficultés à vivre l'intimité, à vivre tout court et à exprimer la douceur parce que quelque chose en vous vous l'interdit.

Vous pouvez aussi avoir tendance à rejeter toute forme de détente, de relâchement, de passivité et de repos. Vous pouvez avoir des difficultés à vous créer une bulle dans laquelle vous pouvez vous réfugier ou un univers intime vous protégeant du monde extérieur, à créer des ambiances accueillantes et sympathiques où chacun se sent comme chez soi, à utiliser des valeurs refuges vous permettant de vous ressourcer et à vous laisser porter par le courant.

Vous pouvez avoir des difficultés à vous servir de votre sensibilité, de votre intuition et de votre imagination pour construire, pour vous organiser ou pour élaborer des projets à long terme.

Scénario 3 : L'âme est dominante en excès.

Un sentiment d'insatisfaction causé par une non-satisfaction de certains de vos besoins de base peut engendrer des réactions de compensation excessives. Votre sérieux, votre maturité, votre sens de l'organisation ou des responsabilités et votre puissance de travail peut alors être amoindrie par l'influence de la Lune.

L'influence excessive de la Lune peut correspondre à un manque de maturité au niveau émotionnel. Elle peut vous donner une tendance à la paresse, à l'indolente passivité, au laisser aller, aux excès de nourritures ou de boissons, à vivre dans des mondes imaginaires ou virtuels, à vous enfermer dans une bulle et à vous barricader dans votre coquille ou dans votre tour d'ivoire à la moindre difficulté, à entretenir des situations de dépendance ou un sentiment d'infériorité vis à vis des personnes qui incarnent l'ordre et l'autorité morale, à voir les structures du monde et les réalités éternelles qui vous entourent comme vous l'imaginez et non comme elles sont réellement, aux excès d'émotivité et de sensibilité, à ne vivre qu'en fonction de vos instincts, humeurs et caprices et parfois à l'infantilisme.

Scénario 4 : Votre juge et votre besoin d'ordre et de structures sont en excès.

L'influence inférieure de Saturne peut avoir comme origine un sentiment d'abandon ou une peur de l'abandon et du jugement, mais des angoisses et des insatisfactions provenant d'une enfance difficile. Elle peut se traduire par une difficulté à vous extérioriser, par une sensibilité excessive à ce qui ne va pas dans votre vie et par une tendance à focaliser sur les manques et sur les imperfections au point d'être pessimiste, défaitiste, dépressif, déprimé, fataliste, toujours en train de juger ou simplement mélancolique.

Saturne, votre juge moral, peut engendrer un manque de confiance en vous et en la vie, une tendance à douter de vous et des autres, une tendance à vous fabriquer des échecs avec votre imagination ou à avoir peur de l'échec au point de ne pas vous exprimer. Vous avez parfois une tendance à imaginer des difficultés là où il n'y en a pas. Vous pouvez également avoir tendance à abandonner la vie et à refuser de vivre, à vivre dans un sentiment constant d'insatisfaction et de frustration, à avoir une peur permanente de manquer, d'être abandonné ou rejeté et en fin de compte avoir des difficultés à vous aimer, à aimer et à accepter l'amour de l'autre par peur de le perdre. Par réaction de compensation cette facette de votre personnalité peut induire une avidité et une boulimie matérielle ou affective. Certaines personnes peuvent avoir une tendance à s'enfermer dans une tour d'ivoire, à être trop sur la défensive et à adopter des systèmes de défense tellement efficaces qu'ils les rendent indisponible, inaccessible et fermé à tout échange émotionnel ce qui peut être synonyme de frigidité ainsi qu'une certaine timidité et une peur de ne pas être à la hauteur.

Vous pouvez avoir une image de perfection qui vous pousse à vous imposer une telle discipline, de telles exigences et de telles contraintes que cela vous complique terriblement l'existence, vous dénature et vous empêche d'être vous-même. Vous avez parfois tellement peur d'être coupable parce que vous n'êtes pas parfait (surtout lorsque vous vous comparez à votre image de perfection) ou parce que vous n'êtes pas en accord avec vos sacro-saints principes, que vous éprouvez sans cesse le besoin de vous justifier... " Ce n'est pas de ma faute !" ou que vous bloquez l'expression de votre personnalité. Peut-être vous prenez-vous parfois trop au sérieux ? Ou vous pouvez à tel point avoir l'impression que la vie est comme un cheminement dont l'étape suivant vous parait inconnue, comme une quête, comme une forme de recherche sans fin que vous vivez en fonction de l'étape suivante, en fonction d'un avenir théorique, potentiel et hypothétique, que vous oubliez de vivre dans le présent, de construire et que vous ne profitez pas des joies et plaisirs de la vie quotidienne.

Votre vie quotidienne peut être tellement organisée, structurée, sous contrôle qu'elle en devient ennuyeuse, dépourvue de nouveauté, d'imprévu, d'agréments et de fantaisie. Vos excès de travail compensent parfois une peur du vide ou une peur de n'en avoir pas fait assez et donc d'être coupable.

Vous pouvez avoir tendance à trop analyser et à trop réfléchir, à vous poser trop de questions et à remettre tout le temps les choses en question, à vouloir tout le temps tout contrôler et maîtriser, à avoir des préjugés rigides sur autrui au point parfois d'être misanthrope. Un besoin excessif de sécurité peut vous rendre méfiant, susceptible, avare et particulièrement égoïste. Une peur de l'avenir peut vous rendre trop facilement inquiet, angoissé et tourmenté. Vous pouvez parfois avoir tellement peur de perdre les relations émotionnelles qui vous sont essentielles que vous pouvez avoir tendance à vous accrocher à votre famille, à votre mère, à vos intimes au point d'en devenir possessif. Cela peut se traduire par une fixation à l'enfance ou au passé et par une difficulté à quitter le foyer.

Coté alimentaire, Lune-Saturne peut engendrer une tendance à l'anorexie ou à la boulimie. Vous faites parfois preuve d'une distance, d'une dureté, d'une froideur, d'une sécheresse de cœur et d'attitudes austères qui découragent l'approche d'autrui et qui rendent difficile la création de relations émotionnelles intimes. Mais à force de museler vos besoins naturels, vos émotions et votre spontanéité, de vouloir tout contrôler et de voir du noir quand il n'y en a pas, vous risquez d'avoir à faire face à un cruel sentiment de frustration ou de solitude. Ces difficultés proviennent parfois de l'enfance. La tradition, en parlant de la relation Lune-Saturne, évoque l'enfant qui n'a pas assez tété, qui a mal tété et qui recherche en permanence un substitut à son biberon perdu. Saturne a pu couper le cordon ombilical trop tôt ou sans se soucier de votre sensibilité, ou vous pousser à assumer très jeune de lourdes responsabilités.

Elle a pu vous obliger à vous détacher émotionnellement de vos intimes et de ceux qui vous apportaient le bien être nécessaire à votre équilibre naturel. Vous avez peut-être été obligé, parce que vous l'avez choisi quelque part, de porter vos parents et votre famille. Cela a pu se traduire par la séparation ou la perte d'un parent, par des parents qui n'assumaient pas leurs responsabilités de parents ou en qui vous ne pouviez pas avoir confiance, par une mère ou des parents froids, sévères, rudes, possessifs, étouffants, culpabilisants, manquant de tendresse ou d'amour maternel, peu capables de communiquer, absents à cause de leurs obligations ou plus simplement qui n'encourageaient guère l'expression de vos émotions et de votre sensibilité.

Vous avez pu souffrir de solitude au foyer, du froid ou de la faim, d'un manque d'amour et d'affection ou d'une impression d'avoir été rejeté et mal aimé, de la pauvreté ou de privations matérielles. Votre foyer a pu être trop petit, austère, triste, sombre, ressemblant à une tour ou à une caverne, peu confortable ou ayant d'autres inconvénients (problèmes de plomberie, de chaudière ou d'isolation).

Expression positive consciente et naturelle : Lorsque vous apprenez à maîtriser cette partie de votre personnalité et à utiliser toute sa richesse et lorsque vous avez fait le chemin pour exprimer cette relation en pleine conscience et d'une manière positive.

Pour transformer la relation Lune-Saturne dissociée en relation consciente et dynamique, il peut être utile d'effectuer un travail sur l'image de la mère et de la femme, sur l'enfance et le passé, sur les émotions, sur l'intimité, sur vos différentes peurs et sur le rôle que doivent avoir le juge moral, les structures, l'effort, le silence, la gestion du temps, la valeur que vous avez et la paix intérieure. Notre juge intérieur existe pour nous mettre sur le chemin de notre vérité, pour nous faire prendre conscience des lois éternelles de la vie (d'où nous venons, ce que nous sommes et où nous allons après la mort du corps physique). Les structures sont là pour nous permettre de nous tenir debout et pour permettre à la vie de s'exprimer. L'âme a besoin de silence pour fleurir et s'épanouir.

La relation Lune-Saturne être vécue de façon à ce que chaque planète rectifie l'autre au moindre excès et sans que l'une empiète sur l'autre. Vous pouvez alors vivre des moments où vous assumez vos responsabilités, vos devoirs et vos obligations professionnelles, où vous faîtes face aux difficultés éventuelles, où vous vous concentrez sur une forme de recherche, où vous vous organisez selon un plan bien établi, où vous faites preuve de sérieux et de profondeur, où vous contrôlez la situation, où vous travaillez à la construction de votre vie et à l'évolution de votre personnalité. Vous veillez alors à laissez de coté vos humeurs et états d'âme, vos considérations personnelles et vos émotions, vos relations intimes et votre foyer. Puis vous pouvez consacrer une autre période (de la journée, de l'année ou de votre vie) dans un autre lieu et/ou dans un autre état d'esprit où vous vous laissez aller, où vous vous ressourcez et où vous vous consacrez à votre vie privée, intime et familiale, en laissant de coté vos devoirs et responsabilités.

Lorsque les difficultés éventuelles liées à l'enfance ont été surmontées, par une transformation de l'image de soi qui souvent, au départ, n'est pas bonne, par un apprentissage de l'amour propre, par le travail sur soi, par l'effort personnel ou à l'aide d'une psychothérapie, alors cette facette de votre personnalité peut déboucher sur une puissante évolution, qu'elle soit matérielle ou spirituelle. Elle peut permettre d'assumer de grosses responsabilités ou d'effectuer de grandes réalisations. Bien maîtrisée, la relation Lune-Saturne peut vous conférer un ensemble d'aptitudes qui sont alors vécues d'une façon particulièrement consciente et dynamique.

Cela peut par exemple se traduire par pour ce qui concerne la Lune, et par des capacités à exprimer et manier les émotions, à faire face au public ou à être en résonance avec lui, à ressourcer et vous ressourcer et à utiliser des valeurs refuges (musique, dessin), et pour ce qui concerne Saturne par une grande puissance de travail, une maîtrise de soi, un sens de l'organisation, un sens pratique, une lucidité et une sagesse, une sensibilité aux vérités éternelles, un sens critique, une profondeur de l'âme et des aptitudes à assumer des responsabilités qui sont hors du commun au point que vous pouvez devenir un Maître d'ordre et de vérité.

Vous avez compris que la vie ne vous a jamais abandonné et que vous nourrissiez parfois un sentiment d'abandon parce que vous aviez besoin de l'enseignement qu'il pouvait vous apporter, et parce que vous aviez besoin d'une motivation pour entreprendre le chemin intérieur vous permettant de retrouver votre vraie nature, votre nature divine, celle d'un être d'Amour créé par la Source, par le Créateur de toute vie.

Votre environnement familial a pu vous inculquer des valeurs traditionnelles voire ancestrales fortes et des valeurs familiales vous permettant à votre tour de construire une vie familiale solide parce que bien structurée, organisée et fondée sur des principes vertueux tel le respect, l'effort, le travail, l'accomplissement des devoirs, la simplicité et la bonne moralité. Vous pouvez dans ce cas être attaché voire fixé à votre milieu natal, à des traditions, à votre mère ou à votre famille qui incarnent l'ordre et la sécurité.

Coté foyer, les bâtiments anciens et rustiques, les maisons campagnardes, les chalets, les résidences situées en lieu calme et à l'écart de l'agitation extérieure, la décoration avec des objets ayant une valeur historique et des meubles massifs, les lieux où il fait frais peuvent faire partie de votre style. Des biens immobiliers peuvent constituer pour vous une sécurité. Vous avez besoin d'un foyer propre et bien ordonné où chaque chose à sa place. Vous avez vos habitudes au foyer et gare à ceux qui viennent mettre du désordre ! Votre seconde nature tend à être celle d'un être introverti, réservé, distant et parfois timide. Vos émotions, votre sensibilité, vos habitudes, vos réflexes conditionnés et les multitudes de forces qui composent votre personnalité tendent à être disciplinés, encadrés, structurés, intériorisés, peu exprimés et parfois refoulés.

Vous vous permettez difficilement des caprices ou des sautes d'humeur et pouvez avoir une grande maîtrise de votre personnalité. Vous êtes également secondaire dans le sens où ce que vous ressentez et pressentez met un certain temps avant de parvenir jusqu'à votre conscience et avant de produire des effets. Il vous faut du temps et une période d'incubation pour que l'inspiration, vos émotions et vos intuitions émergent. Vous savez dans l'immédiat ne rien montrer, rester calme, être détaché, afficher une certaine distance et garder votre sang-froid, mais ce que vous ressentez vous touche au plus profond de vous-même. Cela peut vous permettre de faire face à des situations difficiles. Mais votre insensibilité apparente cache souvent une hypersensibilité.

Vous êtes capable de vous remettre en question, de faire face aux difficultés et à l'adversité, de tenir compte des contraintes ou obstacles se trouvant sur votre chemin, de voir les problèmes en face et de prendre vos responsabilités. Vous pouvez être très sensible au froid, aux différents cycles de la nature et pouvez avoir une relation intime avec le temps.

Vous savez tenir compte du temps, être patient et prévoyant et prendre le temps de vivre. Votre vie quotidienne et vos cycles de vie tendent à être rythmés par le temps qui passe. Vous pouvez ressentir intuitivement l'architecture de la vie, les structures du monde, les profondeurs de votre âme, les vérités universelles et les lois éternelles qui gouvernent le monde.

Vous pouvez pressentir qu'il y a une grande différence entre les lois éternelles, les lois de la nature et les lois du monde extérieur, sentir que le monde extérieur ne peut à lui seul apporter le bien être et la paix de l'âme. Vous organisez ainsi votre vie privée de façon à ne pas être perturbé par le monde extérieur. Vous avez une facilité naturelle à vous isoler au point que vous n'êtes pas toujours disponible parce que vous avez besoin d'être tranquille.

Vous pouvez être particulièrement sensible à l'amnésie spirituelle qui règne sur cette planète, à vos propres imperfections, à ce qui ne va pas dans votre vie ou dans celle des autres. Cela peut induire chez vous un réflexe naturel de prudence, de scepticisme, de méfiance, de pessimisme et d'austérité vis à vis de ce qui est extérieur à votre monde intime. Vous abordez tout ce qui vous approche avec une attitude critique et acceptez rarement les choses telles qu'elles apparaissent. Vous êtes particulièrement sensible aux questions de sécurité. Vous avez besoin de sécurité et de garanties pour vous sentir bien.

Vous pouvez avoir tendance à mépriser les satisfactions faciles, la comédie humaine, l'hypocrisie et le mensonge, les paroles creuses, les discussions de bistrots, les gestes superficiels et l'agitation du monde extérieur qui peut vous paraître stérile. Vous pouvez avoir tendance à prendre du recul vis à vis du monde extérieur ou avoir besoin de vous retirer du monde de temps à autres. Dans le but de préserver votre bien être et votre équilibre naturel et afin de construire votre personnalité, vous avez tendance à filtrer tout ce qui pénètre votre univers intime, à le restreindre, à réduire le nombre d'individus faisant partie de votre univers et parfois à vous enfermer dans votre monde. Vous n'aimez donc pas les foules et les lieux bruyants. Vous pouvez par contre vous sentir à l'aise dans les groupes de recherche.

L'isolement, la solitude, le silence, l'introspection, la méditation, la recherche de vérités éternelles, la recherche tout court, l'expérimentation, les découvertes, l'ésotérisme et la spiritualité, l'étude et la réflexion, le besoin d'évoluer et de construire quelque chose de solide et durable, l'organisation, la nature, le travail et les responsabilités peuvent être vos nourritures, vos valeurs refuges et constituer les éléments indispensables à votre bien être ou à votre quiétude émotionnelle.

Vous n'êtes parfois bien qu'avec vous-même ! Vous avez facilement besoin de responsabilités, d'obligations et de difficultés pour vous sentir bien, et lorsque la vie ne se charge pas de vous les apporter, vous faites le nécessaire pour en trouver vous-même, par habitude. Votre capacité à vous isoler dans le silence, votre sens de l'observation et de l'introspection, votre capacité à pratiquer une forme de recherche et à effectuer un travail sur vous-même peuvent vous ouvrir la voie aux richesses de votre inconscient, devenir le pilier de votre évolution, vous conférer une certaine sagesse et vous permettre d'accéder à la sérénité de l'âme.

Vous vous posez beaucoup de questions. Ces multiples questions peuvent vous pousser à faire des recherches, à approfondir et contribuer à votre évolution. Comment trouver le bien être et la paix intérieure est un des défis inhérents à cette facette de votre personnalité. Les règles et principes tendent à avoir une grande importance dans votre vie quotidienne.

Votre sens moral très développé tend à vous préserver de la corruption et des dangers de l'existence. Vous êtes sensible à la qualité des choses. Vous pouvez être perfectionniste, exigeant et difficilement satisfait, car votre juge moral et votre code de lois ne vous permettent de vous sentir bien que lorsque ce que vous faites est bien fait. Cela vous permet de fournir un travail de grande qualité.

Lune-Saturne peut vous permettre de créer des relations profondes et durables avec votre mère, avec les enfants, avec votre famille, avec un cercle d'intime ou avec un public. Ces personnes ont pu nourrir votre capacité à élaborer des objectifs à long terme, à vous fixer des buts et des étapes, à faire des plans et à les exécuter sans vous laisser détourner de votre chemin. Vous avez le sens de la persévérance et pouvez être particulièrement tenace, acharné voire obstiné vis à vis de tout ce qui fait partie de votre univers personnel, vis à vis de ce qui vous permet de construire votre bien être, celui de votre clan ou un univers personnel et lorsqu'il s'agit d'acquérir ou de préserver votre sécurité.

Votre vie privée tend à se construire et à se stabiliser avec le temps, et l'univers intime que vous vous construisez tend à alimenter votre sentiment de sécurité. Si vous n'êtes pas particulièrement démonstratif, vous êtes en revanche intègre, honnête, sérieux, responsable et digne de confiance. Le réalisme, le pragmatisme et le sens pratique peuvent être développés chez vous. Vous pouvez être très sensible à l'utilité, au sens, à la valeur morale et à la solidité de toute chose. Lune-Saturne vous prédispose à vous alimenter sainement, à mener une existence équilibrée ainsi qu'une bonne hygiène de vie. Les céréales, les légumes, les fruits et les produits de la terre vous sont conseillés. Vous n'avez pas une grande vitalité, mais bénéficiez cependant d'une bonne santé et d'une bonne résistance à la maladie. Vous tombez difficilement malade mais pouvez mettre un certain temps avant de vous remettre lorsque cela arrive.

Votre enfance, votre vie familiale, votre vie quotidienne ou votre vie au foyer peuvent ou ont pu être marquées par la solitude, par un besoin de vous isoler pour partir à la recherche de vous-même ou des vérités éternelles, par une séparation de relations émotionnelles importantes pour vous (d'un parent ou d'un membre de votre famille) ; par des difficultés ou des épreuves et par des débuts difficiles. Enfant, vous avez pu vous sentir responsable d'un de vos parents ou avoir eu à faire face à des responsabilités qui ont pu être plus ou moins lourdes à porter. Cela fait de vous une personne responsable et digne de confiance.

La vie a pu vous apprendre que rien n'était simple, que rien n'arrivait d'emblée sur un plateau et que le bien-être est surtout le résultat de travail et d'efforts. Et si c'est ce que vous croyez, c'est ce que vous matérialisez dans votre vie. Ces événements ont pu alimenter un besoin et une capacité à construire votre vie par vos propres moyens et une tendance à ne pas accepter facilement l'aide d'autrui, au point de passer quelquefois à côté de certaines opportunités et de vous rendre la vie plus compliquée.

Sensible aux insuffisances de votre milieu natal et familial, vous avez pu ressentir le besoin de prendre une certaine distance vis à vis de votre milieu d'origine pour parcourir votre propre chemin et pour découvrir vos propres vérités. Votre vie quotidienne peut alors ressembler à une recherche permanente pouvant déboucher sur une certaine maturité, sur une sérénité intérieure et sur une élévation lente et progressive par l'effort, le travail et le mérite personnel.

ASPECT LUNE-URANUS HARMONIQUE

Il y a dans votre thème astral une relation permanente, continue et symbiotique entre la Lune et Uranus qui s'expriment en vous comme deux partenaires. Dans la mesure où vous êtes sensible aux effets positifs que chacune des fonctions à sur l'autre et où vous tendez à croire que lorsque vous vivez l'une des fonctions, alors l'autre viendra systématiquement la soutenir, vous tendez à récolter le meilleur de chacune de ces deux fonctions psychologiques et des expériences qui y sont associées.

Vous avez ainsi besoin, pour vous sentir bien, d'être libre, autonome et indépendant tout en ayant besoin de vous insérer dans le monde moderne. Vous pouvez avoir des facilités pour utiliser les sciences, les techniques et les outils de communication modernes. Vous cherchez à évoluer psychologiquement et vous aidez autrui à évoluer psychologiquement en les libérant de leurs peurs et de leurs croyances. Vous participez à un mouvement idéologique, à une organisation syndicale ou à une action de groupe.

Vous partagez du temps avec vos amis et vivez parfois en communauté. Vous avez besoin de vous discipliner, de maîtriser votre vie et de focaliser toutes vos énergies vers un but spécifique. Vous affirmez vos convictions, votre spécificité et vos différences et vous vivez parfois comme un avion à réaction. Vous faites des projets ou vous projetez sans arrêt dans l'avenir. Vous êtes une personne originale, fraternelle, humaine, démocratique, amicale et intelligente. Et vous savez, dans ces situations, respecter vos habitudes ou celles des autres, préserver votre équilibre et votre bien être, vous sentir bien, tenir compte de l'ambiance et des différents courants de sensibilité, être proche des gens, véhiculer des émotions ou gérer celles qui sont présentes dans la situation, être naturel, détendu et familier, et mettre autrui à l'aise par votre coté sympathique.

Vous savez donc trouver un certain équilibre entre tension et détente, être indépendant dans la dépendance, vous sentir bien dans l'extraordinaire et le merveilleux ou être naturellement adapté à l'imprévu et à l'inconnu.

Et vous pouvez être capable d'avoir des habitudes et une stabilité qui laisse de la place à la nouveauté et à l'imprévu. Une certaine idée de ce que doit être votre vie et des concepts sont à l'origine de vos habitudes et de votre vie privée. Vous pouvez être paradoxal dans le sens où vous pouvez d'une part être ouvert à la nouveauté et avoir besoin de changements tandis que vous pouvez d'autre part avoir des habitudes fixes dont vous vous défaites difficilement.

Par contre, lorsque votre indépendance et votre liberté vous paraissent menacées, c'est votre bien être qui est atteint et vous pouvez alors être capable de changer d'une façon radicale vos habitudes et vos comportements. Vous avez en effet besoin, dans votre vie quotidienne, pour vous sentir bien, pour vous nourrir ou pour trouver votre équilibre, d'ordre, de logique et de cohérence, de surprises, d'imprévus et de variété, d'autonomie et d'indépendance, d'espoir, de vous projeter dans l'avenir et d'avoir des projets, de vous dépasser pour progresser, de ne pas être comme tout le monde, d'affirmer vos convictions ou votre spécificité tout en étant sociable, humain et fraternel et de vous maîtriser.

Tout ce qui est uranien, c'est à dire par exemple la psychologie et l'astrologie, les techniques modernes de développement personnel, les sciences et techniques, les appareils domestiques ou les moyens de communication modernes, l'informatique, l'électronique, la logistique, l'aviation et les sports aériens, la science fiction, la vie moderne, le progrès et l'humanitaire peuvent être vos nourritures, vos valeurs refuges et constituer les éléments indispensables à votre bien-être.

Vos émotions, votre sensibilité, vos habitudes, vos réflexes conditionnés et l'ensemble des forces qui composent votre personnalité tendent à être encadrés, disciplinés, maîtrisés mais aussi parfois aussi extériorisés de façon soudaine, brusque et imprévisible. Vous pouvez avoir une grande maîtrise de votre personnalité, de votre émotionnel et savoir être imperturbable.

Vos croyances, votre sensibilité et votre imaginaire tendent à être influencées par des idées, par une idéologie, par des valeurs spirituelles ou par un désir d'évolution psychologique, par des certitudes et des convictions, par votre vision de l'avenir mais aussi par les forces spirituelles de l'univers ou par des énergies cosmiques à haute tension provenant de l'inconscient collectif. On peut parler de sensibilité électrique ou survoltée.

De par un lien étroit entre vos convictions, vos principes, votre idéologie, vos valeurs spirituelles et votre ressenti, vous êtes souvent totalement sûr et convaincu de ce que vous ressentez ou pressentez.

Vous pouvez prendre votre ressenti pour la vérité suprême. Vous acceptez parfois difficilement que d'autres ressentent d'autres choses que vous et qu'il y a d'autres vérités que celles que vous ressentez intimement. Vos intuitions peuvent néanmoins être d'une exactitude étonnante. Vous pouvez également être particulièrement doué pour être, comme on le dit familièrement, "sur la même longueur d'onde qu'autrui " mais aussi pour ressentir les énergies des lieux, les ondes électromagnétiques et les courants cosmiques ou telluriques.

Vous êtes parfois sensible à la présence d'êtres invisibles qui vous montrent le chemin, comme à l'aide d'une torche, pour parvenir à votre liberté individuelle et pour faire ce qu'il y a de mieux à faire en toute circonstance. Cela peut faciliter votre réussite et vous conférer une certaine chance. Vous pouvez être intimement convaincu que le ciel vous aidera si vous vous aidez vous-même.

Vous pouvez facilement vous sentir responsable de ce qui vous arrive parce que vous sentez que ce que chacun porte en soi engendre les événements équivalents dans le monde extérieur. Vous ne croyez donc en général pas au " hasard " et tendez à rendre autrui responsable de ce qui leur arrive. Cela vous rend parfois dur, exigeant et intransigeant. Cette sensibilité peut vous permettre de ressentir le plan divin, les coïncidences ou les signes du hasard et votre vocation, d'être en harmonie avec les lois cosmiques, d'entrevoir un monde nouveau et meilleur. Elle peut vous rendre très sensible à tout ce qui est synonyme d'espoir vous permettre de purifier et de nettoyer votre âme et d'être en avance sur votre époque par vos conceptions ou par votre capacité à anticiper et à voir l'avenir. Votre sensibilité peut quelquefois vous faire passer pour un extra terrestre aux yeux du commun des mortels !

Elle peut aussi vous permettre de ressentir les états psychologiques des personnes qui vous sont proches ou des ambiances dans lesquelles vous êtes, les vérités éternelles et les lois cosmiques. Vos lois personnelles peuvent être en parfait accord avec les lois cosmiques, ce qui peut vous permettre d'obtenir des résultats surprenants d'une façon apparemment naturelle et décontractée.

Votre sensibilité et votre imagination peuvent ainsi vous aider à trouver des solutions adaptées aux problèmes techniques ou humains, à améliorer les conditions de vie de vos concitoyens, à trouver des issues de secours et des portes de sorties et à aider autrui. Vous vous situez facilement en sauveur, en dominant tendant la main au dominé dans une attitude d'amitié fraternelle désintéressée.

Les émotions, l'imaginaire, la sensibilité, votre foyer, vos relations intimes, vos enfants et des valeurs refuges (la musique, le dessin, l'alimentation) peuvent être pour vous des moyens de créer des relations amicales, de vous libérer, de parvenir à une plus grande maîtrise de vous-même, de vous enrichir idéologiquement, de progresser, de vous projeter dans l'avenir, de créer des projets, d'affirmer votre différence et de vous affirmer dans la société. Inversement votre intelligence, votre sens de l'organisation et de la discipline, votre capacité à vous affirmer, à avoir de l'espoir et à susciter l'espoir, votre sens psychologique ou votre capacité à effectuer une psychothérapie peut vous aider à trouver le bien être, à créer des relations intimes, à fonder un foyer et une famille ou encore à être populaire.

Amitié et fraternité riment chez vous avec sympathie, avec intimité et souvent avec popularité. L'intimité chez vous n'est pas seulement émotionnelle mais aussi psychologique. Vous pouvez avoir tendance à rechercher des amis avec qui vous pouvez vous ressourcer ou vivre des échanges émotionnels riches. Par contre, parce que vous avez besoin d'être détendu quand vous êtes tendu, et tendu quand vous êtes détendu, vous pouvez parfois avoir quelques difficultés à lâcher prise ou à trouver le sommeil. La femme peut dans certains cas être prédisposée à vivre quelques problèmes de cycles ou de règles. Des exigences fortes, une tension intérieure permanente, un besoin d'auto discipline quotidien, un certain perfectionnisme et un besoin constant de se dépasser peuvent diminuer votre naturel et votre spontanéité, ou vous rendre nerveux, excité et complètement survolté.

Lune-Uranus rend la femme dynamique et indépendante, et lui confère de l'originalité, beaucoup de sociabilité, un certain magnétisme, une intelligence vive et un coté très humain. Dans un thème masculin, cet aspect prédispose à vivre de nombreuses amitiés féminines, et la femme peut constituer pour l'homme un élément libérateur. L'homme tendra à être attiré par des femmes capables d'être autonomes, indépendantes, originales, humaines et ouvertes d'esprit. Il a parfois tendance à voir la femme comme une femme parmi toutes les femmes, de façon impersonnelle et universelle.

LE FOYER ET LA VIE FAMILIALE

Coté foyer, vous pouvez habiter une résidence moderne, un gratte-ciel, une tour, un HLM, vivre dans un lieu original et surprenant, avoir besoin d'avoir votre maison personnelle de façon à être totalement indépendant ou avoir besoin d'équiper votre foyer avec tout ce qu'offrent les techniques modernes (gestion de la température sur programme, stores électriques, rééquilibreurs d'ondes, ioniseurs, matelas à champs magnétiques pulsés, détoxineurs ioniques et équipements informatiques divers en plus des appareils électriques devenus d'un usage courant). Vous avez également besoin d'un foyer propre et bien éclairé. Une certaine sensibilité aux courants telluriques, au Feng-Shui et à tout ce qui touche à la géobiologie peut contribuer à votre bien-être au foyer.

Vous considérez parfois votre famille plus comme des membres de l'humanité que comme des relations personnelles. Vous pouvez donc avoir une tendance naturelle à vous détacher de votre milieu natal, des traditions qu'on vous a inculquées, de votre mère, de votre famille ou de vos intimes pour suivre votre voie personnelle et pour développer un mode de vie qui vous est propre. Vous vous montrez facilement rebelle à toute attitude possessive, à toute tentative d'accaparement ou de manipulation de votre personnalité et avez besoin pour vous sentir bien chez vous, de liberté, d'autonomie et d'indépendance.

ASPECT LUNE-URANUS DISSONANT

Il y a dans votre thème astral une relation permanente, mais discontinue, dissociée, duelle, tendue et conflictuelle, entre la Lune (l'âme) et Uranus (votre besoin de liberté, votre intelligence psychologique et technologique), car ces deux planètes vibrent en vous à deux fréquences totalement différentes. Chaque planète veut se vivre, à sa façon, à travers vous et tend à considérer l'autre comme une rivale ou comme une perturbatrice.

Vous avez alors tendance, soit à exprimer l'une puis l'autre des planètes d'une façon excessive, soit à vivre l'une des planètes et à rejeter l'autre parce que vous la considérez comme perturbatrice, parce que vous voyez son côté sombre plus que son côté lumineux. Tant que vous nourrissez ce conflit à l'intérieur de vous, vous récoltez le moins bon de chacune des deux fonctions psychologiques et des expériences qui y sont associées.

La solution, que vous verrez plus bas dans le texte, est de vivre chaque fonction en pleine conscience et de savoir alterner rapidement et consciemment, entre chacune des deux fonctions psychologiques représentées par la planète. Vous transformez ainsi une relation conflictuelle en une grande force et vous vivez cette relation de façon consciente et dynamique. Cette facette de votre personnalité peut initialement engendrer, lorsqu'elle n'est pas maîtrisée, des difficultés dans la vie privée, au niveau du bien-être et de la maternité, mais aussi des difficultés à vous affirmer dans la vie de façon autonome et indépendante à cause d'un conflit ou d'une dissociation, entre par exemple votre besoin de vous reposer et de perpétuer des traditions et votre besoin de vous affirmer dans le monde moderne, entre votre besoin de bien être et votre besoin de liberté, entre votre idéologie et vos croyances, entre votre besoin de vous projeter dans l'avenir et votre tendance à vivre en fonction du passé, votre besoin de détente et votre besoin de tension, entre votre besoin d'intimité ou de dépendance et votre besoin d'indépendance, entre votre logique et vos émotions.

Il peut exister une croyance comme quoi tout engagement dans une relation émotionnelle intime risque de conduire à la perte de la liberté et de l'autonomie ou à l'inverse que toute autonomie et toute liberté risquent d'empêcher la création d'une relation émotionnelle intime. Comment concilier liberté et bien-être au quotidien? Comment être autonome émotionnellement? Comment concilier vie familiale et partage avec des ami(e)s? Comment vivre de façon naturelle dans le monde moderne et son côté artificiel? Telles sont les problématiques de cette relation. Vous avez alors tendance à incarner plusieurs scénarios, en alternant parfois de l'un à l'autre.

Scénario 1 : L'âme domine et Uranus est rejeté ou mal intégré à votre personnalité.

Quand vous vivez votre Lune, vous avez besoin de bien-être, de vie, de relations émotionnelles intimes, de vivre selon votre nature, d'exprimer vos émotions et votre sensibilité, de vous créer un univers personnel familier vous protégeant du monde extérieur, de vous ressourcer à travers des valeurs refuges, d'être en sécurité, et de vous occuper de votre vie privée, d'avoir une vie familiale, des enfants ou une vie paisible au foyer.

Vous pouvez dans ces différentes situations être alors fortement sensibilisé aux effets perturbateurs ou déstabilisants que peuvent avoir ou causer toute idéologie, toute conception de projets, toute projection dans l'avenir, toute affirmation personnalisée de votre personnalité, toute relation amicale, toute recherche spirituelle, tout travail de développement personnel, toute obligation et responsabilité, toute discipline et toute rigueur, toute indépendance et autonomie, tout événement indépendant de votre volonté et la société moderne. Tout cela ne vous nourrit pas, vous fait peur et dérange votre bien être. Vous nourrissez alors une tendance à ne pas exprimer les valeurs positives d'Uranus.

 Une tendance à refuser ce qui vous parait perturbant peut vous donner des difficultés à vous libérer des conditionnements de votre passé, à vous imposer dans votre vie privée, à focaliser toutes vos énergies vers un but spécifique, à faire preuve de logique, à assumer vos responsabilités et à devenir adulte, à être réellement autonome, indépendant et maître de votre destinée, à vous organiser de façon rationnelle, à organiser, à maîtriser, à discipliner et à encadrer vos émotions, votre imagination, votre personnalité et votre vie. Vous pouvez avoir des difficultés à affirmer vos opinions et votre différence, à être sociable, humain et fraternel, à évoluer psychologiquement en vous libérant de vos peurs et de vos croyances, à aider autrui à aller mieux ou à accepter l'aide d'autrui, à adhérer à un groupe, à un mouvement idéologique ou syndical, à faire des projets et à vous projeter dans l'avenir, à vous adapter au monde moderne, à la nouveauté et à l'imprévu, à supporter la tension et à créer ou entretenir des relations amicales.

Vous avez parfois des difficultés à ressentir le plan divin, les vérités cosmiques ou les lois éternelles, à trouver votre vocation, à être en harmonie avec les lois cosmiques et à percevoir les signes du ciel ou du hasard, à avoir de l'espoir et à être sensible à tout ce qui est synonyme d'espoir, à entrevoir un monde nouveau et meilleur, à purifier et à nettoyer votre âme, à être en avance sur votre époque par manque de sensibilité aux courants de progrès, à voir l'avenir, à ressentir les états psychologiques des personnes qui vous sont proches ou des ambiances dans lesquelles vous êtes. Vos lois personnelles ne sont pas toujours en accord avec les lois cosmiques. Vous pouvez cependant être insatisfait dans votre vie quotidienne ou familiale parce que vous avez l'impression de ne pas pouvoir vous exprimer librement selon votre spécificité, de ne pas être réellement libre et indépendant, de ne pas évoluer et progresser, de ne pas réellement maîtriser votre trajectoire.

Scénario 2 : Uranus, votre besoin de liberté, domine et l'âme est rejetée ou mal intégrée.

Si vous êtes identifié à Uranus, vous recherchez avant tout à maîtriser votre destinée, à faire des projets, à participer à une activité de groupe où à être avec vos ami(e)s, à affirmer votre spécificité, à vous imposer en fonction de vos convictions et exigences personnelles, à expérimenter la modernité et la virtualité, à participer au progrès de la société, à être autonome et indépendant, à évoluer psychologiquement, à vous consacrer à votre développement personnel et à vivre libre et sans contraintes.

Vous pouvez alors être fortement sensibilisé aux effets perturbateurs de l'influence de la famille, de la mère ou d'un enfant, de vos souvenirs, de vos croyances, de vos inquiétudes et de vos habitudes, de votre paresse, de vos émotions (La Lune). Cela peut vous donner tendance à renier, à rejeter ou à refouler tout ou une partie de ce que représente la Lune ou à considérer tout ce qu'elle représente comme une faiblesse.

Cette faiblesse est peut être en vous et peut provenir d'une fragilité vous rendant facilement déstabilisé émotionnellement dès que l'on touche à votre liberté, lorsque vous êtes en groupe, lorsque vous exprimez votre spécificité. Vous pouvez alors, dans ces situations, éprouver des difficultés à rester vous-même, à être naturel, convivial ou sympathique, à préserver votre équilibre et votre bien être, à adapter votre personnalité aux demandes du groupe ou de la société au risque d'être inadapté, à véhiculer des émotions ou à gérer celles qui sont présentes dans la situation.

Vous pouvez également avoir des difficultés à respecter vos rythmes naturels ou ceux des autres, à adapter vos ambitions aux capacités de votre personnalité, à vous mettre dans le bain et à suivre le sens du courant, à tenir compte de l'ambiance et des différents courants de sensibilité présents dans la situation, à vous sentir tranquille, bien et à l'aise, à être proche des gens et à mettre autrui à l'aise. Ces comportements ne vous prédisposent pas à être populaire. Vous pouvez aussi avoir tendance à rejeter toute forme de détente, de relâchement, de passivité, de repos, et à fatiguer facilement parce que vous ne savez pas vous ressourcer.

Peut-être avez-vous trop facilement l'impression de perdre une certaine indépendance, de perdre le contrôle de la situation, de céder par rapport à vos principes, à votre idéologie, à vos valeurs spirituelles ou à vos exigences si vous vous accordez des moments de détente prolongés, si vous vous ressourcez, si vous allez trop bien où si les événements sont trop routiniers ou trop tranquilles.

Vous pouvez avoir des difficultés pour vous créer une bulle dans laquelle vous vous réfugiez ou un univers intime vous protégeant du monde extérieur, pour créer des ambiances accueillantes et sympathiques où chacun se sent comme chez soi, pour vous engager dans une relation émotionnelle intime, pour utiliser des valeurs refuge vous permettant de vous ressourcer et pour vous laisser porter par le courant. Vous pouvez avoir des difficultés à vous servir de votre sensibilité et de votre intuition pour vous projeter dans l'avenir ou pour visualiser vos projets.

Scénario 3 : L'âme est dominante en excès.

Un sentiment d'insatisfaction lié au fait que certains de vos besoins lunaires ne sont pas satisfaits peut engendrer des réactions de compensation excessives. Votre puissance d'affirmation, votre autonomie et votre originalité peuvent alors être amoindries par l'influence de la Lune parce que vous pouvez par exemple avoir des difficultés à vous sentir concerné, touché et ému par ce qui est extérieur à votre petit monde, parce que votre imagination amplifie les efforts à fournir pour vous affirmer, parce que vous avez excessivement besoin d'être en sécurité, de préserver votre bien être et de vous protéger contre tout ce qui est extérieur à votre réalité, parce que vous avez peur de la vie ou parce que vous vous barricadez dans votre coquille dès qu'il y a de la tension dans l'air.

L'influence de la Lune peut vous donner une tendance à la paresse, à l'indolence excessive, au laisser aller, à vivre dans des mondes imaginaires ou virtuels, à entretenir une situation de dépendance vis à vis de certaines personnes qui peuvent être vos proches ou vos amis, à voir les réalités extérieures qui vous entourent comme vous l'imaginez et non comme elles sont réellement, à ne vivre qu'en fonction que vos caprices, humeurs et instincts, aux excès d'émotivité et de sensibilité et parfois à l'infantilisme.

Avec Lune-Uranus, vous pouvez avoir tendance à alterner entre des moments de dépendance excessive où vous n'êtes plus maître de votre destinée et des moments d'indépendance durant lesquels vous voulez tout maîtriser et où vous reniez tout ce qui fait parti e de votre univers personnel intime, ou entre des moments où vous vous affirmez jusqu'au summum de votre tension nerveuse et d'autres moments où vous êtes complètement avachi dans une indolente passivité.

Coté santé, cette partie de votre personnalité peut parfois se traduire, suite à une tension nerveuse excessive ou mal gérée, par des troubles du système nerveux, par des tics, par des accès de spasmophilie, par des crampes ou par des déchirures à l'estomac.

Scénario 4 : Votre système nerveux surchauffe et votre besoin de liberté domine en excès.

L'influence excessive d'Uranus peut se traduire par un besoin particulièrement fort de vous libérer de vos attaches familiales et des conditionnements de votre passé et par un besoin excessif de liberté et d'indépendance dans votre vie quotidienne au point que vous supportez difficilement les contraintes d'une existence régulière, les pressions extérieures et les ordres. Vous pouvez être victime du fantôme de la liberté qui vous incite à adopter une fausse image de la liberté. Peut être êtes vous tellement sûr et convaincu de votre ressenti et de vos croyances que vous n'en faites qu'à votre tête et acceptez difficilement qu'il puisse exister d'autres ressentis et d'autres possibilités que celles que vous avez envisagées ?

Vous pouvez alors être complètement imperméable aux circonstances, faire preuve d'un individualisme et d'un égoïsme exacerbé, d'une tendance à vouloir systématiquement sortir des sentiers battus en ne faisant jamais comme les autres et vivre en marge des normes et des conventions, d'une tendance à vous accrocher à vos idéologies, à vos convictions et à vos certitudes même si elles ne vous mènent nulle part ou d'une tendance à être complètement sourd aux opinions et aux besoins naturels d'autrui.

Votre originalité tourne parfois à l'excentricité. Votre vie quotidienne, vos habitudes et vos croyances peuvent quelquefois être source de troubles psychologiques. Une tendance à planer au-dessus des réalités concrètes, une tendance à être utopiste, un besoin excessif de tout intellectualiser, schématiser et conceptualiser, ou une tendance à ne vivre que dans le projet, la virtualité et les ordinateurs peut vous donner des difficultés d'adaptation pratique à la réalité.

Vous pouvez avoir tendance à vouloir tout le temps passer à quelque chose de nouveau dès que vous avez une impression de déjà vu ou dès que vous avez une impression d'avoir fait le tour de la situation. Cela peut être synonyme d'une excessive instabilité, d'une difficulté à créer quelque chose de stable ou d'une difficulté à rester longtemps dans un même lieu.

La discipline et les exigences que vous vous imposez, notamment en ce qui concerne vos émotions, vos habitudes, votre vie quotidienne et votre environnement familier, les contraintes ou obligations auxquelles vous avez à faire face peuvent en retour vous empêcher d'exprimer votre nature instinctive, vos émotions ou votre spontanéité et de vivre des liens familiaux et émotionnels. Peut-être faites-vous de tout une affaire de logique parce que vous avez peur de l'irrationnel ? Peut être avez vous peur d'être dépendant ? Vous adoptez alors des attitudes cassantes afin de fuir toute situation où vous pourriez, selon vous, être dépendant.

Vous pouvez avoir tendance à tellement vouloir tout maîtriser dans votre vie intime, à refuser tout compromis et toute concession, à tellement refuser de céder vis à vis de tout ce qui porte atteinte à votre liberté ou à votre bien être que vous vous comportez parfois comme un dictateur, ce qui ne facilite pas les relations émotionnelles ou la création d'ambiances ressourçantes.

Peut-être vous servez-vous de vos contraintes, de vos obligations, de vos relations amicales, de votre besoin d'indépendance, de vos engagements sociaux ou professionnels, d'activités visant à aider les autres ou de projets pour ne pas vous occuper de vous, pour ne pas assumer d'obligations familiales et pour ne pas vous accorder des moments de détente où vous vous ressourcez?

Certaines personnes ont tendance à revendiquer brutalement et sans concertation des droits à une vie meilleure (salaires, horaires, avantages sociaux) au point d'irriter leurs supérieurs. Votre monde intime ou votre émotionnel obéit parfois à une logique tellement personnelle ou complexe qu'il peut être difficilement partageable ou compréhensible par autrui.

Votre imaginaire, vos émotions et votre sensibilité sont influencés par des énergies cosmiques à haute tension venant de l'inconscient collectif mais sans que vous maîtrisiez forcément très bien cette influence. Une difficulté à gérer ces énergies peut se traduire par les différents symptômes propres à la paranoïa. Ces symptômes peuvent se traduire par une tendance à se sentir constamment persécuté, par une surtension nerveuse mal contrôlée ou par une tendance à surchauffer, par une sensibilité irruptive et une instabilité émotionnelle, par une tendance à ressentir les choses de façon parfois trop directe et trop brusque au point de réagir excessivement à tout stimulus, par une tendance à être excessivement exigeant voire fanatique.

Vous pouvez avoir une tendance à être facilement irritable, intolérant, à avoir des sautes d'humeurs et à être particulièrement susceptible, par une tendance à être survolté, brusque, imprévisible, foudroyant, déstabilisant, incontrôlable et parfois violent, par un goût pour les situations explosives ou par une tendance à vivre comme un avion à réaction.

Cette paranoïa peut également conférer une difficulté à établir des relations, avec autrui, en se situant autrement qu'en sauveur ou en dominant tendant la main à un dominé, ou autrement dit lorsqu'une supériorité affichée n'est pas reconnue. Si l'influence d'Uranus peut vous apporter une exceptionnelle maîtrise de vous-même elle peut aussi induire une sécheresse de cœur, un coté dur et robotisé et une tendance à l'indifférence qui cache souvent une grande vulnérabilité émotionnelle voire un complexe d'infériorité.

Expression positive consciente et naturelle : Lorsque vous apprenez à maîtriser cette partie de votre personnalité et à utiliser toute sa richesse et lorsque vous avez fait le chemin pour exprimer cette relation en pleine conscience et d'une manière positive.

Pour transformer la relation Lune-Uranus dissociée en relation consciente et dynamique, il peut être utile d'effectuer un travail sur l'image de la mère et de la femme, sur l'enfance et le passé, sur les émotions, sur l'intimité, sur vos différentes peurs et sur le rôle que doivent avoir la société moderne, la nouveauté, les projets, la virtualité et les ordinateurs, le groupe, les ami(e)s, l'autonomie, la liberté, la relation à l'univers, le progrès au sein de la personnalité et dans votre vie. Un travail sur la conscience corporelle (Yoga, Tai-Chi, Tantrisme) et un peu de sport peuvent vous faire le plus grand bien.

Les deux planètes peuvent être vécues dans des états d'esprit, dans des lieux ou à des moments très différents, de façon à ce que chacune rectifie l'autre au moindre excès. Vous pouvez alors vivre des moments où vous savez vous discipliner, vous maîtriser, assumer vos responsabilités et vos obligations, vous consacrer au groupe et au progrès universel, faire preuve de logique et de réflexion en tenant compte de la nécessité et du sens des événements, faire avancer les choses en trouvant des solutions originales, préparer des projets et vivre selon vos convictions personnelles où passer du temps avec vos ami(e)s.

Vous savez alors laisser de coté vos craintes, vos émotions et vos considérations personnelles. Cela peut vous rendre d'autant plus efficace. Puis vous savez vivre d'autres moments où vous vous reposez, où vous vous consacrez à votre foyer et à votre famille, à votre vie privée et à votre santé. Vous savez alors vous battre et agir sans que cela perturbe votre bien-être et vous savez vous reposer sans que votre autonomie soit menacée. Vous savez faire preuve d'une tendresse toute maternelle quand cela est possible tout comme vous savez vous affirmer de façon franche et directe quand cela est nécessaire.

Bien maîtrisée, la relation Lune-Uranus peut vous conférer un ensemble d'aptitudes qui sont alors vécues d'une façon particulièrement consciente et dynamique. Vous pouvez ainsi développer une exceptionnelle maîtrise de vos émotions, de votre personnalité et de votre vie privée ainsi qu'une capacité à vous libérer de la peur pour être une personne vraiment libre.

Vous pouvez être un expert dans la psychologie des émotions ou des enfants. Vous pouvez être capable de vivre en accord total avec les lois de l'univers, d'aller contre le cours des événements et de bouleverser les habitudes, la passivité et la monotonie ambiante pour que les choses avancent.

 Vous pouvez avoir des facilités pour utiliser les sciences, les techniques et les outils de communication modernes. Vous cherchez à évoluer psychologiquement et vous aidez autrui à évoluer psychologiquement en les libérant de leurs peurs et de leurs croyances. Vous participez à un mouvement idéologique, à une organisation syndicale ou à une action de groupe. Vous partagez du temps avec vos amis et vivez parfois en communauté.

Vous avez besoin de vous discipliner, de maîtriser votre vie et de focaliser toutes vos énergies vers un but spécifique. Vous affirmez vos convictions, votre spécificité et vos différences et vous vivez parfois comme un avion à réaction.

Vous faites des projets ou vous vous projetez sans arrêt dans l'avenir. Vous êtes une personne originale, fraternelle, humaine, démocratique, amicale et intelligente.   Et vous savez, dans ces situations, respecter vos habitudes ou celles des autres, préserver votre équilibre et votre bien être, vous sentir bien, tenir compte de l'ambiance et des différents courants de sensibilité, être proche des gens, véhiculer des émotions ou gérer celles qui sont présentes dans la situation, être naturel, détendu et familier, et mettre autrui à l'aise par votre coté sympathique.

Vous savez donc trouver un certain équilibre entre tension et détente, être indépendant dans la dépendance, vous sentir bien dans l'extraordinaire et le merveilleux ou être naturellement adapté à l'imprévu et à l'inconnu. Et vous pouvez être capable d'avoir des habitudes et une stabilité qui laisse de la place à la nouveauté et à l'imprévu.

La psychologie et l'astrologie, les techniques modernes de développement personnel, les sciences et techniques, les appareils domestiques ou les moyens de communication modernes, l'informatique, l'électronique, la logistique, l'aviation et les sports aériens, la science fiction, la vie moderne, le progrès et l'humanitaire peuvent être vos nourritures, vos valeurs refuges et constituer des éléments indispensables à votre bien être.

Vos émotions, votre sensibilité, vos habitudes, vos réflexes conditionnés et l'ensemble des forces qui composent votre personnalité tendent à être encadrés, disciplinés, maîtrisés mais aussi parfois aussi extériorisés de façon soudaine, brusque et imprévisible. Vous pouvez avoir une grande maîtrise de votre personnalité et savoir être imperturbable.

Vos croyances, votre sensibilité et votre imaginaire tendent à être influencées par des idées, par une idéologie, par des valeurs spirituelles ou par un désir d'évolution psychologique, par des certitudes et des convictions, par votre vision de l'avenir mais aussi par les forces spirituelles de l'univers ou par des énergies cosmiques à haute tension provenant de l'inconscient collectif. On peut parler de sensibilité électrique ou survoltée.

De par un lien étroit entre vos convictions, vos principes, votre idéologie, vos valeurs spirituelles et votre ressenti, vous êtes souvent totalement sûr et convaincu de ce que vous ressentez ou pressentez. Vos intuitions peuvent être d'une exactitude étonnante. Vous pouvez également être particulièrement doué pour être, comme on le dit familièrement, "sur la même longueur d'onde qu'autrui " mais aussi pour ressentir les énergies des lieux, les ondes électromagnétiques et les courants cosmiques ou telluriques.

Vous êtes parfois sensible à la présence d'êtres invisibles qui vous montrent le chemin, comme à l'aide d'une torche, pour parvenir à votre liberté individuelle et pour faire ce qu'il y a de mieux à faire en toutes circonstances. Cela peut faciliter votre réussite et vous conférer une certaine chance. Vous pouvez être intimement convaincu que le ciel vous aidera si vous vous aidez vous-même. Vous pouvez facilement vous sentir responsable de ce qui vous arrive parce que vous sentez que ce que chacun porte en soi engendre les événements équivalents dans le monde extérieur. Vous ne croyez donc en général pas aux « hasards »" et tendez à rendre autrui responsable de ce qui leur arrive. Cela vous donne une certaine exigence.

Cette sensibilité peut vous permettre de ressentir le plan divin, les coïncidences ou les signes du hasard et votre vocation, d'être en harmonie avec les lois cosmiques, d'entrevoir un monde nouveau et meilleur. Elle peut vous rendre très sensible à tout ce qui est synonyme d'espoir vous permettre de purifier et de nettoyer votre âme et d'être en avance sur votre époque par vos conceptions ou par votre capacité à anticiper et à voir l'avenir. Votre sensibilité peut quelquefois vous faire passer pour un extra terrestre aux yeux du commun des mortels ! Elle peut aussi vous permettre de ressentir les états psychologiques des personnes qui vous sont proches ou des ambiances dans lesquelles vous êtes, les vérités éternelles et les lois cosmiques. Vos lois personnelles peuvent être en parfait accord avec les lois cosmiques, ce qui peut vous permettre d'obtenir des résultats surprenants d'une façon apparemment naturelle et décontractée.

 Votre sensibilité et votre imagination peuvent ainsi vous aider à trouver des solutions adaptées aux problèmes techniques ou humains, à améliorer les conditions de vie de vos concitoyens, à trouver des issues de secours et des portes de sorties et à aider autrui. Vous vous situez facilement en sauveur, en dominant tendant la main au dominé dans une attitude d'amitié fraternelle désintéressée.

Les émotions, l'imaginaire, la sensibilité, votre foyer, vos relations intimes, vos enfants et des valeurs refuges (la musique, le dessin, l'alimentation) peuvent être pour vous des moyens de créer des relations amicales, de vous libérer, de parvenir à une plus grande maîtrise de vous-même, de vous enrichir idéologiquement, de progresser, de vous projeter dans l'avenir, de créer des projets, d'affirmer votre différence et de vous affirmer dans la société. Inversement votre intelligence, votre sens de l'organisation et de la discipline, votre capacité à vous affirmer, à avoir de l'espoir et à susciter l'espoir, votre sens psychologique ou votre capacité à effectuer une psychothérapie peut vous aider à trouver le bien être, à créer des relations intimes, à fonder un foyer et une famille ou encore à être populaire.

Amitié et fraternité riment chez vous avec sympathie, avec intimité et souvent avec popularité. L'intimité chez vous n'est pas seulement émotionnelle mais aussi psychologique. Vous pouvez avoir tendance à rechercher des amis avec qui vous pouvez vous ressourcer ou vivre des échanges émotionnels riches. Par contre, parce que vous avez besoin d'être détendu quand vous êtes tendu, et tendu quand vous êtes détendu, vous pouvez parfois avoir quelques difficultés à lâcher prise ou à trouver le sommeil. La femme peut dans certains cas être prédisposée à vivre quelques problèmes de cycles ou de règles. Des exigences fortes, une tension intérieure permanente, un besoin d'auto discipline quotidien, un certain perfectionnisme et un besoin constant de se dépasser peuvent diminuer votre naturel et votre spontanéité, ou vous rendre nerveux, excité et complètement survolté.

Coté foyer, vous pouvez habiter une résidence moderne, un gratte-ciel, une tour, un HLM, vivre dans un lieu original et surprenant, avoir besoin d'avoir votre maison personnelle de façon à être totalement indépendant ou avoir besoin d'équiper votre foyer avec tout ce qu'offrent les techniques modernes (éolienne et panneaux solaires, gestion de la température sur programme, stores électriques, rééquilibreurs d'ondes et ioniseurs, matelas à champs électromagnétiques pulsés, informatique, multimédias en plus des appareils électriques devenus d'un usage courant). Vous avez également besoin d'un foyer propre et bien éclairé. Une certaine sensibilité aux courants telluriques et à tout ce qui touche à la géobiologie peut contribuer à votre bien être au foyer. Vous considérez parfois votre famille plus comme des membres de l'humanité que comme des relations personnelles. Vous pouvez donc avoir une tendance naturelle à vous détacher de votre milieu natal, des traditions qu'on vous a inculquées, de votre mère, de votre famille ou de vos intimes pour suivre votre voie personnelle et pour développer un mode de vie qui vous est propre.

Vous vous montrez rebelle à toute attitude possessive, à toute tentative d'accaparement ou de manipulation de votre personnalité et avez besoin pour vous sentir bien, d'autonomie, d'indépendance et d'être une personne libre et heureuse.

ASPECT LUNE-NEPTUNE HARMONIQUE

Il y a dans votre thème astral une relation permanente, continue et symbiotique entre la Lune et Neptune qui s'expriment en vous comme deux partenaires. Comme vous êtes sensible aux effets positifs que chaque planète a sur l'autre et que vous croyez que lorsque vous vivez l'une des planètes, l'autre viendra systématiquement la soutenir, vous récoltez le meilleur de chacune de ces deux fonctions psychologiques et des expériences qui y sont associées. Votre sensibilité tend à être reliée à des énergies ou des informations venant de l'inconscient collectif, de vos mémoires ancestrales, de vos vies passées, de l'astral, de l'invisible ou des mondes spirituels. Votre capacité à brancher vos antennes sur l'inconscient collectif tend à se traduire par une hypersensibilité à ce qui se passe autour de vous, par des rêves prémonitoires, par une capacité à deviner le temps qu'il va faire, par des pressentiments qui se révèlent justes et parfois par le don de voyance ou la capacité à prédire l'avenir.

Vous pouvez être doué pour saisir le sens caché des événements et pour pressentir que votre existence terrestre n'est qu'une toute petite partie de votre existence éternelle. Vous pouvez ainsi avoir l'impression de venir à l'origine d'un autre monde, d'un autre état de conscience, d'ailleurs. Cela peut induire une certaine confusion tant que vous n'avez pas appris à mettre de l'ordre dans votre sensibilité et à situer les choses.

Vous pouvez être capable de percevoir les vies antérieures de votre âme et avoir l'impression d'avoir déjà vécu à d'autres époques, sous l'habit d'une autre personne. Vous pouvez avoir l'impression que les murs vous parlent, qu'un lieu a une histoire ou qu'il vous rappelle quelque chose alors que vous n'y êtes jamais allé. Vous pouvez être particulièrement sensible à l'énergie des lieux et aux courants telluriques. Vous avez des facilités pour vous mettre dans la peau de l'autre, pour vibrer à l'unisson avec l'autre, pour éprouver ce que l'autre a dans son cœur, pour percevoir son image astrale, ses humeurs, ses émotions, ses états d'âme et pour communiquer avec autrui par télépathie. Vous faites partie des personnes qui n'ont pas besoin d'explications, de justifications et de longs discours pour comprendre car vous devinez.

Tout est pour vous une question de feeling ou de sensibilité. Et l'étrange, le paranormal mais aussi ce qui est anormal peut vous paraître normal, naturel voire banal. Vous pouvez donner, vu de l'extérieur, l'apparence d'une personne difficile à cerner; une personne que l'on trouve secrète, mystérieuse, étrange, irrationnelle, parfois bizarre, ou qui tout en étant présente est souvent ailleurs, dans un autre monde, sur une longueur d'ondes inconnue.

Vous tendez à organiser votre vie quotidienne en mettant de coté les conditionnements et les règles de la société afin de vous isoler du monde extérieur et vous tendez à vivre selon votre propre logique. Vous savez vous détendre et vous détacher des réalités terrestres matérielles. Vous avez des facilités pour atteindre ce que l'on appelle en sophrologie " l'état d'esprit alpha " et pour vous créer un univers personnel à base de rêves.

Lorsque vous vivez l'expérience de l'intimité, vous avez besoin de rêve et d'évasion. Vous avez aussi besoin vivre dans une fusion émotionnelle avec l'autre, d'être captivé, fasciné et parfois emprisonné par mille liens subtils qui exercent une sorte d'emprise psychique hypnotique sur vous ou sur l'autre. Vous n'avez pas forcément besoin d'une présence physique pour qu'une relation intime existe à vos yeux. Une relation intime peut exister pour vous lorsqu'il y a simplement des échanges émotionnels ou une forme de communication télépathique.

Vous savez, lorsque vous vivez ce genre d'expériences, être en accord avec vous-même et préserver votre bien être. Cela peut vous permettre de vivre des relations intimes particulièrement riches. Votre tendance à tout capter comme un radar peut vous rendre facilement influencé par autrui, par les modes et les courants collectifs, par les énergies ambiantes, par l'air du temps, par les rumeurs et par les bruits qui courent.

L'environnement dans lequel vous vous trouvez a donc une influence importante sur vos humeurs, vos émotions et vos états d'âme. Votre tendance à vous imbiber et à vous imprégner des énergies ambiantes vous permet d'être en communion totale et en symbiose parfaite avec votre milieu environnant, avec le courant des événements, de vous laisser porter par la situation, de vous effacer pour fondre dans l'ensemble et d'être comme une fourmi dans la fourmilière.

Votre hypersensibilité n'est cependant pas toujours facile à assumer, et ce d'autant moins si votre intellect est fortement développé, ou autrement dit si vous réfléchissez beaucoup. Si l'intellect permet de décrire d'une façon réductrice ce que la sensibilité perçoit, de commenter et de classer les informations, il donne la fâcheuse tendance à vouloir comprendre les " informations " des mondes physiques et spirituels invisibles, informations qui demandent à être contemplées, ressenties, éprouvées, conquises puis gérées, et non intellectualiser ou comprises. Il peut être important, avec Lune Neptune, de bien faire la différence entre les émotions, désirs et besoins des autres, et ceux qui sont personnels, sans quoi cela peut induire une certaine confusion, surtout chez les esprits trop cartésiens. Il peut également être important pour vous d'apprendre à gérer votre énergie. Vous pouvez parfois avoir des fuites d'énergie ou vous faire pomper votre énergie par autrui, ce qui peut engendrer des états de fatigue persistants.

L'amplification de votre sensibilité associée à votre grandeur d'âme vous rendent très sensible aux souffrances d'autrui, vous permettent de compatir et d'être toujours disponible pour aider autrui.

Parmi vos qualités, on peut citer une grande générosité de cœur, le dévouement, la capacité à sacrifier votre ego pour le bien être d'autrui, un sens de la charité et de l'hospitalité, une douceur toute maternelle, la compassion et la capacité à pardonner.

Vous pouvez avoir des dons pour la musique ou pour le chant qui sont de très bons moyens d'exprimer votre émotionnel. La foi peut jouer un rôle important dans votre vie quotidienne et vous pouvez avoir une relation particulière avec votre guide intérieur. Parce que vous êtes habité par " la foi " et parce que votre sensibilité peut s'élargir à l'infini, tout d'après vous est possible, et tout est également relatif. Vous ignorez souvent tout ce qui concerne les limites, les frontières et les règles. Et parce que vous croyez en la présence de forces spirituelles supérieures, votre vie quotidienne, peut être soutenue par une chance inexplicable, par une sorte d'ange gardien qui vous protège et qui vous permet de vivre votre vie à l'abri du besoin.

Votre foi peut vous apporter une protection qui fait rarement défaut dans les moments difficiles. Il y a souvent à la base de cette foi des croyances religieuses, une capacité à capter les secrets de l'univers et une connaissance intuitive des lois qui régissent l'univers. Vous pouvez être sensible à des signes imperceptibles, aux coïncidences ou à un plan divin qui vous guide dans votre vie quotidienne. Vous pouvez avoir des facilités pour les sciences psychiques, la psychologie, la religion et pour tout ce qui concerne l'âme humaine. Vous pouvez être capable de créer des événements par la prière et la visualisation créatrice. Votre foi, votre imagination et vos croyances peuvent vous permettre d'être à l'aise là où les autres sont perdus et d'y voir clair là où les autres n'y voient que de la fumée. Elles peuvent quelquefois vous permettre de faire des miracles.

Vous savez plus que tout autre vous laisser aller, lâcher-prise, suivre le fil conducteur de vos aspirations secrètes, vous laissez porter par le hasard des événements et naviguer à la boussole ou à l'intuition, sans forcément savoir où vous allez, sans forcément savoir quelle sera l'issue de vos démarches, et sans avoir besoin de repères particuliers.

Le hasard peut jouer un rôle important dans votre vie quotidienne et souvent il fait bien les choses. Votre tendance à vous fier au hasard ou à la providence peut vous inciter à vivre au jour le jour, en fonction de votre ressenti, de vos intuitions et de vos aspirations profondes. Vous avez besoin dans votre vie quotidienne, pour vous sentir bien ou pour trouver votre équilibre, d'espace et d'un horizon large, de rêve et d'évasion, de merveilleux et de magie, de dépasser ou de transcender les réalités matérielles quotidiennes, d'accéder à des états seconds, à des niveaux de conscience plus élevés ou à des vérités spirituelles, d'émotions mystiques ou religieuses, de religion et de spiritualité, le plus souvent d'isolement dans le silence et la méditation, mais parfois aussi de participer à un mouvement collectif. Vous pouvez avoir des facilités pour vous absenter quand la situation est trop pénible. Vous pouvez être attiré par tout ce qui favorise les états de rêve (l'eau, les îles et les grandes étendues), l'évasion, les voyages imaginaires et le voyage intérieur vers la sérénité. Tout ce que représente Neptune, c'est à dire les valeurs évoquées au paragraphe précédent, peuvent être vos nourritures et vos valeurs refuge. Et vous avez surtout besoin de nourritures de l'âme.

Cette partie de votre personnalité, si elle favorise votre développement spirituel, ne vous confère en revanche pas un sens pratique très développé et peut poser quelques difficultés d'adaptation à la vie extérieure. Il peut donc être important pour vous d'apprendre à faire preuve de logique, à vous organiser et à vous structurer, à être concret et pragmatique, à lutter pour prendre les choses en mains, à accepter les contraintes, à fournir de gros efforts, à assumer vos responsabilités et à vous stabiliser. Votre idéalisme et votre tendance à croire que tout est possible peut vous prédisposer à vous faire des illusions qui aboutissent à des déceptions et à des désillusions.

L'homme peut avoir tendance à idéaliser, à sacraliser voire à mystifier la femme et la mère, à rechercher en la femme une fée, à avoir besoin de fusion dans ses relations avec la femme ou à être attiré par des femmes capables de dévouement, de faire des sacrifices ou de lui faire vivre des moments de rêve et d'évasion. La tendance à idéaliser peut quelques fois engendrer une difficulté à être satisfait dans les relations intimes. La femme peut avoir tendance à fusionner émotionnellement avec sa mère. Quand elle apprend à faire la différence entre ses émotions personnelles et celles d'autrui, elle peut vivre avec les autres des relations particulièrement riches.

L'ENFANCE, LA VIE FAMILIALE

Votre foyer peut être influencé par Neptune. Il peut être ouvert aux quatre vents et accessible à tous. Vous pouvez être attiré par les jeux de glace, par les jets d'eau et les lumières tamisées ou par l'encens et la musique permettant d'être ailleurs. Il y a parfois un mystère ou un voile autour de vos origines familiales ou de votre mère. Votre foyer peut être un lieu privilégié d'évasion ou d'expériences spirituelles. Il peut être bohème, mobile, sans organisation particulière, avec des pièces sans limites bien définies. Votre mère, vous-même ou votre enfant peuvent être porteur de schémas ou de comportements psychologiques ancestraux qui caractérisent la famille depuis plusieurs générations.

ASPECT LUNE-NEPTUNE DISSONANT

Il y a dans votre thème astral une relation permanente, mais discontinue, dissociée, duelle, tendue et conflictuelle, entre la Lune (l'âme) et Neptune (votre foi, vos mémoires ancestrales et vos vies passées, votre besoin d'évasion et de transcendance), car ces deux planètes vibrent en vous à deux fréquences totalement différentes.

 Chaque planète veut se vivre, à sa façon, à travers vous et tend à considérer l'autre comme une rivale ou comme une perturbatrice. Vous avez alors tendance, soit à exprimer l'une puis l'autre des planètes d'une façon excessive, soit à vivre l'une des planètes et à rejeter l'autre parce que vous la considérez comme perturbatrice, parce que vous voyez son côté sombre plus que son côté lumineux.

Tant que vous nourrissez ce conflit à l'intérieur de vous, vous récoltez le moins bon de chacune des deux fonctions psychologiques et des expériences qui y sont associées. La solution, que vous verrez plus bas dans le texte, est de vivre chaque fonction en pleine conscience et de savoir alterner rapidement et consciemment, entre chacune des deux fonctions psychologiques représentées par la planète Vous transformez ainsi une relation conflictuelle en une grande force et vous vivez cette relation de façon consciente et dynamique.

Cette facette de votre personnalité peut initialement engendrer, lorsqu'elle n'est pas maîtrisée, des difficultés dans votre vie privée, des difficultés d'ordre pratique dans la vie active et des difficultés pour être en paix avec vous-même de par un conflit ou une contradiction entre votre sensibilité et votre foi, entre un besoin de routine quotidienne en s'occupant des obligations courantes de la vie pratique et un besoin d'évasion, entre un besoin d'avoir un chez soi et un besoin d'être ailleurs, entre un besoin de vivre dans le connu ou dans le familier et un besoin d'explorer l'inconnu, entre vos mémoires généalogiques et votre vie quotidienne.

Vous avez alors tendance à incarner plusieurs scénarios, en alternant parfois de l'un à l'autre.

Scénario 1 : L'âme domine et Neptune (votre foi, vos mémoires ancestrales et vos vies passées, votre besoin d'évasion et de transcendance), est rejeté ou mal intégré à votre personnalité.

Vous pouvez être très sensible aux effets perturbateurs que peuvent avoir, sur votre bien être et sur votre tranquillité, sur votre vie privée ou familiale, les énergies venant de l'inconscient collectif atteignant votre sensibilité, les hasards de l'existence, le souvenir d'une déception ou d'une souffrance, les souvenirs de vies antérieures (cela est souvent associé à un sentiment diffus de culpabilité), votre hypersensibilité aux réalités invisibles cachées derrière les apparences visibles et vos fantasmes, l'influence de la société, l'adhésion à des croyances religieuses (Judéo-chrétiennes ou autres) ou votre désir d'évasion, d'être ailleurs, d'évolution spirituelle et de transcendance.

Une croyance ou des craintes que tout ou une partie de ce que représente Neptune ne vienne perturber votre quiétude et votre bien être peuvent vous donner tendance à renier, à dénigrer, à rejeter ou à refouler tout ou partie de la fonction. Vous avez alors peut-être peur de la maladie, de la souffrance, des moments d'euphorie et d'exaltation, du désordre et de l'anarchie, de l'étrange et du paranormal, ou vous avez peut-être peur d'être submergé, débordé, envahi ou infecté par les richesses de votre inconscient. Tout cela ne vous nourrit pas, vous fait peur et dérange votre bien être. Vous nourrissez alors une tendance à ne pas exprimer les valeurs positives de Neptune.

Cela peut se traduire par un rejet de vos croyances religieuses ou mystiques, de toute intuition ou émotion n'émanant pas de votre monde intime, de vos aspirations secrètes ou de celles des autres. Vous pouvez avoir des difficultés à être à l'écoute de l'autre, à communiquer sur la même longueur d'ondes, sur le même niveau vibratoire ou par télépathie avec lui, à vous mettre dans la peau de l'autre et à éprouver ce qu'il a dans son cœur.

Il peut être pour vous difficile d'intégrer et de gérer vos mémoires généalogiques, de vivre en communion totale et en symbiose parfaite avec le courant des événements, de participer intimement à un mouvement collectif, de vous effacer pour fondre dans l'ensemble et d'être comme une fourmi dans la fourmilière parce que cela vous déstabilise émotionnellement et parce que vous ne vous sentez pas naturel.

Ces tendances peuvent engendrer des difficultés à comprendre ou à accepter le sens réel de vos différentes relations intimes et de votre vie, à vous laisser porter par les événements, à faire confiance au hasard et à la vie, à vous laisser aller, à lâcher-prise, à avoir la foi et à être divinement inspiré, à capter ce qu'il y a dans l'air et à avoir des pressentiments justes. Elles peuvent également se traduire par un rejet de tout ce qui n'est pas visible et concret ou de tout ce qui est synonyme de rêve et d'évasion.

L'étrange, le paranormal et tout ressenti non familier peuvent vous mettre mal à l'aise, vous perturber, vous donner l'impression de vous submerger et vous faire une peur bleue parce que vous avez des difficultés à vous familiariser et à vous sentir en intimité avec la dimension invisible de l'inconscient collectif qui est au-delà du ressenti personnel, des sens et de l'intellect.

Mais dans la mesure où vos besoins, vos habitudes, vos croyances ne sont pas toujours accordées à votre réalité profonde et à vos aspirations secrètes, à cause de ce que vous refoulez, vous pouvez être insatisfait dans votre vécu quotidien, lorsque vous vivez une relation émotionnelle intime, lorsque vous êtes en famille ou avec votre clan parce que vous avez l'impression qu'il y manque cette part de magie, de subtile complicité, de résonance, d'évasion, un sens profond, une approbation des Dieux ou du hasard. Vos insatisfactions peuvent provenir d'une impression de ne pas pouvoir partager avec vos intime vos aspirations secrètes ou votre clairvoyance, d'une impression que ce que vous vivez ne correspond pas à vos aspirations profondes ou à un certain idéal que vous avez et qu'il manque en fin de compte à votre vie une certaine dimension à laquelle vous aspirez.

En quête d'une quiétude ou d'un nirvana qui vous parait inaccessible vous avez parfois besoin d'être ailleurs quand vous êtes bien installé chez vous et de retourner chez vous quand vous êtes ailleurs et loin de votre univers familier.

Scénario 2 : Neptune domine et l'âme est rejetée ou mal intégrée.

Si au contraire Neptune domine chez vous, vous vivez alors selon votre foi, vos inspirations profondes ou votre idéal spirituel, dans des rêves ou dans un état parfois second, en vous laissant porter par le courant des événements, en laissant beaucoup de choses se faire au hasard et en vous évadant des réalités quotidiennes. Vous pouvez adhérer à un mouvement religieux ou participer à une action collective, en cherchant à soulager les souffrances et les misères du monde. Vous pouvez alors être fortement sensibilisé aux effets négatifs ou perturbateurs d'un élément représenté par la Lune. Ce peut être l'influence de votre famille, d'un parent ou d'un enfant, de votre besoin de repos ou de vos valeurs refuges, de souvenirs, de craintes ou de croyances, le besoin de vous créer un univers personnel intime vous protégeant des aléas du monde extérieur ou de régler votre vie en fonction de vos cycles naturels et de vos habitudes.

Cela peut vous donner tendance à renier, à dénigrer, à rejeter ou à refouler tout ou une partie de la fonction lunaire. Concrètement, vous pouvez avoir tendance à fuir votre personnalité intime, les relations émotionnelles individuelles, toute responsabilité familiale et le face à face avec votre réalité quotidienne (au foyer par exemple), et à rejeter toute vie personnelle, la banalité des habitudes quotidiennes et la quiétude émotionnelle. Vous pouvez avoir des difficultés pour créer une bulle ou un univers personnel vous permettant de vous ressourcer, pour créer des ambiances intimes où chacun se sent comme chez soi, pour utiliser constructivement vos émotions, votre imaginaire et votre ressenti, pour vous occuper de vous-même et de votre foyer et pour trouver le bien être.

Scénario 3 : L'âme est dominante en excès.

La non-insatisfaction de certains de vos besoins lunaires peut engendrer des réactions de compensations excessives. L'expansion de vos horizons intérieurs, votre foi, votre développement spirituel ou émotionnel et votre adaptation à l'inconnu peuvent alors être amoindris par l'influence de la Lune parce que vous pouvez par exemple avoir des difficultés à vous sentir concerné, touché et ému par ce qui est extérieur à votre monde personnel, à vos habitudes quotidiennes et à votre tranquillité, parce que votre imagination amplifie les efforts à fournir ou invente des craintes qui n'existent pas ou parce que vous vous barricadez dans votre coquille dès qu'il y a de la transcendance, de la spiritualité, du hasard, du flou, de l'inconnu, du mystère ou de la souffrance dans l'air.

L'influence de la Lune peut vous donner une tendance à la paresse, à l'indolence excessive, au laisser aller, à vivre dans des mondes imaginaires ou virtuels, à entretenir une situation de dépendance vis à vis de certaines personnes, à voir les réalités extérieures qui vous entourent comme vous l'imaginez et non comme elles sont réellement, à ne vivre qu'en fonction de vos caprices, humeurs et instincts, aux excès d'émotivité et de sensibilité et parfois à l'infantilisme.

Scénario 4 : Neptune est dominante en excès.

Lorsque vous exprimez la fonction psychologique « Neptune », vous pouvez alors avoir tendance à le faire d'une manière excessive. Vous pouvez alors avoir tendance à vivre dans l'euphorie et dans les débordements émotionnels, avoir vos moments de folie où vous disjonctez ou avoir souvent tendance à fuir.

Cette fuite peut parfois prendre la forme d'une recherche de sensations fortes et enivrantes à travers l'alcool, les paradis artificiels, le tabac ou les médicaments, d'une tendance à vivre dans le brouillard, sur un nuage, à coté de la réalité, dans un état de somnambulisme, dans un monde à part, dans un monde imaginaire ou dans des fantasmes construits sur des illusions.

Ou plus couramment, vous pouvez donner l'impression qu'il y a des moments où vous êtes ailleurs et distrait. Ces tendances peuvent parfois vous empêcher, par manque de sens pratique, de réalisme, de disposition à assumer des responsabilités et de ténacité, de faire face à la vie et de vous adapter aux réalités du monde qui vous entoure. Votre sensibilité, vos émotions, votre imaginaire peuvent être influencés par des énergies ou des informations qui sont dans l'air, dans l'inconscient collectif, dans l'astral, dans l'invisible et par une sorte de sensibilité médiumnique aux énergies et ambiances qui vous entourent. Mais cette hypersensibilité à ce qui se passe autour de vous, aux gens, aux vibrations ambiantes et aux événements peut être vécue comme perturbatrice, comme si elle vous submergeait, et être mal gérée ou mal contrôlée.

Certains peuvent vous accuser d'avoir tendance à fabuler, à avoir des hallucinations ou à prendre des vessies pour des lanternes. Ils peuvent parfois avoir raison mais vous pouvez aussi être clairvoyant, ne pas savoir comment interpréter ce que vous voyez et avoir tendance à mélanger les choses.

Vous captez tout tel un radar. Vous vous sentez parfois trop facilement concerné, affecté et impliqué au moindre événement. Vous vous imprégniez des énergies ambiantes comme une éponge et pouvez être facilement influencé par les désirs du groupe ou par les autres au point parfois de vous dépersonnaliser. Il peut être important pour vous d'apprendre à gérer votre énergie car vous pouvez avoir des fuites d'énergie ou vous faire pomper votre énergie par autrui, ce qui peut engendrer des états de fatigue persistants voire des troubles psychiques.

Votre émotivité peut être excessive et produire des raz de marée émotionnels qui peuvent vous faire fondre en larmes pour un rien. La façon dont sera vécu cette partie de votre personnalité dépendra de la manière dont vous aurez su gérer vos émotions, votre imaginaire, votre hypersensibilité et votre besoin d'évasion qui ne sont pas toujours bien maîtrisées.

Votre façon de vivre au quotidien s'exprime parfois en fonction d'une logique qui vous est propre, une logique irrationnelle, floue, indéfinie et difficilement explicable. Vous vivez en fonction d'inspirations, de pressentiments, de façon inconsciente, au feeling, au pif, à la boussole, au radar et pouvez avoir tendance à vous emballer, à idéaliser la situation, avec une foi et un dévouement aveugles, parce que vous y croyez ou parce que cela vous fait rêver. Vous avez quelquefois tendance à agir de façon désordonnée, incohérente, anarchique et compliquée, en cherchant à obtenir des résultats par des moyens détournés, de façon secrète et subtile.

Vous pouvez donner l'apparence d'être une personne secrète, mystérieuse, difficile à cerner, subtile, étrange, bizarre, compliquée et pas toujours très claire. Inversement, vous avez peut être trop tendance à laisser les choses se faire au hasard, en attendant que les événements arrivent tout seul, sans prendre les décisions et les initiatives qui seraient nécessaires.

Cela peut vous prédisposer à mener une vie de bohème, une existence incohérente et désordonnée ou encore à errer sans but particulier et à galérer. Peut être avez vous besoin, lorsque vous vivez l'intimité, d'être fasciné voire ligoté par mille liens subtils tels que l'autre exerce sur vous une sorte d'emprise psychique hypnotique.

Vous pouvez à l'inverse avoir tendance à tisser autour de l'autre un filet ou une toile d'araignée qui le lie ou l'enchaîne à vous. C'est parfois le cas avec la mère. L'intimité et l'engagement émotionnel vous enivrent et vous transportent dans un état second, tels une drogue, mais au détriment de votre bien être. Vous vous oubliez alors à tel point dans une fusion voire dans une confusion totale avec l'autre que vous devenez parfois dépendant au point d'en perdre la raison. Vous vous plaignez ensuite que toute forme d'attachement vous étouffe ! Peut être est ce la peur d'être ligoté par l'autre, d'être prisonnier de votre relation qui vous empêche de vivre pleinement vos aspirations au bien être émotionnel.

Peut être avez vous tendance à devenir collant voire étouffant, à ligoter l'autre par peur qu'il vous échappe, à en faire trop pour l'autre jusqu'à vous sacrifier excessivement et à faire fuir les personnes qu'au fond vous désirez, tout en vous plaignant que la vie à deux est synonyme d'esclavage.

Dans un autre ordre d'idées, votre foyer peut être tellement ouvert à tous vents que vous n'avez plus d'intimité. Malgré votre grande générosité de cœur, votre dévouement, votre capacité à sacrifier votre ego pour le bien être d'autrui, votre sens de la charité et de l'hospitalité, votre douceur toute maternelle, votre capacité à pardonner ainsi qu'un coté naïf et idéaliste, un besoin excessif de secourir l'autre peut se transformer en masochisme ou l'un des partenaires joue le rôle de victime voire de martyr et se fait exploiter tout en croyant trouver dans la souffrance la rédemption. Certaines personnes peuvent profiter de votre charité excessive si vous n'apprenez pas à vous protéger.

L'enfance : Certaines personnes marquées par la relation dissociée Lune-Neptune sont issues de l'assistance publique ou ne connaissent pas bien leurs origines. Si c'est le cas, il peut alors être important pour vous de comprendre le sens de cette situation, à savoir que la vie vous demande de situer vos origines non pas en fonction de vos parents terrestres mais en fonction de vos origines spirituelles, en fonction de l'état d'esprit dans lequel vous viviez avant de vous incarner dans la matière. (Voir " Le livre de l'Homme" de Bô Yin Râ ", aux éditions Horteclos).

Votre famille a pu avoir pour rôle de vous révéler ce qu'est la souffrance et la maladie, et la relation dissociée Lune-Neptune se traduit quelquefois par le décès, une longue maladie, des troubles psychiques, des séjours en hôpital ou par un éloignement de la mère, d'un parent ou d'un enfant.

Expression positive consciente et naturelle : Lorsque

vous apprenez à maîtriser cette partie de votre personnalité et à utiliser toute sa richesse et lorsque vous avez fait le chemin pour exprimer cette relation en pleine conscience et d'une manière positive. Pour transformer la relation Lune-Neptune dissociée en relation consciente et dynamique, il peut être utile d'effectuer un travail sur l'image de la mère et de la femme, sur l'enfance et le passé, sur les émotions, sur l'intimité, sur vos différentes peurs et sur le rôle que doivent avoir dans votre vie et au sein de votre personnalité la spiritualité, le développement personnel, la joie et la souffrance, l'évasion et la transcendance, le hasard, l'inconscient collectif, les facultés de voyance et les mémoires généalogiques et des vies passées. Un travail sur la conscience corporelle (Yoga, Tai-chi) et les chants sacrés peuvent vous faire le plus grand bien.

Cette partie de votre personnalité peut être gérée et canalisée en alternant entre les deux fonctions psychologiques qui sont alors vécues chacune dans deux états d'esprit différents, tel que chacune rectifie l'autre au moindre excès. Vous pouvez alors vivre des moments où vous vous consacrez exclusivement à votre monde personnel intime, à votre bien-être, à ce qui vous est familier, à votre vie privée ou familiale et où vous vivez selon vos habitudes, sans vous laisser perturber par ce qui est étranger à votre intimité, sans vous laisser submerger par le désordre et sans vous illusionner avec des mirages.

Puis sachant qu'il existe au-delà de la vie quotidienne une autre dimension de l'âme et de la vie, une dimension illimitée, invisible, mystique et spirituelle, vous pouvez vous consacrer d'autres moments où vous vous laissez porter par le hasard des événements ou de vos inspirations profondes, où vous êtes ouvert à l'inconnu, où vous vivez votre foi et où vous vous consacrez à un vécu plus subtil ou plus spirituel que votre vécu quotidien ordinaire, sans que cela perturbe votre bien être et vos habitudes.

Bien maîtrisé, cette partie de votre personnalité peut vous rendre clairvoyant ou télépathe, vous conférer une touche de génie et quelquefois vous rendre apte à faire des miracles. Vous avez alors des buts élevés et de bonne intentions, et vous savez vous donner les moyens de concrétiser vos aspirations spirituelles et les appliquer dans votre vie quotidienne. Et là où précédemment vous vous réfugiez dans l'imaginaire ou vous comptiez sur le hasard pour résoudre vos affaires pratiques de la vie quotidienne, en remettant à plus tard toute démarche dérangeante et en constatant à quel point votre non-interventionnisme ne faisait qu'accentuer vos difficultés, vous savez à présent trouver un équilibre entre votre lâcher prise ou votre besoin d'évasion et votre capacité à accomplir les devoirs qui sont nécessaires dans la vie quotidienne.

Bien maîtrisée, la relation Lune-Neptune peut vous conférer un ensemble d'aptitudes qui sont alors vécues d'une façon particulièrement consciente et dynamique. Cela peut par exemple se traduire, pour ce qui concerne la Lune, par des capacités à manier les émotions, à faire face au public ou à être en résonance avec lui, à détendre l'atmosphère, à ressourcer, vous ressourcer ou à utiliser des valeurs refuges (musique, dessin, alimentation, sommeil) qui sont au-dessus de la moyenne et pour ce qui concerne Neptune par de puissantes inspirations, par un sens du dévouement exemplaire, par une capacité à donner un sens profond à votre vécu quotidien, par une sensibilité hors du commun et par une foi capable de soulever des montagnes.

Vous êtes alors particulièrement capable de percevoir les vies antérieures de votre âme et avoir l'impression d'avoir déjà vécu à d'autres époques, sous l'habit d'une autre personne. Vous pouvez avoir l'impression que les murs vous parlent, qu'un lieu a une histoire ou qu'il vous rappelle quelque chose alors que vous n'y avez jamais été. Vous pouvez être particulièrement sensible à l'énergie des lieux et aux courants telluriques.

Vous avez des facilités pour vous mettre dans la peau de l'autre, pour vibrer à l'unisson avec l'autre, pour éprouver ce que l'autre a dans son cœur, pour percevoir son image astrale, ses humeurs, ses émotions, ses états d'âme et pour communiquer avec autrui par télépathie.

Vous faites partie des personnes qui n'ont pas besoin d'explications, de justifications et de longs discours pour comprendre car vous devinez. Tout est pour vous une question de feeling ou de sensibilité. Et l'étrange, le paranormal mais aussi ce qui est anormal peut vous paraître normal, naturel voire banal. Votre sensibilité tend à être reliée à des énergies ou des informations venant de l'inconscient collectif, de l'astral, de l'invisible, de vos mémoires généalogiques ou des mondes spirituels. Votre capacité à brancher vos antennes sur l'inconscient collectif tend à se traduire par une hypersensibilité à ce qui se passe autour de vous, par des rêves prémonitoires, par une capacité à deviner le temps qu'il va faire, par des pressentiments qui se révèlent justes et parfois par le don de voyance ou la capacité à prédire l'avenir.

Vous pouvez être doué pour saisir le sens caché des événements et pour pressentir que votre existence terrestre n'est qu'une toute petite partie de votre existence éternelle. Vous pouvez ainsi avoir l'impression de venir à l'origine d'un autre monde, d'un autre état de conscience, d'ailleurs. Vous pouvez donner, vu de l'extérieur, l'apparence d'une personne difficile à cerner; une personne que l'on trouve secrète, mystérieuse, étrange, irrationnelle, parfois bizarre, ou qui tout en étant présente est souvent ailleurs, dans un autre monde, sur une longueur d'ondes inconnue.

Vous tendez à organiser votre vie quotidienne en mettant de coté les conditionnements et les règles de la société afin de vous isoler du monde extérieur et vous tendez à vivre selon votre propre logique. Vous savez vous détendre et vous détacher des réalités terrestres matérielles. Vous avez des facilités pour atteindre ce que l'on appelle en sophrologie " l'état d'esprit alpha " et pour vous créer un univers personnel fondé sur vos aspirations spirituelles. Lorsque vous vivez l'expérience de l'intimité, vous avez besoin de rêve et d'évasion. Vous avez aussi besoin vivre dans une fusion émotionnelle avec l'autre, d'être captivé, fasciné et parfois emprisonné par mille liens subtils qui exercent une sorte d'emprise psychique hypnotique sur vous ou sur l'autre.

Vous n'avez pas forcément besoin d'une présence physique pour qu'une relation intime existe à vos yeux. Une relation intime peut exister pour vous lorsqu'il y a simplement des échanges émotionnels ou une forme de communication télépathique. Vous savez, lorsque vous vivez ce genre d'expériences, être en accord avec vous-même et préserver votre bien être. Cela peut vous permettre de vivre des relations intimes particulièrement riches.

Votre hypersensibilité n'est cependant pas toujours facile à assumer, et ce d'autant moins si votre intellect est fortement développé, ou autrement dit si vous réfléchissez beaucoup. Si l'intellect permet de décrire d'une façon réductrice ce que la sensibilité perçoit, de commenter et de classer les informations, il donne la fâcheuse tendance à vouloir comprendre les " informations " des mondes physiques et spirituels invisibles, informations qui demandent à être contemplées, ressenties, éprouvées, conquises puis gérées, et non intellectualisées ou comprises.

Il peut être important, avec Lune Neptune, de bien faire la différence entre les émotions, désirs et besoins des autres, et ceux qui sont personnels, sans quoi cela peut induire une certaine confusion, surtout chez les esprits trop cartésiens. Il peut également être important pour vous d'apprendre à gérer votre énergie. Vous pouvez parfois avoir des fuites d'énergie ou vous faire pomper votre énergie par autrui, ce qui peut engendrer des états de fatigue persistants.

Vous avez une grandeur d'âme vous rendant très sensible aux souffrances des autres, vous permettant de compatir et d'être toujours disponible pour aider autrui. Parmi vos qualités, on peut citer une grande générosité de cœur, le dévouement, la capacité à sacrifier votre ego pour le bien être d'autrui, un sens de la charité et de l'hospitalité, une douceur toute maternelle, la compassion et la capacité à pardonner. Vous pouvez avoir des dons pour la musique ou pour le chant qui sont de très bons moyens d'exprimer votre émotionnel.

La foi peut jouer un rôle important dans votre vie quotidienne et vous pouvez avoir une relation particulière avec votre guide intérieur. Parce que vous êtes habité par " la foi " et parce que votre sensibilité peut s'élargir à l'infini, tout d'après vous est possible, et tout est également relatif. Vous ignorez souvent tout ce qui concerne les limites, les frontières et les règles.

Et parce que vous croyez en la présence de forces spirituelles supérieures, votre vie quotidienne, peut être soutenue par une chance inexplicable, par une sorte d'ange gardien qui vous protège et qui vous permet de vivre votre vie à l'abri du besoin. Votre foi peut vous apporter une protection qui fait rarement défaut dans les moments difficiles.

Il y a souvent à la base de cette foi des croyances religieuses, une capacité à capter les secrets de l'univers et une connaissance intuitive des lois qui régissent l'univers. Vous pouvez être sensible à des signes imperceptibles, aux coïncidences ou à un plan divin qui vous guide dans votre vie quotidienne. Vous pouvez avoir des facilités pour les sciences psychiques, la psychologie, la religion et pour tout ce qui concerne l'âme humaine.

Vous pouvez être capable de créer des événements par la prière et la visualisation créatrice. Votre foi, votre imagination et vos croyances peuvent vous permettre d'être à l'aise là où les autres sont perdus et d'y voir clair là où les autres n'y voient que de la fumée. Elles peuvent quelquefois vous permettre de faire des miracles. Vous savez plus que tout autre vous laisser aller, lâcher-prise, suivre le fil conducteur de vos aspirations secrètes, vous laisser porter par le hasard des événements et naviguer à la boussole ou à l'intuition, sans forcément savoir où vous allez, sans forcément savoir quelle sera l'issue de vos démarches, et sans avoir besoin de repères particuliers.

Le hasard peut jouer un rôle important dans votre vie quotidienne et souvent il fait bien les choses. Votre tendance à vous fier au hasard ou à la providence peut vous inciter à vivre au jour le jour, en fonction de votre ressenti, de vos intuitions et de vos aspirations profondes.

Vous avez besoin dans votre vie quotidienne, pour vous sentir bien ou pour trouver votre équilibre, d'espace et d'un horizon large, de rêves et d'évasion, de merveilleux et de magie, de dépasser ou de transcender les réalités matérielles quotidiennes, d'accéder à des états seconds, à des niveaux de conscience plus élevés ou à des vérités spirituelles, d'émotions mystiques ou religieuses, de religion et de spiritualité, le plus souvent d'isolement dans le silence et la méditation, mais parfois aussi de participer à un mouvement collectif.

Vous pouvez avoir des facilités pour vous absenter quand la situation est trop pénible. Vous pouvez être attiré par tout ce qui favorise les états de rêve (l'eau, les îles, les grandes étendues), l'évasion, les voyages imaginaires et le voyage intérieur vers la sérénité. Tout ce que représente Neptune, c'est à dire les valeurs évoquées au paragraphe précédent, peuvent être vos nourritures et vos valeurs refuge. Et vous avez surtout besoin de nourritures de l'âme. Votre foyer peut être influencé par Neptune. Il peut être ouvert aux quatre vents et accessible à tous. Vous pouvez être attiré par les jeux de glace, par les jets d'eau et les lumières tamisées ou par l'encens et la musique permettant d'être ailleurs. Il y a parfois un mystère ou un voile autour de vos origines familiales ou de votre mère.

Votre foyer peut être un lieu privilégié d'évasion ou d'expériences spirituelles. Il peut être bohème, mobile, sans organisation particulière, avec des pièces sans limites bien définies. Votre mère, vous-même ou votre enfant peuvent être porteur de schémas ou de comportements psychologiques ancestraux qui caractérisent la famille depuis plusieurs générations.

Cette partie de votre personnalité, si elle favorise votre développement spirituel, ne vous confère en revanche pas un sens pratique très développé et peut poser quelques difficultés d'adaptation à la vie extérieure. Il peut donc être important pour vous d'apprendre à faire preuve de logique, à vous organiser et à vous structurer, à être concret et pragmatique, à lutter pour prendre les choses en mains, à accepter les contraintes, à fournir de gros efforts, à assumer vos responsabilités et à vous stabiliser. Votre idéalisme et votre tendance à croire que tout est possible peut vous prédisposer à vous faire des illusions qui aboutissent à des déceptions et à des désillusions tout comme ils peuvent vous permettre de vivre une vie pleine de magie et de miracles.

ASPECT LUNE-PLUTON HARMONIQUE

Il y a dans votre thème astral une relation permanente, continue et symbiotique entre la Lune et Pluton qui s'expriment en vous comme deux partenaires. Comme vous êtes sensible aux effets positifs que chaque planète a sur l'autre et que vous croyez que lorsque vous vivez l'une des planètes, l'autre viendra systématiquement la soutenir, vous récoltez le meilleur de chacune de ces deux fonctions psychologiques et des expériences qui y sont associées.

Vous avez besoin, pour vous sentir bien, de vous transformer, d'un combat, d'exprimer vos pulsions, de passion, d'authenticité et surtout de vivre selon votre vérité profonde, celle qui tient compte de votre réalité éternelle. Votre sensibilité tend à être reliée à vos profondeurs, à l'invisible, à l'astral, au monde des causes, aux mondes souterrains et à la dimension cachée de la réalité qui est au-delà des mots et des cultures, des sens et des apparences. Cela vous confère une intuition lucide, aiguisée et perçante. Votre sensibilité et vos émotions sont alimentées par un feu intérieur, par des pulsions violentes et par des passions intenses, ce qui vous donne une intensité émotionnelle, du caractère, une authenticité naturelle, et un coté volcanique qui n'est pas toujours compatible avec votre besoin de quiétude mais qui peut rendre votre vie riche et passionnante.

Votre flair et votre subtilité peuvent vous permettre d'aller explorer les profondeurs de votre inconscient, de décortiquer ce que vous ressentez ou les émotions que vous éprouvez, de localiser " l'aiguille dans la botte de foin ", de focaliser sur un détail que personne n'avait remarqué, d'être sensible aux multiples transformations qui se produisent dans votre monde intime et dans le monde mais aussi à la complexité des choses ou des êtres, et d'être réceptif à des signaux subtils qui passent inaperçus aux yeux de la majorité.

Vous vous compliquez parfois la vie en accordant une grande importance à des détails insignifiants et en étant peu sensible aux évidences ou à tout ce qui est extérieur à votre propre monde. Un petit rien peut vous procurer un bien être intense ou au contraire un malaise profond. Vous pouvez avoir des facilités pour voir derrière les formes et les apparences, pour saisir le sens caché des événements, pour ressentir les non-dits, les émotions et les craintes non exprimées, les rapports de force et les enjeux présents dans toute situation, pour déceler les tentatives de manipulation et ceux qui tirent les ficelles, pour décoder les signes et les symboles, pour comprendre le langage de la nature ou la justice divine, pour capter les indices et pour tirer des conclusions à partir du moindre indice.

Vous avez parfois des facultés de voyance ou des dons occultes, et pouvez vivre des rêves initiatiques. Vous faites partie des personnes qui n'ont pas besoin d'explications, de justifications et de longs discours pour comprendre et pouvez être apte à vivre avec autrui une totale communion des âmes. Rien ne vous échappe et vous vivez une sorte d'échange médiumnique avec votre milieu.

Vous avez des facilités pour vous familiariser et pour vous sentir à l'aise avec l'occulte ou l'invisible, pour trouver les relations sexuelles, l'occulte, le mystère et le paranormal, naturels, banaux et normaux mais parfois aussi pour vous habituer à ce qui est anormal, malsain, morbide et négatif. Vous pouvez être superstitieux et croire aux esprits. Vous pouvez être capable de vivre des crises et transformations avec naturel, sans que cela perturbe votre bien être.

Vous avez tendance à prendre du recul vis à vis de votre vie, de votre milieu natal, de la société et de ses cultures, des idées reçues et des gens, à voir votre propre vie de très loin, un peu comme une pièce de théâtre dont vous seriez l'auteur, le spectateur ou le pantin.

Vous pouvez avoir l'impression de venir d'un autre monde, d'un autre état de conscience et pressentir que votre existence terrestre n'est qu'une toute petite partie de votre existence éternelle. Vous pouvez avoir l'impression qu'il existe une vie après la mort.

Vous pouvez être très sensible à ce qui ne va pas, aux mauvais cotés des choses, aux problèmes de l'existence et à vos propres problèmes, aux pertes et aux sacrifices plutôt qu'aux gains et aux bénéfices, à tous les défauts potentiels de la nature humaine et aux manipulations, oppressions, abus de pouvoir, injustices, hypocrisies et lâchetés qui sévissent sur la planète Terre, et notamment en ce qui concerne les domaines propres à la Lune (enfants, logement, alimentation…).

Cela peut vous conférer un intérêt pour les problèmes de logement, pour les enfants maltraités ou ayant des problèmes ou pour les exclus et les personnes défavorisées. Vous êtes très sensible aux questions d'insécurité ou de sécurité, et vous savez assurer la sécurité que votre monde intime. Ceux qui franchissent le seuil de votre porte ou de votre univers intime sont parfois testés ou tout au moins préalablement sélectionnés.

Si votre sensibilité vous permet de trouver les failles, les imperfections, les défaillances et les gens susceptibles de menacer votre sécurité, ou de transpercer les masques et les cuirasses, elle peut aussi vous donner une tendance à dramatiser, à voir tout en noir, à entretenir des images négatives, à être assujetti par certaines croyances, à râler, ou plus couramment à être d'un naturel méfiant et sceptique. Lune-Pluton vous demande et vous permet de transformer, d'éliminer, de purifier et de dépasser les conditionnements du passé et de l'enfance, vos émotions et vos peurs.

Votre sensibilité médiumnique peut parfois vous donner l'impression qu'il existe dans ces mondes invisibles qui échappent aux sens et à la logique, ou dans votre inconscient, des forces, des créatures, vos propres démons qui peuvent vous influencer voire vous manipuler de façon subtile mais implacable, en faisant entre autre ressortir vos cotés négatifs et en vous incitant à croire des choses inexactes. Vous ressentez souvent d'un coté la tentation de vous laisser entraîner vers la corruption et la déchéance et de l'autre un appel vers l'évolution spirituelle et vers la lumière.

Lorsque vous arrivez à développer de façon naturelle les forces de votre âme, votre volonté, vos capacités de résistance à la tentation, votre capacité de régénération, votre capacité de transmutation de l'énergie et votre combativité par la vie et l'action, à maîtriser votre ego et à tendre vers une évolution spirituelle, vous pouvez parvenir à maîtriser vos puissances intérieures, à conquérir votre âme et à percer les secrets de la vie et de la mort. Comme vous prenez en général l'habitude de dominer votre personnalité, vos angoisses et vos émotions, vous pouvez avoir tendance à vouloir à dominer celles des autres et à ne vous sentir bien que lorsque vous influencez subtilement le cours des événements. Vous pouvez ainsi être doué pour utiliser le pouvoir de l'émotion pour satisfaire vos besoins personnels. Lune Pluton peut déboucher sur une puissante évolution intérieure. Vous pouvez ainsi être amené à initier d'autres personnes sur le chemin de la lumière ou à révéler à un groupe des secrets et des techniques inconnues. Vous pouvez être attiré par des clans et cercles qui vivent en marge de la société, en fonction d'autres repères, d'autres lois et d'autres valeurs.

Votre sensibilité et vos intuitions ne sont pas forcément toujours aisées à gérer parce qu'elles vous portent vers le chemin de l'initiation. Leur rôle est un rôle initiatique dans le sens où elles ont pour but de vous faire prendre conscience de ce que vous avez à travailler pour évoluer, c'est à dire les vieux démons et les déchets psychologiques qu'il faut purifier et évacuer, les problèmes qu'il vous faut résoudre, les failles qu'il vous faut combler, le vide qu'il vous faut remplir, les dettes karmiques qu'il vous faut payer, les pertes, sacrifices et dépossessions qui sont nécessaires à votre évolution et la prise en compte de l'au-delà dans votre quotidien. Vous pouvez avoir des facilités pour transformer vos émotions, vos croyances, vos réflexes, vos habitudes ou votre personnalité, pour digérer les énergies négatives (un peu comme un chat noir) et pour vous régénérer en renaissant de vos cendres de façon à éprouver un mieux être et à trouver un nouvel équilibre.

Vous supportez difficilement toute pression sociale, toute interdiction ou toute contrainte ainsi que toute volonté extérieure cherchant à vous influencer. Vous tendez à n'admettre que vos propres lois, des lois souvent très personnelles, et à fonctionner d'après une logique qui vous est propre.

Vous pouvez avoir tendance à ne vous sentir bien et à ne pouvoir vivre l'intimité que dans l'intensité et l'authenticité, qu'à travers des liens intimes puissants, que lorsque vous exprimez vos pulsions et votre volonté profonde, que dans le combat ou dans des situations difficiles, ou que lorsque vous vous transformez ou êtes vous-même transformé. Vous aimez les émotions fortes. Une certitude que toute relation émotionnelle intime perdure par delà la mort du corps terrestre, peut donner à votre vie intime une dimension tout à fait inhabituelle et une capacité à vivre les relations de groupe ou les relations avec les enfants et la famille de façon intense et authentique.

Si vous êtes un homme, vous pouvez avoir une certaine fascination pour la femme à qui vous accordez toutes sortes de pouvoir et être capable de vivre avec elle des liens authentiques qui vous unissent pour l'éternité et des relations sexuelles épanouies. Si vous êtes une femme, vous tendez à avoir un puissant magnétisme sexuel, un fort instinct de domination, une tendance à dominer par peur d'être dominée, un mépris de la faiblesse et des gens trop gentils au point parfois d'être tentée de les écraser. Vous avez parfois un coté secret, mystérieux ou fascinant, une grande fécondité, et un besoin viscéral d'enfanter qui est quelquefois plus fort que vous. Vous avez parfois une difficulté à bien vivre votre rôle de mère ou de femme parce que vous ne faîtes pas la différence entre vos peurs et celles de votre enfant ou parent. Observer cela vous aiderait beaucoup à mieux gérer vos émotions.

Votre sphère familiale a pu être une source d'initiation aux forces secrètes de la nature. Elle a pu vous apprendre à intégrer l'expérience de la mort et de l'au-delà (décès marquant d'une femme ou d'un membre de votre famille, héritage familial), vous permettre de développer vos capacités de résistance aux pressions, votre discernement, votre authenticité, votre aptitude à gérer le pouvoir, vous apporter des révélations, développer votre capacité à faire face aux crises et aux problèmes et à être bien armé pour faire face à la vie.

ASPECT DISSONANT/DYNAMIQUE LUNE PLUTON

Il y a dans votre thème astral une relation permanente, mais discontinue, dissociée, duelle, tendue et conflictuelle, entre la Lune (l'âme) et Pluton (votre sexualité, votre besoin de transformation et d'initiation), car ces deux planètes vibrent en vous à deux fréquences totalement différentes. Chaque planète veut se vivre, à sa façon, à travers vous et tend à considérer l'autre comme une rivale ou comme une perturbatrice. Vous avez alors tendance, soit à exprimer l'une puis l'autre des planètes d'une façon excessive, soit à vivre l'une des planètes et à rejeter l'autre parce que vous la considérez comme perturbatrice, parce que vous voyez son côté sombre plus que son côté lumineux.

Tant que vous nourrissez ce conflit à l'intérieur de vous, vous récoltez le moins bon de chacune des deux fonctions psychologiques et des expériences qui y sont associées. La solution, que vous verrez plus bas dans le texte, est de vivre chaque fonction en pleine conscience et de savoir alterner rapidement et consciemment, entre chacune des deux fonctions psychologiques représentées par la planète Vous transformez ainsi une relation conflictuelle en une grande force et vous vivez cette relation de façon consciente et dynamique.

Cette facette de votre personnalité peut initialement engendrer, lorsqu'elle n'est pas maîtrisée, des difficultés dans votre vie privée, des difficultés d'ordre pratique dans la vie active, dans l'évolution spirituelle et des difficultés pour vous transformer, pour accéder à votre vérité, pour évoluer spirituellement et pour être en paix avec vous-même de par une dissociation, un conflit ou une contradiction entre par exemple un besoin de tranquillité et un besoin d'intensité et de combat, entre un besoin de bien-être et une tendance à saboter, entre un besoin de vivre selon vos habitudes et un besoin de transformation, entre un besoin de vous construire un univers personnel et un besoin de détruire pour recréer, entre un besoin d'adhérer ou de fusionner et un besoin de rejeter.

La relation Lune-Pluton vous demande et vous permet de transformer, d'éliminer, de purifier et de dépasser les conditionnements du passé et de l'enfance, vos émotions et vos peurs, d'intégrer dans votre vie quotidienne des valeurs spirituelles et de vivre selon votre vérité profonde. Vous avez alors tendance à incarner plusieurs scénarios, en alternant parfois de l'un à l'autre.

Scénario 1 : L'âme domine et Pluton est rejeté ou mal intégré à votre personnalité.

Si vous êtes plutôt identifié à la Lune, prédomine en vous un besoin de vous sentir protégé au sein d'un univers intime et familier, un besoin de vous ressourcer à travers des valeurs refuge, de vivre selon vos rythmes naturels et vos habitudes, de préserver votre équilibre naturel, d'exprimer vos émotions, votre imagination et votre sensibilité, de vivre une vie familiale ou une vie paisible au foyer et d'éprouver du bien être.

Vous pouvez être fortement sensibilisé aux effets perturbateurs que peuvent avoir, sur votre bien être et sur votre tranquillité, sur votre vie quotidienne, intime, privée ou sur votre vie familiale, une personne qui vous a mis sur le mauvais chemin, qui vous a dévalorisé, manipulé, cassé ou qui vous a fait mener une vie infernale, l'expérience d'un décès d'une personne qui comptait pour vous, une expérience sexuelle malsaine, les effets pervers de la jalousie, de la guerre, de catastrophes naturelles ou de pratiques occultes malsaines, ou encore le néant, la fatalité, des gens louches et dangereux ou simplement vos angoisses.

Où vous avez simplement l'impression que le fait de combattre, de transformer et vous transformer, d'être initié aux secrets de la vie et de l'au-delà ne vous nourrit pas, vous fait peur et dérange votre bien-être. Vous nourrissez alors une tendance à ne pas exprimer les valeurs positives de Pluton.

Ces croyances et ces craintes sont parfois alimentées par des souvenirs familiaux difficiles. Ce vécu douloureux peut se traduire par un mal être général, par une peur ou une impression d'être rejeté et d'être exclu ou par une peur que des influences mystérieuses, des forces occultes ou obscures, une fatalité ou que vos propres démons viennent perturber ou anéantir votre vie familiale, votre bien être, votre tranquillité, vos habitudes ou votre univers personnel intime.

Peut-être avez-vous peur de votre propre pouvoir occulte ? Il peut en tout cas exister en vous une faille, une fissure, une blessure ou un vide intérieur qu'il vous faudra un jour combler.

Ce rejet de Pluton peut engendrer des difficultés à voir derrière les formes et les apparences, à ressentir les non dits, les craintes et les émotions non exprimées, à analyser les événements en profondeur, à comprendre le langage de la nature ou la justice divine, à préserver le secret de vos initiatives, à être lucide, à voir derrière les apparences, à détecter les enjeux non exprimés, les tensions et les rapports de force sous jacents, à deviner les besoins, les intentions et les motivations d'autrui. Il peut engendrer une difficulté à voir les problèmes en face, à vous sentir bien lorsque vous êtes face à l'inconnu, à accepter les crises et transformations nécessaires à l'évolution de toute vie, à gérer crises et conflits, à vous régénérer après des moments difficiles, à percer les mystères de l'existence et à vivre l'expérience initiatique, à réagir aux pressions, aux manipulations et aux magouilles ou à influencer discrètement le cours des événements.

Peut-être alors vous laissez-vous dominer, manipuler voire abuser par les événements ou par des personnes plus subtiles et plus sournoises présentes dans la situation ? A force de nier ou de refouler ce qui se cache dans votre inconscient, vous risquez alors d'accumuler des déchets psychologiques et des souvenirs toxiques qui proviennent d'angoisses, de colères ou de pulsions non exprimées, et d'en subir les conséquences néfastes. Il peut donc être important pour vous d'apprendre à faire remonter à la surface puis d'évacuer vos toxines Intérieures, par exemple en faisant un travail sur le corps.

Vous pouvez être insatisfait dans votre vie quotidienne, privée ou familiale parce que vous avez l'impression qu'il y manque ce que vous refoulez, c'est à dire cette part de vérité, d'authenticité, de tension, de mystère, de suspens, de transformation, de sécurité, d'épanouissement sexuel, de culture métaphysique ou d'expériences initiatiques qui sont pourtant nécessaires à votre bien être.

Peut être avez vous l'impression que ce que vous vivez n'est pas accordé à votre réalité intérieure, à vos aspirations secrètes, à vos instincts primitifs, à vos pulsions inconscientes, à votre karma, à votre volonté, à vos exigences profondes, ou encore que même si votre vie quotidienne est bien remplie, qu'il vous manque toujours quelque chose pour être satisfait et pour combler un vide angoissant.

Scénario 2 : Pluton domine et l'âme est rejetée ou mal intégrée.

Si Pluton prédomine, vous avez besoin de pouvoir, de percer les secrets des forces occultes de la nature, d'apprendre à gérer crises, problèmes, litiges et sinistres, d'être sexuellement épanoui, d'être lucide et de ne plus rien devoir à personne, de parcourir le chemin de l'initiation, de vous transformer et de vous purifier. Vous pouvez alors être sensibilisé aux effets négatifs et perturbateurs, ou à ce que peuvent avoir de faux, de temporel, de stupide et d'hypocrite les petites habitudes du quotidien, l'intimité, la famille, le foyer, les liens émotionnels qui unissent les êtres, les souvenirs, les valeurs refuges, les craintes et les croyances, votre besoin de repos et la vie elle-même. Vous pouvez alors, lorsque vous vous transformez ou quand vous menez un combat, avoir des difficultés à rester vous-même, à être naturel, convivial ou sympathique, à préserver votre équilibre et votre bien être, à adapter votre personnalité aux demandes du groupe ou de la société au risque d'être inadapté, à véhiculer des émotions ou à gérer celles qui sont présentes dans la situation.

Vous pouvez également avoir des difficultés à respecter vos rythmes naturels ou ceux des autres, à adapter vos ambitions aux capacités de votre personnalité, à vous mettre dans le bain et à suivre le sens du courant, à tenir compte de l'ambiance et des différents courants de sensibilité présents dans la situation, à vous sentir tranquille, bien et à l'aise, à être proche des gens et à mettre autrui à l'aise.

Vous pouvez aussi avoir tendance à rejeter les enfants et la famille, toute forme de détente, de relâchement, de passivité, de repos, et à fatiguer facilement parce que vous ne savez pas vous ressourcer. Peut être avez vous trop facilement l'impression de perdre le contrôle de la situation si vous vous accordez des moments de détente prolongée, si vous vous ressourcez, si vous allez trop bien où si les choses sont trop tranquilles.

Vous pouvez avoir des difficultés pour vous créer une bulle dans laquelle vous vous réfugiez ou un univers intime vous protégeant du monde extérieur, pour créer des ambiances accueillantes et sympathiques où chacun se sent comme chez soi, pour vous engager dans une relation émotionnelle intime, pour utiliser des valeurs refuges vous permettant de vous ressourcer et pour vous laisser porter par le courant. Vous pouvez avoir des difficultés à vous servir de votre intuition pour faire face aux difficultés, pour sentir ce qui ne va pas et pour localiser les failles, les dysfonctionnements et les imperfections.

Scénario 3 : L'âme est dominante en excès.

Un sentiment que votre besoin de bien-être n'est pas satisfait peut engendrer des réactions de compensation qui se traduisent par des excès. Votre combativité, votre authenticité et vos capacités de vous dominer et de dominer peuvent alors être amoindries par l'influence de la Lune parce que vous pouvez par exemple avoir des difficultés à vous sentir concerné, touché et ému par ce qui est extérieur à votre petit monde, parce que votre imagination amplifie les efforts à fournir, parce que vous avez excessivement besoin d'être en sécurité, de préserver votre bien être et de vous protéger contre tout ce qui est extérieur à votre réalité, parce que vous avez peur de la vie ou parce que vous vous barricadez dans votre coquille dès qu'il y a des difficultés, du suspens ou de l'angoisse dans l'air.

L'influence de la Lune peut vous donner une tendance à la paresse, à l'indolence excessive, au laisser aller, à vivre dans des mondes imaginaires ou virtuels, à entretenir une situation de dépendance vis à vis de certaines personnes, à voir les réalités extérieures qui vous entourent comme vous l'imaginez et non comme elles sont réellement, à ne vivre qu'en fonction que vos caprices, humeurs et instincts, aux excès d'émotivité et de sensibilité et parfois à l'infantilisme.

Scénario 4 : Pluton est dominant en excès.

L'enfance : Vous pouvez avoir eu l'impression d'avoir été exclu durant votre enfance, d'avoir été rejeté par votre mère, ou avoir concrètement été rejeté par votre mère, et avoir tendance à reproduire ce schéma de rejet en rejetant les enfants, vos enfants où l'enfant intérieur en vous.
La mère, un enfant, la famille ou le milieu natal ont parfois été odieux, inexistants, entourés de mystère, de haine, de violence et parfois de sang, sources de crises ou de problèmes, ou vécus d'une façon angoissante, culpabilisante et bouleversante.

Le foyer est parfois associé à la mort, à des cauchemars ou situé près d'un cimetière, d'un abattoir ou d'un endroit lugubre. Vous pouvez avoir eu à supporter des visions d'un accident tragique et parfois de crimes et d'atrocités, des personnes qui vous ont fait mener une vie infernale ou des révélations douloureuses à supporter. Lorsque vous êtes identifié à Pluton, vous pouvez avoir tendance à l'être excessivement. Vous risquez alors d'anéantir votre univers personnel, votre santé, votre vie familiale par une tendance excessive à vouloir tout le temps tout transformer, à vivre votre part d'intensité, à force de rejeter autrui en vrac et de piquer des crises.

L'influence excessive de Pluton peut se traduire par une tendance à vouloir systématiquement tirer les ficelles, à manipuler votre entourage, à influencer les événements, à dominer, à transformer et parfois à détruire tout ce qui vous tombe sous la main en imposant vos décisions de façon impérieuse et en laissant rarement le choix aux autres, à contribuer à la désintégration, à la destruction et à l'anéantissement d'un clan, d'une cellule familiale ou d'une personnalité. Vous pouvez avoir tendance à faire monter la pression, la tension, le suspens et l'angoisse quand les événements vous paraissent trop calmes ou à vouloir systématiquement fasciner, influencer, impressionner ou envoûter pour mieux dominer. Vous pouvez avoir une trop forte emprise émotionnelle sur vos intimes au point de les étouffer.

Et lorsque vos besoins ne sont pas satisfaits, c'est parfois l'ultimatum, le drame, la crise, les explosions de colère, la négation et le rejet en bloc. Rien ne va plus ! Ou peut-être faites-vous preuve d'une mentalité policière, culpabilisante et punitive dès qu'il y a chez vous ou chez autrui une manifestation spontanée de besoins naturels et de vie. Des crises dans la vie privée ou familiale peuvent provenir de votre caractère difficile, d'une personnalité volcanique, d'un sale caractère comme diraient certains, et d'une franchise trop brutale. Vous avez parfois trop facilement tendance à peser la qualité et la valeur des âmes en testant leur solidité psychologique, à critiquer et à rabaisser autrui.

La bible conseille, avant de chercher la paille dans l'œil du voisin, de vérifier qu'il n'y a pas une poutre dans le vôtre ! Certaines personnes auront tendance à n'en faire qu'à leur tête, à résister aux opinions des autres et aux événements, à suivre leur voie personnelle de façon égoïste et individualiste en méprisant le reste du monde, à fonctionner selon une logique tellement différente de la logique commune que cela les marginalise, à se rebeller systématiquement contre toute forme d'autorité familiale à se révolter contre les habitudes et valeurs traditionnelles.

Parce que vous vous repérez en fonction de détails ou d'indices subtils imperceptibles pour autrui mais très présents à vos sens, (indices qui n'existent parfois que dans votre imagination et qui peuvent être le produit de ce que vous refoulez dans votre inconscient) vous pouvez donner l'impression d'être une personne qui se complique parfois inutilement la vie ou qui est trop facilement perturbée et angoissée par des subtilités insignifiantes. Vous avez parfois l'impression de ne vous sentir chez vous nulle part sur Terre, de ne pas arriver à vous définir ou à vous sentir bien à travers ce qu'il y a autour de vous et d'être comme un étranger sur une terre étrange.

Cela peut provoquer une crise d'identité, une difficulté à vous investir dans un projet quelconque, un sentiment de vide et de néant, d'ennui et d'inutilité, un sentiment d'exclusion et une tendance à vous cacher et à refuser de vivre. Où vous pouvez avoir tendance à ne vous sentir bien, à ne pouvoir vivre l'intimité ou à ne pouvoir vous ressourcer que lorsque vous être captivé, fasciné, envoûté ou enchaîné par mille liens subtils qui exercent une sorte d'emprise psychique ou un assujettissement sur vous ou sur l'autre, que dans des rapports de force, ou l'un domine l'autre, impose ses choix, use de son pouvoir en transformant et en adaptant l'autre à sa personnalité.

Certaines personnes ne se sentent ainsi bien que lorsque qu'elles sont dans des situations infernales, que lorsqu'elles prennent des risques insensés voire qu'elles défient la mort ou la provoque, qu'en compagnie de gens pas clairs, que lorsqu'elles ont de gros problèmes, que dans des luttes perpétuelles pour le pouvoir, que dans un climat d'intensité extrême, de tourmente, de conflit, d'excès et de crise, que lorsqu'elles sont différentes, exclues ou marginales, que lorsqu'elles vous prennent une certaine distance par rapport à la vie, aux événements et aux personnes qui les entourent, ou encore que dans le rejet, le silence ou l'indifférence. Cela peut provenir d'une difficulté à s'aimer.

D'autres sont attirées par les exclus, par des groupes en désintégration comprenant des gens négatifs et perturbés et par des clans ou cercles qui vivent en marge de la société, en fonction d'autres repères, d'autres lois et d'autres valeurs. Vous pouvez être trop sensible à ce qui ne va pas, aux différences qu'il y a entre vous et les autres, aux mauvais cotés des choses, aux questions d'exclusion, aux problèmes de l'existence et à vos propres problèmes, aux pertes et aux sacrifices plutôt qu'aux gains et aux bénéfices, à tous les défauts potentiels de la nature humaine, à l'aveuglement, à l'ignorance, à l'égoïsme ou à la médiocrité des masses et aux manipulations, injustices, hypocrisies et lâchetés qui sévissent sur la planète Terre. Cela peut vous donner tendance à rejeter les autres en vrac, vous causer des difficultés à vous sentir bien, à créer des liens intimes ou à vous insérer dans un groupe et vous faire vivre comme un vieux loup solitaire.

Si cette sensibilité vous permet de trouver les failles, les imperfections, les défaillances et les gens susceptibles de menacer votre sécurité, ou de transpercer les masques et les cuirasses, elle peut aussi vous donner une tendance à dramatiser, à voir tout en noir, à entretenir des images négatives, à être assujetti à certaines croyances, à râler, à être parfois dégoûté de la vie au point d'avoir des difficultés à vous engager dans quoi que ce soit et à vous enfermer dans un univers triste et sombre.

Vous pouvez être d'un naturel méfiant, sceptique et difficilement abordable. Vous êtes trop sensible aux questions d'insécurité ou de sécurité au point de vivre dans un état de guerre et de vigilance permanente qui interdit tout lâcher prise. Votre sensibilité au fait que la vie terrestre n'est qu'une toute petite partie de l'existence éternelle, qu'il existe une vie après la mort ou qu'il existe dans les mondes physiques invisibles des forces secrètes de la nature dont certaines peuvent être terrifiantes pour l'ego peut vous perturber, vous donner l'impression que la vie est inutile ou absurde parce que vous n'avez pas su donner un sens à votre vie et vous empêcher d'adhérer à la vie.

Votre sensibilité médiumnique peut vous donner l'impression qu'il existe dans certains mondes invisibles qui échappent aux sens et à la logique, ou dans l'inconscient, des forces, des créatures ou vos propres démons qui peuvent vous influencer voire vous manipuler de façon subtile mais implacable, en faisant entre autres ressortir vos cotés négatifs et en vous incitant à croire des choses inexactes.

Si vous êtes victimes de vos propres démons ou des forces de la Terre, vous pouvez être incité à succomber à des tentations morbides et malsaines, à la perversité et à la déchéance, à des débordements sexuels, à des jalousies, des rivalités et des haines destructrices, au coté obscur de la Force ou au coté malsain de l'occultisme (magie noire, spiritisme).

Expression positive consciente et naturelle : Lorsque vous apprenez à maîtriser cette partie de votre personnalité et à utiliser toute sa richesse et lorsque vous avez fait le chemin pour exprimer cette relation en pleine conscience et d'une manière positive.

 Pour transformer la relation Lune-Pluton dissociée en relation consciente et dynamique, il peut être utile d'effectuer un travail sur l'image de la mère et de la femme, sur l'enfance et le passé, sur les émotions, sur l'intimité, sur vos différentes peurs et sur le rôle que doivent avoir dans votre vie et au sein de votre personnalité les pulsions instinctives, votre relation avec l'au-delà, l'initiation et le développement personnel.

Un travail sur la conscience corporelle (Tai-Chi, Tantrisme, Yoga) peut vous faire le plus grand bien. Lorsqu'elle est bien maîtrisée, cette facette de votre personnalité peut être vécue en oscillant entre les deux fonctions psychologiques vécues dans des états d'esprit, dans des lieux ou à des moments très différents, de façon telle que chaque fonction rectifie l'autre au moindre excès.

Vous pouvez vivre des moments où vous vous consacrez à votre vie privée et familiale, où vous vous ressourcez à travers vos valeurs refuge, où vous vous consacrez à vous-même où à vos intimes et où vous retournez aux sources, en laissant de coté les problèmes, les difficultés, les crises et les tensions.

Et sachant qu'il existe au-delà des habitudes quotidiennes, de votre univers intime ou de votre cercle familial une partie de votre personnalité plus intense, plus profonde, plus lucide, plus authentique et plus exigeante qui demande à s'exprimer à travers vous, vous pouvez vivre d'autres moments où vous vous engagez dans un combat, où vous vous investissez dans une forme d'investigation ou de recherche initiatique où vous êtes complètement détaché du monde des apparences, dans des expériences qui correspondent à une volonté plus profonde que celle de vos désirs et de vos sens, tout en sachant éviter les excès dès que vous sentez votre équilibre menacé. Vous pouvez maîtriser l'art de dédramatiser sans pour autant nier les difficultés. Vous savez alors laisser de coté vos craintes, vos émotions et vos considérations personnelles ce qui peut vous rendre d'autant plus efficace.

Bien maîtrisée, la relation Lune-Pluton peut vous conférer un ensemble d'aptitudes qui sont alors vécues d'une façon particulièrement consciente et dynamique. Cela peut par exemple se traduire, en ce qui concerne la Lune, par des capacités à vibrer les émotions, à faire face au public ou à être en résonance avec lui, à ressourcer et se ressourcer ou à utiliser des valeurs refuges (musique, dessin, l'eau) qui sont hors du commun et pour ce qui concerne Pluton par un puissant caractère, par une lucidité, une subtilité, une combativité et un sens critique hors du commun, par une exceptionnelle maîtrise de vos émotions et de votre personnalité, par des dons occultes et le pouvoir d'infléchir le cours des événements. Cette facette de votre personnalité peut vous permettre de bouleverser les habitudes, la passivité et la monotonie et de vous transformer de façon à devenir une personne forte et authentique.

Lorsque la relation Lune-Pluton est vécue en conscience, votre sensibilité est reliée à l'invisible, à l'astral, au monde des causes, aux mondes souterrains et à la dimension cachée de la réalité qui est au-delà des mots et des cultures, des sens et des apparences. Cela vous confère une intuition extraordinairement lucide, aiguisée et perçante. Votre sensibilité et vos émotions sont alimentées par un feu intérieur, par des pulsions violentes et par des passions intenses, ce qui vous donne une intensité émotionnelle et un coté volcanique qui n'est pas toujours compatible avec votre besoin de quiétude mais qui rend votre vie riche et passionnante.

Votre flair et votre subtilité peuvent vous permettre d'aller explorer les profondeurs de votre inconscient, de décortiquer ce que vous ressentez ou les émotions que vous éprouvez, de localiser « l'aiguille dans la botte de foin », de focaliser sur un détail que personne n'avait remarqué, d'être sensible aux multiples transformations qui se produisent dans votre monde intime et dans le monde mais aussi de percevoir la complexité des choses ou des êtres, et d'être réceptif à des signaux subtils qui passent inaperçu aux yeux de la majorité. Vous êtes alors doué(e) pour voir derrière les formes et les apparences, pour saisir le sens caché des événements, pour ressentir les non-dits, les émotions et les craintes non exprimées, les rapports de force et les enjeux présents dans toute situation, pour déceler les tentatives de manipulation et ceux qui tirent les ficelles, pour décoder les signes et les symboles, pour comprendre le langage de la nature ou la justice divine, pour capter les indices et pour tirer des conclusions à partir du moindre indice.

Vous avez parfois des facultés de voyance ou des dons occultes, et pouvez vivre des rêves initiatiques. Vous faites partie des personnes qui n'ont pas besoin d'explications, de justifications ou de longs discours pour comprendre et pouvez être apte à vivre avec autrui une totale communion des âmes. Rien ne vous échappe et vous vivez une sorte d'échange médiumnique avec votre milieu. Vous avez des facilités pour vous familiariser et pour vous sentir à l'aise avec l'occulte ou l'invisible, pour trouver les relations sexuelles, l'occulte, le mystère et le paranormal, naturels, banaux et normaux.

Vous pouvez être capable de vivre des crises et transformations avec naturel, sans que cela perturbe votre bien être. Vous avez tendance à prendre du recul vis à vis de votre vie, de votre milieu natal, de la société et de ses cultures, des idées reçues et des gens, à voir votre propre vie de très loin, un peu comme une pièce de théâtre dont vous seriez l'auteur, le spectateur ou le pantin. Vous pouvez avoir l'impression de venir d'un autre monde, d'un autre état de conscience et pressentir que votre existence terrestre n'est qu'une toute petite partie de votre existence éternelle. Vous pouvez avoir l'impression ou la certitude qu'il existe une vie après la mort.

Vous pouvez être très sensible à ce qui ne va pas, aux mauvais cotés des choses, aux problèmes de l'existence et à vos propres problèmes, aux pertes et aux sacrifices plutôt qu'aux gains et aux bénéfices, à tous les défauts potentiels de la nature humaine et aux manipulations, oppressions, abus de pouvoir, injustices, hypocrisies et lâchetés qui sévissent sur la planète Terre, et notamment en ce qui concerne les domaines propres à la Lune (enfants, logements, alimentation).

Cela peut vous conférer un intérêt pour les problèmes de logement, pour les enfants maltraités ou ayant des problèmes ou pour les exclus et les personnes défavorisées. Vous êtes très sensible aux questions d'insécurité ou de sécurité, et vous savez assurer la sécurité de votre monde intime. Ceux qui franchissent le seuil de votre porte ou de votre univers intime sont parfois testés ou tout au moins préalablement sélectionnés.

Lorsque vous arrivez à développer de façon naturelle les forces de votre âme, votre volonté, vos capacités de résistance à la tentation, votre capacité de régénération, votre capacité de transmutation de l'énergie et votre combativité par la vie et l'action, à maîtriser votre ego et à tendre vers une évolution spirituelle, vous pouvez parvenir à maîtriser vos puissances intérieures, à conquérir votre âme et à percer les secrets de la vie et de la mort. Comme vous prenez en général l'habitude de dominer votre personnalité, vos angoisses et vos émotions, vous pouvez avoir tendance à vouloir à dominer celles des autres et à ne vous sentir bien que lorsque vous influencez subtilement le cours des événements.

Vous pouvez ainsi être doué pour utiliser le pouvoir de l'émotion pour satisfaire vos besoins personnels. Lune-Pluton peut déboucher sur une puissante évolution intérieure. Vous pouvez ainsi être amené à initier d'autres personnes sur le chemin de la lumière ou à révéler à un groupe des secrets et des techniques inconnues. Vous pouvez être attiré par des clans et cercles qui vivent en marge de la société, en fonction d'autres repères, d'autres lois et d'autres valeurs.

Votre sensibilité et vos intuitions ne sont pas forcément toujours aisées à gérer parce qu'elles vous portent vers le chemin de l'initiation. Leur rôle est un rôle initiatique dans le sens où elles ont pour but de vous faire prendre conscience de ce que vous avez à travailler pour évoluer, c'est à dire les vieux démons et les déchets psychologiques qu'il faut purifier et évacuer, les problèmes qu'il vous faut résoudre, les failles qu'il vous faut combler, le vide qu'il vous faut remplir, les dettes karmiques qu'il vous faut payer, les pertes, sacrifices et dépossessions qui sont nécessaires à votre évolution et la relation avec l'au-delà qu'il vous faut développer. Vous pouvez avoir des facilités pour transformer vos émotions, vos croyances, vos réflexes, vos habitudes ou votre personnalité, pour digérer les énergies négatives (un peu comme un chat noir) et pour vous régénérer en renaissant de vos cendres de façon à éprouver un mieux être et à trouver un nouvel équilibre.

Vous supportez difficilement toute pression sociale, toute interdiction ou toute contrainte ainsi que toute volonté extérieure cherchant à vous influencer. Vous tendez à n'admettre que vos propres lois, des lois souvent très personnelles, et à fonctionnez d'après une logique qui vous est propre.

Vous pouvez avoir tendance à ne vous sentir bien et à ne pouvoir vivre l'intimité que dans l'intensité et l'authenticité, qu'à travers des liens intimes puissants, que lorsque vous exprimez vos pulsions et votre volonté profonde, que dans le combat ou dans des situations difficiles, ou que lorsque vous vous transformez ou êtes vous-même transformé. Vous aimez les émotions fortes. Une certitude que toute relation émotionnelle intime perdure par delà la mort du corps terrestre, peut donner à votre vie intime une dimension tout à fait inhabituelle et une capacité à vivre les relations de groupe ou les relations avec les enfants et la famille de façon intense et authentique.

LES ASPECT A VENUS

ASPECT HARMONIQUE VENUS-MARS

Il y a dans votre thème astral une relation permanente, continue et symbiotique entre Vénus et Mars qui s'expriment en vous comme deux partenaires. Comme vous êtes sensible aux effets positifs que chaque planète a sur l'autre et que vous croyez que lorsque vous vivez l'une des planètes, l'autre viendra systématiquement la soutenir, vous récoltez le meilleur de chacune de ces deux fonctions psychologiques et des expériences qui y sont associées. Avec Vénus Mars, c'est à travers les autres, les relations, le couple et les associations que vous développez le sentiment d'exister, mais aussi votre force, votre combativité et vos capacités d'engagement. Vous concevez rarement la vie en solitaire et avez besoin d'une vie de couple ou tout au moins d'une vie sociale active et vivante. Cependant, vous avez besoin de beaucoup d'indépendance et vous ne laissez pas facilement l'autre rentrer dans votre territoire et dans votre vie, ce qui peut vous faire vivre des périodes de solitude plus ou moins longues.

Vous savez provoquer l'association, l'expression de l'autre et attirer l'attention de l'autre sexe de par votre forte sensualité, votre besoin de tendresse et votre désir de plaisir. Sans doute avez vous découvert assez tôt l'expérience amoureuse et pouvez avoir acquis une certaine expérience en ce domaine. Vous êtes parfois être pressé de vous marier et le passage de la liaison à l'union peut se faire rapidement. Vos sentiments amoureux sont francs, passionnés, impulsifs, démonstratifs, ardents, conquérants et parfois pressés. Vous suivez d'instinct les sympathies et antipathies éprouvées dans l'immédiat en allant directement vers ce qui vous plaît ou vous attire. Vous vous impliquez totalement et vous vous engagez à 100% dans vos relations. Vous exprimez sans retenue ni calcul vos désirs, vos émotions et vos sentiments, en tenant plus ou moins compte de la disponibilité ou de l'accord de l'autre. Vous vous enflammez devant toute manifestation de beauté ou devant une personne capable de susciter en vous des désirs et des émotions esthétiques.

Vous vivez dans l'intensité du présent en ce qui concerne vos relations. Vous savez mobiliser vos énergies pour conquérir l'objet de vos désirs, prendre des raccourcis en brûlant parfois les étapes, évincer un(e) éventuel(le) rivale, faire des sacrifices si nécessaire et faire preuve d'agressivité s'il le faut. Toute relation doit à vos yeux être méritée comme le résultat d'une entreprise ou la victoire d'un combat.

Vos désirs font vibrer votre corps tout entier, et ils s'expriment comme des besoins urgents qu'il faut satisfaire au moment même où ils surgissent, d'où parfois quelques difficultés à leur résister. Une absence de retenue, de réflexion et de préméditation dans vos relations affectives vous prédispose aux coups de foudre, aux attractions irrésistibles et dans certains cas aux aventures passagères. La conquête est un élément important de votre excitation amoureuse et votre défi peut être de garder longtemps la même intensité des sentiments pour une même personne, d'entretenir et de faire durer la fraîcheur d'une nouvelle expérience, de vivre une passion de toute une vie avec la même personne, de vous attacher et dans certains cas de rester fidèle.

Le pouvoir de séduction peut être pour vous une arme dont vous usez pour mesurer votre force, pour alimenter le feu de la passion ou pour rechercher de nouvelles expériences, de nouvelles relations, de nouvelles conquêtes. Et vous êtes capable de séduire par les qualités martiennes que sont le courage, le dynamisme, le sens de l'efficacité et la franchise. Vous vous relevez assez vite après un nouvel échec et pouvez repartir avec le même enthousiasme vers de nouvelles aventures.

Vous avez parfois tendance à considérer la vie de couple, les associations et le relationnel comme une entreprise de sidérurgie ou comme un champ de bataille. La vie à deux et vos relations peuvent ressembler à un affrontement aimable, à un duo duel où chacun use de ses armes pour le meilleur ou pour le pire. Il faut que" ça bouge", que " ça chauffe ", que " ça soit dynamique ", qu'il se passe des choses stimulantes et excitantes et qu'il y ait de la vie et de l'action.

Vous aimez prendre des initiatives au sein du couple ou de vos relations et êtes capable de prendre les choses en main, de façon plus ou moins diplomate ! Vous aimez avoir raison, avoir le dernier mot, être le chef et le meneur et vous prenez facilement goût à stimuler, à exprimer vos différences, à débattre, à argumenter, mais aussi parfois à provoquer et à faire compétition avec l'autre. Si votre vie relationnelle peut être riche et passionnante, vos comportements peuvent quelquefois aboutir à des conflits et à des ruptures.

Vous êtes cependant capable de faire preuve de tolérance face aux différences qu'il peut y avoir entre vous et les autres, d'arrondir les angles, de soigner la forme quand cela est nécessaire, de vous lier à autrui en respectant les contraintes ou les impératifs de leur situation présente et d'attirer dans votre cercle relationnel des personnes différentes de vous.

Bien canalisée, l'association Vénus-Mars peut vous permettre de vous battre ensemble (à deux ou à plusieurs), de vous encourager mutuellement, de créer une vie de couple ou des relations remplies de vie et d'aventure, de partager avec votre partenaire des expériences agréables et de conquérir votre bonheur à travers une union qui tienne la route. Vous avez parfois la capacité de servir de miroir à l'autre en lui montrant ses points forts ou sa beauté et vous pouvez aussi être capable de provoquer chez autrui un état d'équilibre, d'harmonie et de détente. Vénus-Mars vous permet de vivre avec une même personne et en même temps vie affective et plaisirs charnels, désir et tendresse. Dans la mesure où il n'y a pas chez vous de sexualité sans tendresse ni de tendresse sans sexualité, vous pouvez vivre des relations sexuelles saines et susceptibles de renforcer l'union de votre couple.

Malgré votre capacité à tenir compte des autres et l'intensité des liens que vous pouvez avoir avec votre partenaire où vos relations sociales, cela ne vous empêche pas de vous consacrer à vous-même, à votre corps, à ce que vous avez à faire dans la vie, ni d'exprimer vos désirs, vos besoins et vos envies personnelles. Et il est important pour vous, à l'intérieur d'une vie de couple ou d'une vie relationnelle d'avoir vos moments d'indépendance.

Votre image de l'homme est celle d'un homme gentil, galant, doux, équilibré, un peu artiste, sociable, capable de témoigner des marques d'attention et de procurer joies et plaisirs. Votre image de la femme est celle d'une femme active, dynamique, capable d'épauler et de prendre des décisions, capable d'assurer et aimant la vie et l'action.

Chez la Femme comme chez l'Homme, il existe le besoin d'un(e) partenaire capable de passion, de partager vie et action, d'entente affective et sexuelle, et qui a par son activité ou son tempérament des caractéristiques martiennes.

Vous pouvez avoir des goûts, des aptitudes et des talents naturels pour accueillir et recevoir, pour créer des liens, pour faire se rencontrer des personnes pour que la relation apporte un plus à chacun, pour concilier, décorer, harmoniser, équilibrer, embellir, maquiller, pour les activités juridiques, pour les activités de loisirs, pour la danse, l'art, la photo, la mode, la parfumerie, la décoration, pour utiliser votre sens artistique et esthétique, pour tout ce qui permet de rendre la vie plus agréable et pour tout ce qui permet à la civilisation d'exister, pour le jardinage et le paysagisme, pour toute activité associative et pour tout ce qui permet d'agrémenter l'existence de plaisir, de bonheur et de joie de vivre.

ASPECT DISSONANT/DYNAMIQUE VENUS-MARS

Il y a dans votre thème astral une relation permanente, mais discontinue, dissociée, duelle, tendue et conflictuelle, entre Vénus (vos désirs, vos plaisirs, vos sentiments, vos choix, votre relationnel) et Mars (votre moteur, la décision, l'action, le combat), car ces deux planètes vibrent en vous à deux fréquences totalement différentes. Chaque planète veut se vivre, à sa façon, à travers vous et tend à considérer l'autre comme une rivale ou comme une perturbatrice. Vous avez alors tendance, soit à exprimer l'une puis l'autre des planètes d'une façon excessive, soit à vivre l'une des planètes et à rejeter l'autre parce que vous la considérez comme perturbatrice, parce que vous voyez son côté sombre plus que son côté lumineux.

Tant que vous nourrissez ce conflit à l'intérieur de vous, vous récoltez le moins bon de chacune des deux fonctions psychologiques et des expériences qui y sont associées. La solution, que vous verrez plus bas dans le texte, est de vivre chaque fonction en pleine conscience et de savoir alterner rapidement et consciemment, entre chacune des deux fonctions psychologiques représentées par la planète Vous transformez ainsi une relation conflictuelle en une grande force et vous vivez cette relation de façon consciente et dynamique.

 La relation dissociée Vénus-Mars s'est parfois matérialisée par un modèle parental conflictuel, par des réactions hostiles, agressives ou violentes de la part d'un parent ou de certaines personnes que vous avez connues.

Plus fréquemment, il peut être synonyme d'une très grande force qui boue à l'intérieur de vous et qui tend à s'exprimer à travers la colère et la violence tant que vous n'avez pas appris à la gérer. Cette facette de votre personnalité peut donc initialement engendrer, lorsqu'elle n'est pas maîtrisée, des difficultés à faire des choix et à ressentir du plaisir et de la joie, des difficultés à vivre heureux sur Terre, des difficultés à vivre des relations harmonieuses mais aussi des difficultés dans la vie active car elle ne facilite pas la prise de décision, la gestion de votre énergie, l'affirmation de soi et l'engagement à cause d'un conflit ou d'une dissociation entre le masculin et le féminin, entre par exemple votre besoin de vous détendre et votre besoin d'agir, entre votre besoin d'harmonie et votre besoin de performance, entre vos décisions et vos choix, entre vos désirs et votre plaisir.

Lorsque les deux planètes Mars et Vénus se perturbent mutuellement en vous, vous avez tendance à vouloir vous reposer lorsque vous agissez mais à être insatisfait lorsque vous vous détendez parce que vous savez que tant de choses restent encore à faire et parce que la réalité vous rappelle durement à l'ordre. L'hésitation et un coté partisan du moindre effort peuvent diminuer l'efficacité tandis que l'excitation, la colère et l'agressivité perturbent l'harmonie dans les relations et peuvent vous empêcher de vous détendre et de vivre heureux.

Parce que vos désirs affectifs et vos besoins physiques s'expriment de façon totalement différente, vous pouvez avoir des difficultés à éprouver en même temps ou pour la même personne élans affectifs, tendresse et attrait physique. Cela peut vous donner une difficulté à aimer l'autre lorsque vous le désirez ou à le désirer lorsque vous l'aimez, à faire face aux événements quand vous êtes amoureux et à être amoureux quand vous faites face aux événements.

Vous avez alors tendance à incarner plusieurs scénarios, en alternant parfois de l'un à l'autre.

Scénario 1 : Vénus domine et Mars, votre moteur est rejeté ou mal intégré à votre personnalité.

Quand Vénus domine en vous, vous vivez selon vos désirs, votre besoin d'être en lien avec autrui et selon vos sentiments. Vous avez besoin d'exprimer votre sensualité, de vivre en fonction de ce qui vous plaît ou ne vous plaît pas, en fonction des attractions et affinités que vous pouvez ressentir avec autrui. Vous vous consacrez alors à vos relations, à votre vie de couple, à vivre selon votre plaisir, vos goûts et vos préférences personnelles.

Vous cherchez à vous enrichir et à gérer votre capital. Il vous faut agrémenter et embellir la réalité, attirer, séduire, créer du bonheur et de l'harmonie, partager avec l'autre, d'exprimer votre sociabilité envers des membres de votre civilisation et de jouer votre rôle dans la civilisation. Vous pouvez être fortement sensibilisé aux effets perturbateurs que peuvent avoir la colère, l'agressivité, la combativité, l'usage de la force, la présence d'un homme, l'expression spontané de vos besoins, de vos différences et de vos instincts, le face à face avec la réalité du monde extérieur et l'affirmation de votre personnalité sur votre vie affective, sensorielle ou relationnelle.

Peut-être avez-vous cru à un moment donné dans votre vie qu'on ne vous aimerait plus, que vous risquiez de perdre votre équilibre ou la tendresse de personnes qui comptaient pour vous, si vous vous faisiez ce que vous aviez envie de faire, si vous vous mettiez en colère, si vous vous battiez ou si vous vous affirmiez? La tendance à considérer tout ou partie de Mars comme désagréable, comme non enrichissant, comme vous coûtant, ou à ne voir que l'aspect négatif de la planète peut engendrer un rejet et un refoulement de tout ou partie de ce que représente Mars dans votre vie affective, matérielle ou relationnelle.

Une réceptivité excessive, dans votre chair, à ce qui se passe autour de vous, aux réalités qui vous entourent, aux manifestations d'agressivité, aux rapports de force, aux ordres et aux menaces, aux différences, aux obstacles, aux efforts qu'il faut fournir pour obtenir des résultats et une difficulté à vivre dans le présent ou à être détendu dans l'action peut rendre difficile votre insertion dans la vie active.

 Votre sensibilité à fleur de peau fait que vous pouvez vous sentir en rupture d'équilibre et blessé affectivement dès qu'il y a un heurt, un désaccord, une contrariété ou un choc. Peut-être refusez-vous la confrontation avec la réalité en fuyant le monde et ses combats ? Si vous avez des difficultés à vous accorder aux réalités qui vous entourent, peut être est ce parce que vous ne vous sentez pas bien dans votre corps, parce que vos instincts vous déséquilibrent quelque part, parce que vous et vos élans instinctifs sont deux êtres différents et parce que vous contrôlez mal vos énergies vitales. Il peut être important pour vous d'apprendre à ressentir votre force, votre énergie, votre corps et vos instincts.

La non-intégration de Mars peut engendrer une difficulté à vous battre, à mobiliser vos énergies, à vous motiver, à prendre des risques, à franchir les obstacles, à gérer les rapports de force, les heurts, les conflits, les discussions et les tensions, à être pratique et fonctionnel, à vous engager dans une entreprise quelconque à vous exprimer en toute spontanéité et à vous affirmer lorsqu'il s'agit d'acquérir ou de préserver un état d'équilibre, de séduire, de construire une vie affective, de vivre une relation à deux, de profiter des joies et plaisirs de la vie, de jouer votre rôle dans la civilisation, de conquérir votre bonheur ou lorsque quelque chose ou quelqu'un vous tient à cœur. Et peut-être manquez-vous d'assurance et de confiance en vous lorsqu'il s'agit de séduire ?

Vous pouvez avoir des difficultés à vous impliquer dans vos relations et à faire vraiment partie de la situation, ou à tenir compte des contraintes, des impératifs et de la situation concrète de vos partenaires.

Un manque d'efficacité lorsqu'il s'agit d'exprimer vos goûts, vos choix, vos préférences et de réaliser vos désirs peut provenir du fait que vous ne vous donnez pas les moyens de les concrétiser ou que vos goûts, désirs et sentiments ne sont pas toujours fonctionnels et pratiques parce qu'ils ne tiennent pas compte de la situation concrète de l'autre ou des autres, de vos propres moyens et de vos expériences précédentes, des obstacles à franchir ou des opportunités et contraintes de la situation.

Un refoulement de Mars peut vous rendre insatisfait(e) lorsque vous vivez une relation privilégiée, un désir ou ce qui vous fait plaisir parce que vous avez l'impression qu'il vous manque une part de vie, de passion et d'action, des expériences nouvelles, une possibilité de vous affirmer et d'exprimer vos différences, un engagement ou un combat mobilisant votre énergie, de la franchise, des résultats ou de l'aventure. Chez une femme, cela peut se traduire par un manque (ou par un sentiment de manque) d'une présence masculine rassurante.

Scénario 2 : Mars domine et Vénus est rejetée ou mal intégrée à votre personnalité.

Quand vous vivez votre Mars, vous avez avant tout besoin de vivre dans le présent, d'agir et de réagir, de vous affirmer et de vous engager, d'assurer dans la réalité, de mobiliser vos énergies pour obtenir des résultats, d'extérioriser vos instincts et de faire face aux défis qui peuvent se présenter. Vous pouvez alors être sensibilisé aux effets perturbateurs de tout ou une partie de Vénus sur votre vie active, sur votre situation concrète, sur vos engagements. Vous pouvez avoir tendance à croire que toute attache à un être ou à un objet, tout désir, tout témoignage d'affection, toute détente, tout plaisir et tout laissez aller risque de se faire au détriment de votre liberté d'action, de votre performance, de votre aptitude à assurer, de votre capacité à faire face aux réalités et à tenir vos engagements. Cela peut vous inciter à renier, à rejeter et à refouler tout ou une partie Vénus.

Un rejet de Vénus peut vous donner des difficultés à faire vos propres choix, à créer des relations harmonieuses avec autrui, à croire au bonheur, à être équilibré, à vous engager affectivement ou à participer à votre civilisation. Il peut également vous donner tendance à dénigrer, à réprimer, à refouler et à rejeter, parce que vous les considérez peut être comme des faiblesses, vos désirs et vos attentes ou ceux des autres, l'expression de vos sens ou de vos sentiments, toute relation privilégiée, tout partage, les joies et plaisirs du quotidien qui agrémentent l'existence, les valeurs artistiques et esthétiques ou tout ce qui touche à l'argent et au matériel.

Un tel refoulement peut vous donner l'impression qu'il vous manque dans votre vie un bonheur affectif, une relation privilégiée stable et concrète, du temps pour vous consacrer à vos loisirs et à ce qui vous fait plaisir, ou une richesse matérielle à laquelle vous aspirez. Il peut y avoir en vous une dissociation entre l'activité et l'argent, deux valeurs qui sont vécues dans des états d'esprits totalement différents.

Scénario 3 : Vénus (vos sentiments, désirs, besoins relationnels) domine en excès.

Si vous êtes plutôt identifié à Vénus, vous pouvez avoir tendance à l'être excessivement. Une tendance à faire de tout une affaire de sentiments, à dépendre de façon excessive de votre impression de plaisir ou de déplaisir pour agir ou ne pas agir et à trop peser le pour et le contre là où il faut décider peut limiter votre efficacité et vous rendre mal à l'aise dès lors qu'une situation ne vous est pas agréable, lorsque vous ne ressentez pas d'affinités avec votre interlocuteur ou lorsque l'on ne vous témoigne pas attention et tendresse.

 Une influence excessive des sentiments et des désirs peut se traduire par une humilité excessive, par une subjectivité empêchant de voir les choses en face, par une tendance au laxisme, à l'insouciance, au laissez aller et par une attitude partisane du moindre effort dans la vie active. Une tendance à croire que toute différence, tout désaccord ou tout conflit risque de mettre en péril les relations affectives qui comptent pour vous peut vous inciter à être trop gentil, trop d'accord et trop conciliant, en recherchant à tout prix l'harmonie, en évitant toute différence, toute querelle ou tout conflit. Il peut donc être important pour vous d'apprendre à gérer des situations où vous n'êtes pas en accord avec l'autre.

Vous laissez parfois trop les autres ou les événements dicter votre conduite, vos états affectifs et décider à votre place. Une tendance à tellement vous situer en fonction de l'autre ou à vous conformer aux désirs d'autrui peut vous rendre dépendant et vous faire perdre une partie de liberté d'action ou de votre force de frappe. Vous ne vous sentez parfois exister ou vous acceptez parfois un engagement relationnel, affectif ou financier que lorsque, selon vous, vous n'avez pas le choix. Vous pouvez être très doué pour garder le sourire, pour vous montrer aimable, pour jouer la comédie, pour faire l'autruche et pour tromper plus ou moins consciemment les autres ou vous-même en montrant une apparence qui ne reflète pas forcément vos intentions, vos décisions, votre colère, les données concrètes de la situation ou ce que vous vivez en d'autres lieux et circonstances.

Un désir exagéré de plaire et de séduire, une recherche frénétique de plaisirs sensoriels ou de relations, une tendance à ne vivre que pour le plaisir et à mener une vie futile peut être un moyen pour vous de fuir les contraintes et obligations professionnelles. Vous pouvez avoir tendance à accorder une trop grande importance à l'argent. Vous pouvez aussi avoir tendance à rechercher des relations faciles qui ne vous donnent pas la possibilité de trouver le bonheur sentimental. Dans certains cas extrêmes, une sensualité déchaînée peut mener à la débauche.

Scénario 4 : Votre moteur surchauffe

L'influence excessive de Mars peut se traduire par une difficulté à agir sans forcer ou sans vous précipiter, par une tendance à ne vivre qu'en fonction de vos instincts et de vos besoins personnels au point de devenir très égoïste, par une tendance à vivre dans un état de colère, d'agressivité et d'urgence permanente, en voulant tout tout de suite, en brûlant les étapes et en voulant aller trop vite.

Il vous faut parfois un certain seuil d'urgence et d'intensité, ou encore que vous n'ayez plus le choix, pour que vous réagissiez, pour que vous mobilisiez vos énergies et pour que vous vous lanciez. Cela peut se traduire par un surcroît d'activité qui peut nuire à votre équilibre et par une indisponibilité qui est parfois pour vous un prétexte, de façon inconsciemment recherchée, pour ne pas entrer en relation, pour ne pas vous engager affectivement et pour ne pas envisager tout ce qui touche au couple, aux sentiments et à ce qui vous fait plaisir. Vous pouvez alors avoir tendance à vivre les associations, les relations et la vie de couple comme un affrontement systématique où il y a obligatoirement un vainqueur et un vaincu. Vous voulez être le chef, avoir raison, avoir le dernier mot et pouvez vous montrer hargneux voire brutal lorsque l'initiative vous échappe.
Une difficulté à accepter le droit à la différence peut vous rendre intolérant tandis qu'une incapacité à soigner la forme, une tendance à bousculer vos relations, une agressivité provocatrice et un besoin de violence dans vos relations peut engendrer des rivalités sociales ou affectives, des rapports tendus et conflictuels avec le conjoint, une difficulté à vivre des relations paisibles et équilibrées et une vie affective particulièrement mouvementée. Vos sentiments sont parfois trop passionnels.

Vous pouvez être particulièrement sensible aux différences qu'il peut y avoir entre vos désirs et la réalité au point d'être facilement insatisfait, irrité et impatient lorsque la réalité n'est pas conforme à vos désirs, lorsque l'autre ne satisfait pas votre demande immédiate et lorsqu'il n'est pas disponible pour vivre une relation parce qu'il y des a choses à faire. Les réactions des autres ne vous font pas toujours plaisir.

Une tendance à attribuer trop facilement aux autres des sentiments de colère et d'agressivité mal gérés, alors que vous ne faites que projeter sur eux vos propres sentiments, peut vous donner une aura d'agressivité qui décourage l'approche d'autrui. Cette agressivité intérieure non exprimée peut parfois, lorsqu'elle est captée par l'inconscient de l'autre, provoquer chez lui des réactions violentes ou inversement le rendre trop gentil s'il refuse d'exprimer cette agressivité. Vous pouvez parfois rendre l'autre agressif, violent ou jaloux en cherchant à vivre à travers lui ou elle votre part d'agressivité. Votre masque de fer peut cependant cacher une blessure sentimentale, une fragilité affective qu'il vous faudra un jour dépasser et une douceur qui ne sait pas comment faire pour s'exprimer.

L'intensité de vos attractions, l'urgence de vos désirs et un manque de réflexion ou de prévoyance dans votre relationnel peut prédisposer aux unions conclues précipitamment, aux aventures passagères trop souvent renouvelées ou parfois aux excès sexuels accompagnés d'une faiblesse morale qui ne facilite pas la gestion des désirs et passions. Peut-être considérez-vous l'autre comme l'objet de vos désirs, comme un instrument vous permettant de satisfaire des besoins égocentriques ? Ou peut-être êtes vous, vous-même, victime de tels comportements parce que vous vous prenez pour un objet de plaisir.

Sans doute y gagneriez-vous en apprenant à gérer en conscience vos instincts sexuels, à aborder l'autre sans rechercher systématiquement une relation charnelle et à développer vos capacités à vivre une relation basée aussi sur le cœur, la tendresse et les sentiments, sur le respect, la confiance et l'engagement. Vous vivez parfois trop pour les autres ou à travers eux au point de vous faire marcher sur les pieds, de négliger votre propre vie et de ne pas assez vous occupez de vous. Mais à force d'éviter toute tension et de ne pas vous exprimer totalement, vous risquez d'accumuler rancœur et colère qui explosent alors en se manifestant par des réactions violentes quand la goutte d'eau fait déborder le vase.

Votre pouvoir de séduction n'est pas toujours bien utilisé et peut parfois se manifester comme une arme redoutable dont vous usez et abusez pour faire mal, pour vous venger, pour briser des relations, des cœurs et des consciences, pour mesurer votre force, pour vous prouvez que vous pouvez séduire ou pour alimenter la tension, la passion et la jalousie. Ce que vous risquez un jour de récolter peut alors être aussi douloureux que ce que vous avez semé.

Votre coté excessivement franc, transparent, parfois naïf, idéaliste, toujours impliqué et concerné par ce qui se passe et toujours présent sur les devants de la scène peut vous prédisposer à des abus de confiance au niveau de vos finances ou de vos relations parce que vous n'êtes pas toujours attentif à ce qui se passe dans l'arrière scène, dans les coulisses et parce que vous ne savez pas prendre du recul. L'envers du décor, les manipulations, les complots et les intrigues bien souvent vous échappent. Vous éviterez cela en développant votre lucidité, votre capacité à prendre du recul et à être plus indifférent(e).

Au niveau relationnel, vous tendez à attirer dans votre vie des femmes ayant soit une très forte composante masculine et une certaine virilité, soit au contraire des difficultés à exprimer leur côté masculin. Vous tendez à attirez des hommes qui sont soit excessivement gentils et sentimentaux soit qui n'arrivent pas à exprimer leur part féminine. Si vous êtes une Femme, vous pouvez ressentir une certaine peur de l'homme, de l'agressivité et de votre propre pôle masculin. Cela peut être du à des relations conflictuelles avec le père ou avec une personne ayant marquée votre vie où à des comportements sexuels douteux de la part d'un homme vis à vis de vous. Vous avez tendance à être attirée par des hommes qui sont totalement différents de ce que vous êtes.

Si vous êtes un Homme, vous pouvez ressentir une certaine peur de la femme qui peut provenir d'une relation conflictuelle avec la mère ou avec une autre femme Vous avez tendance à être attiré par des Femmes qui sont totalement différentes de ce que vous êtes.

Expression positive consciente et naturelle : Lorsque vous apprenez à maîtriser cette partie de votre personnalité et à utiliser toute sa richesse et lorsque vous avez fait le chemin pour exprimer cette relation en pleine conscience et d'une manière positive. Pour transformer la relation Vénus-Mars dissociée en relation consciente et dynamique, il peut être utile d'effectuer un travail sur l'image de la mère et de la femme, sur le couple et la vie affective, sur le relationnel, sur le rôle de la forme et de l'harmonie et sur le rôle que doivent avoir la motivation, la prise de décision, l'engagement, la combativité et l'action au sein de votre personnalité et de votre vie. Un travail sur la conscience corporelle (Danse, Tai-Chi, Tantrisme) et un peu de sport peuvent vous faire le plus grand bien.

Le sport et l'exercice physique peuvent vous aider à canaliser votre énergie et à développer votre combativité tandis qu'une activité artistique ou artisanale peut être pour vous un moyen d'expression.

Cette facette de votre personnalité peut être gérée et canalisée en oscillant entre les deux fonctions psychologiques qui sont vécues dans des états d'esprit très différents de façon telle que chaque fonction rectifie l'autre au moindre excès. Vous pouvez alors vivre des moments où vous prenez votre vie en main, où vous faites face aux circonstances avec courage et confiance en vous, où vous agissez et réagissez et où vous vous affirmez pour conquérir votre place au Soleil.

Puis vous consacrez une autre période (de la journée, de l'année ou de votre vie) dans un autre lieu et/ou dans un autre état d'esprit, où vous vivez votre vie relationnelle, votre vie sociale et votre vie de couple, où vous exprimez votre sensualité et vos sentiments dans le cadre d'une relation privilégiée, où vous vous détendez en profitant des joies de la vie, ou vous vous consacrez à vos vrais désirs et à ce qui vous fait plaisir.

Vous savez mobiliser vos moyens, même si la situation ne vous parait pas forcément agréable, en mettant de coté vos sentiments, vos goûts et vos préférences, tout en veillant à ce que votre équilibre soit préservé. Cela peut vous rendre d'autant plus efficace. Dans la vie de couple, vous savez apprécier les affinités, tenir compte des besoins de l'autre alors même que ce ne sont pas les vôtres, accepter puis gérer les différences et les différents qui peuvent se présenter et vivre à la fois des moments de tendresse et des moments dynamiques. Les différences de l'autre alors vous enrichissent.

 La relation Vénus-Mars dissociée peut être temporairement vécue à deux au sein d'un couple, l'un des partenaires assumant le rôle vénusien (relationnel, finances, esthétique, détente, loisirs et plaisirs) et l'autre le rôle martien (emprise sur le monde, capacité à combattre et à faire face aux réalités extérieures, prise de décisions, réalisations concrètes).

Bien maîtrisée, la relation Vénus-Mars peut vous conférer un ensemble d'aptitudes qui sont alors vécues d'une façon particulièrement consciente et dynamique. Cela peut par exemple se traduire, en ce qui concerne Vénus par un sens esthétique ou artistique, un sens de la gestion, par des aptitudes relationnelles, un pouvoir de séduction et un sens de l'harmonie qui sont au-dessus de la moyenne et en ce qui concerne Mars par un dynamisme, une combativité, une capacité à vous motiver et à prendre des décisions, un courage, un sens de l'efficacité et des capacités physiques qui sont hors du commun et qui peuvent vous permettre d'atteindre une position sociale élevée.

Lorsque la relation Vénus-Mars est vécue en conscience, vous êtes alors particulièrement capable de vous battre, de conquérir, de vous affirmer, de vous engager, de mobiliser vos énergies, de déployer les grands moyens, de faire usage de la force et s'il le faut de l'agressivité lorsqu'il s'agit d'entrer en relation, de faire plaisir ou de vous faire plaisir, d'exprimer vos désirs, d'utiliser votre sens esthétique, de gérer de l'argent et de participer à la civilisation. Vous connaissez la force des sentiments et du désir et savez les utiliser pour vous affirmer. C'est à travers les autres, les relations, le couple et les associations que vous développez le sentiment d'exister, mais aussi votre force, votre combativité et vos capacités d'engagement. Vous concevez rarement la vie en solitaire et avez besoin d'une vie de couple ou tout au moins d'une vie sociale active et vivante.

Cependant, vous avez besoin de beaucoup d'indépendance et vous ne laissez pas facilement l'autre rentrer dans votre territoire et dans votre vie ce qui peut vous faire vivre des périodes de solitude plus ou moins longues. Vous savez provoquer l'association, l'expression de l'autre et attirer l'attention de l'autre sexe de part votre forte sensualité, votre besoin de tendresse et votre désir de plaisir. Sans doute avez-vous découvert assez tôt l'expérience amoureuse et vous pouvez avoir acquis une certaine expérience en ce domaine. Vous êtes parfois pressé de vous marier et le passage de la liaison à l'union peut se faire rapidement.

Vos sentiments amoureux sont francs, passionnés, impulsifs, démonstratifs, ardents, conquérants et parfois pressés. Vous suivez d'instinct les sympathies et antipathies éprouvées dans l'immédiat en allant directement vers ce qui vous plaît ou vous attire. Vous vous impliquez et vous vous engagez à fond dans vos relations et exprimez sans retenue ni calcul vos désirs, vos émotions et vos sentiments, en tenant plus ou moins compte de la disponibilité ou de l'accord de l'autre. Vous vous enflammez devant toute manifestation de beauté ou devant une personne capable de susciter en vous désirs et émotions esthétiques. Vous vivez dans l'intensité du présent en ce qui concerne vos relations. Vous savez mobiliser vos énergies pour conquérir l'objet de vos désirs, prendre des raccourcis en brûlant parfois les étapes, évincer un(e) éventuel(le) rivale, faire des sacrifices si nécessaire et faire preuve d'agressivité s'il le faut. Toute relation doit à vos yeux être méritée comme le résultat d'une entreprise ou la victoire d'un combat.

Vos désirs font vibrer votre corps tout entier, et ils s'expriment comme des besoins urgents qu'il vous faut satisfaire au moment même où ils surgissent, d'où parfois quelques difficultés à leur résister. Une absence de retenue, de réflexion et de préméditation dans vos relations affectives vous prédispose aux coups de foudre, aux attractions irrésistibles et dans certains cas aux aventures passagères.

La conquête est un élément important de votre excitation amoureuse et votre défi peut être de garder longtemps la même intensité de sentiments pour une même personne, d'entretenir et de faire durer la fraîcheur d'une nouvelle expérience, de vivre une passion de toute une vie avec la même personne, de vous attacher et dans certains cas de rester fidèle.

Le pouvoir de séduction peut être pour vous une arme dont vous usez pour mesurer votre force, pour alimenter le feu de la passion ou pour rechercher de nouvelles expériences, de nouvelles relations, de nouvelles conquêtes. Et vous êtes capable de séduire par les qualités martiennes que sont le courage, le dynamisme, le sens de l'efficacité la franchise etc. Vous vous relevez assez vite après un nouvel échec et pouvez repartir avec le même enthousiasme vers de nouvelles aventures.

Vous avez parfois tendance à considérer la vie de couple, les associations et le relationnel comme une entreprise de sidérurgie ou comme un champs de bataille. La vie à deux et vos relations peuvent ressembler à un affrontement aimable, à un duo duel où chacun use de ses armes pour le meilleur ou pour le pire. Il faut que" ça bouge", que " ça chauffe ", que " ça soit dynamique ", qu'il se passe des choses stimulantes et excitantes et qu'il y ait de la vie et de l'action.

Vous aimez prendre des initiatives au sein du couple ou de vos relations et êtes capable de prendre les choses en main, de façon plus ou moins diplomate ! Vous aimez avoir raison, avoir le dernier mot, être le chef et le meneur et vous prenez facilement goût à stimuler, à exprimer vos différences, à débattre, à argumenter, mais aussi parfois à provoquer et à faire compétition avec l'autre.

Si votre vie relationnelle peut être riche et passionnante, vos comportements peuvent quelquefois aboutir à des conflits et à des ruptures. Vous êtes cependant capable de faire preuve de tolérance face aux différences qu'il peut y avoir entre vous et les autres, d'arrondir les angles, de soigner la forme quand cela est nécessaire, de vous lier à autrui en respectant les contraintes ou les impératifs de leur situation présente et d'attirer dans votre cercle relationnel des personnes différentes de vous.
Bien canalisée, l'association Vénus Mars peut vous permettre de vous battre ensemble, de vous encourager mutuellement, de créer une vie de couple ou des relations remplies de vie et d'aventure, de partager avec votre partenaire des expériences agréables et de conquérir votre bonheur à travers une union qui tienne la route. Vous avez parfois la capacité de servir de miroir à l'autre en lui montrant ses points forts ou sa beauté et pouvez aussi être capable de provoquer chez autrui un état d'équilibre, d'harmonie et de détente.

Dans la mesure où il n'y a pas chez vous de sexualité sans tendresse ni de tendresse sans sexualité, vous pouvez vivre des relations sexuelles saines et susceptibles de renforcer l'union de votre couple. Malgré votre capacité à tenir compte des autres et l'intensité des liens que vous pouvez avoir avec votre partenaire où vos relations sociales, cela ne vous empêche pas de vous consacrer à vous-même, à votre corps, à ce que vous avez à faire dans la vie, ni d'exprimer vos désirs, vos besoins et vos envies personnelles. Et il est important pour vous d'avoir vos moments d'indépendance à l'intérieur d'une vie de couple ou d'une vie relationnelle.

ASPECT HARMONIQUE VENUS JUPITER

Il y a dans votre thème astral une relation permanente, continue et symbiotique entre Vénus et Jupiter qui s'expriment en vous comme deux partenaires. Comme vous êtes sensible aux effets positifs que chaque planète a sur l'autre et que vous croyez que lorsque vous vivez l'une des planètes, l'autre viendra systématiquement la soutenir, vous récoltez le meilleur de chacune de ces deux fonctions psychologiques et des expériences qui y sont associées.

La relation Vénus-Jupiter vous confère des croyances, des attitudes, des comportements et des initiatives particulièrement constructives. Vous avez pu, dans votre passé, vivre l'expérience d'un soutien familial, affectif et matériel. Vous avez pu expérimenter une reconnaissance de votre environnement, le soutien d'une personne protectrice et généreuse, une ouverture culturelle ou sociale, des voyages enrichissants ou une influence positive de l'étranger.

Cette influence bénéfique d'événements extérieurs tend à engendrer en vous un fond d'optimisme et de confiance. Vous êtes ainsi prédisposé à attirer dans votre vie une union heureuse où votre grande générosité de cœur peut s'exprimer librement, une aisance matérielle, une activité professionnelle enrichissante et de nombreuses relations sociales.

A la source de cette relation harmonique, il y a un également un accord entre un besoin d'assumer des responsabilités sociales, d'exprimer son autorité, de confort, d'espace vital, d'épanouissement et un besoin de plaisir, d'harmonie, d'enrichissement, d'entrer en relation avec autrui et de vivre une vie de couple au quotidien.

Vous avez tendance à voir le bon coté des événements et des gens, à faire preuve de tolérance et de compréhension envers autrui, à susciter la sympathie de votre entourage par votre capacité à extérioriser vos sentiments, par votre gentillesse, votre bonté, votre gaieté, votre sociabilité et votre facilité à partager. Vous savez prendre les gens comme ils sont et vous adapter au caractère de chacun. Il se dégage de vous un charme certain et une joie de vivre qui vous rend d'une compagnie agréable. Vous savez comprendre les attentes et demandes de votre partenaire puis y répondre tandis que votre sensualité est vécue joyeusement mais sainement, en respectant les codes de bonne conduite. Vous savez que la vie à deux implique certaines concessions et vous êtes prêt à les faire parce que vous voyez les avantages qui en découlent. Lorsque Jupiter s'exprime sous son aspect voyageur et aventurier, vos sentiments sont alors fougueux, enthousiastes, démonstratifs, chaleureux et passionnés. Ils ont besoin d'espace vital et de liberté, de découvrir de nouveaux horizons, de vie, d'action et de relations, d'une certaine envergure et d'aventure pour s'épanouir. Les voyages ont le plus souvent un effet bénéfique sur votre vie de couple.

Jupiter peut aussi induire des rencontres sentimentales sur votre lieu de travail ou dans le cadre de celui ci, à l'étranger, en voyage ou en déplacement, en vacances, lors d'une fête, d'une grande réunion, d'une conférence, d'un salon, d'un stage, d'activités culturelles, religieuses ou spirituelles etc. Vous pouvez être attiré par certains étrangers et par l'exotisme. Vous trouvez beaucoup de plaisir dans les voyages, les expéditions, les stages et les enseignements.

Lorsque Jupiter s'exprime sous son aspect conformiste, vos sentiments, goûts et désirs tendent à être influencés, gérés et pris en main par des normes sociales, par un idéal culturel ou par des aspirations spirituelles, religieuses ou philosophiques. Vous avez alors le besoin et la capacité de donner un sens ou une utilité à vos goûts, à vos désirs, à vos sentiments et à vos relations, et vous savez les canaliser et les orienter d'une façon constructive vers des objectifs utiles. De même vous savez vous rendre utile envers ceux qui vous sont chers et exprimer votre affectivité envers ceux qui vous sont utiles. Votre désir d'union est alors souvent associé à un besoin de confort matériel, d'intégration et de reconnaissance sociale ou à un besoin d'élargissement de vos horizons à travers une ouverture culturelle, philosophique, religieuse ou spirituelle.

Parce que vous faites preuve d'un certain conformisme sentimental, en cherchant, à adapter votre vie affective au contexte socioculturel qui vous entoure, vous avez une tendance naturelle à rechercher le mariage légal et officiel, et à attirer dans votre vie des personnes ayant ce même désir.

Vos désirs, vos goûts et vos sentiments sont également en accord avec votre jugement, avec vos aspirations spirituelles et avec votre bon sens, ce qui vous permet d'être raisonnable, de vous satisfaire et d'exploiter de ce que la vie vous offre et de ne pas demander l'impossible. Lorsqu'il s'agit de plaire, de séduire, de vous enrichir, de créer une vie de couple ou d'établir des relations, vous êtes naturellement capable d'avoir un bon jugement, de convaincre, de faire preuve d'une autorité rassurante et de confiance en vous, et de mettre en œuvre les moyens nécessaires pour atteindre vos objectifs. Vous pouvez apprécier chez votre partenaire sa capacité à vous apporter un soutien moral et de bons conseils, à vous protéger et à vous rassurer, à introduire dans votre relation vie et aventure, culture, voyage, ouverture d'esprit, à alimenter les finances du couple et à vous combler coté affectif et sensoriel. Votre partenaire peut ainsi contribuer à élargir vos horizons culturels, géographiques ou spirituels, vous faire découvrir le monde et faciliter par ses conseils, ses relations, son soutien moral et sa protection votre insertion professionnelle.

Les différentes tendances correspondant à cet aspect peuvent être synonymes d'une certaine chance coté sentiments ou relations et parfois le don d'attirer la chance en étant une véritable mascotte. Elles peuvent vous permettre de créer un univers affectif complet, à la foi stable, évolutif et exaltant, où chacun, tout en ayant sa dimension d'épanouissement personnel et sa part d'indépendance, peut contribuer à alimenter une vie de couple dont les effets servent de tremplin à l'évolution spirituelle. Ainsi, parce que vous recherchez à atteindre un épanouissement affectif, sensoriel et matériel, et parce que vous savez faire ce qu'il faut pour, c'est en général ce que vous obtenez.

Avec la relation Vénus Jupiter, vous pouvez avoir tendance à voir le monde extérieur et ses lois, la société et ses cultures, les voyages et découvertes, et les gens en général d'après les effets esthétiques et affectifs qu'ils produisent en vous. Inversement, vous êtes très sensible aux événements extérieurs et vous sentez facilement impliqué affectivement dans le monde qui vous entoure. Vos goûts et vos choix esthétiques, vestimentaires, relationnels, affectifs et financiers peuvent ainsi dépendre de votre contexte extérieur. Cela peut vous donner un style classique, conventionnel, rassurant et parfois bourgeois. Cela peut aussi faciliter votre insertion professionnelle et vous permettre de puiser dans le monde extérieur références et conseils en matière de goûts, d'esthétique et de vie affective ou plus simplement vous permettre de comparer cette dimension de votre vie à la même chez les autres. Vous avez une facilité à développer une philosophie ou des aspirations religieuses et spirituelles, et celles ci tendent à être fondées sur la beauté, l'harmonie, l'équilibre, l'amour, la justice et la paix, mais parfois aussi sur l'argent, le plaisir des sens et le matérialisme.

Les faiblesses de cet aspect peuvent provenir d'une tendance à compter exclusivement sur la chance et sur les événements extérieurs pour satisfaire vos désirs, d'une tendance à être facilement satisfait et donc peu exigent, d'une tolérance parfois synonyme de manque de sélectivité, d'une tendance à vous laisser vivre, d'un optimisme trop confiant qui n'arrive pas toujours à cerner les problèmes et à y faire face et d'une difficulté à voir au-delà des apparences, ce qui peut être synonyme de naïveté.

Vous pouvez avoir des difficultés à mettre de coté vos sentiments et vos préférences personnelles lorsqu'il faut faire preuve d'autorité, une tendance à tenir exclusivement compte des circonstances extérieures et à vous attacher exclusivement aux choses et au monde extérieur (qui ne peuvent, à eux seul, apporter la lumière et la paix de l'âme) en négligeant le développement personnel, le travail sur soi, l'initiation et la transcendance. Cette relation harmonique est sans doute l'une des meilleures cartes que l'on puisse avoir dans un thème astral. La tradition parle de chance et de facilité dans la vie extérieure et affective. Dans la pratique, le coté bénéfique de cet aspect est amoindri si Vénus se trouve dans les signes du Scorpion, du Bélier ou du Capricorne, si Jupiter se trouve en Scorpion ou si Saturne et Pluton sont dominant dans votre thème. Mais même alors, cet aspect est synonyme de chance. Vous pouvez avoir des goûts, des aptitudes et des talents naturels pour accueillir et recevoir, pour créer des liens, pour faire se rencontrer des personnes pour que la relation apporte un plus à chacun, pour concilier, décorer, harmoniser, équilibrer, embellir, maquiller, pour les activités juridiques, pour les activités de loisirs, pour la danse, l'art, la photo, la mode, la parfumerie, la décoration, pour utiliser votre sens artistique et esthétique, pour le jardinage, les fleurs, la coiffure ou la bijouterie, pour la création d'objets, pour tout ce qui permet de rendre la vie plus agréable, et pour tout ce qui permet d'agrémenter l'existence de plaisir, de bonheur et de joie de vivre et pour tout ce qui permet à la civilisation d'exister.

ASPECT DISSONANT/DYNAMIQUE VÉNUS-JUPITER

Il y a dans votre thème astral une relation permanente, mais discontinue, dissociée, duelle, tendue et conflictuelle, entre Vénus et Jupiter (votre relation à l'espace et à la société), car ces deux planètes vibrent en vous à deux fréquences totalement différentes. Chaque planète veut se vivre, à sa façon, à travers vous et tend à considérer l'autre comme une rivale ou comme une perturbatrice.

Vous avez alors tendance, soit à exprimer l'une puis l'autre des planètes d'une façon excessive, soit à vivre l'une des planètes et à rejeter l'autre parce que vous la considérez comme perturbatrice, parce que vous voyez son côté sombre plus que son côté lumineux. Tant que vous nourrissez ce conflit à l'intérieur de vous, vous récoltez le moins bon de chacune des deux fonctions psychologiques et des expériences qui y sont associées. La solution, que vous verrez plus bas dans le texte, est de vivre chaque fonction en pleine conscience et de savoir alterner rapidement et consciemment, entre chacune des deux fonctions psychologiques représentées par la planète Vous transformez ainsi une relation conflictuelle en une grande force et vous vivez cette relation de façon consciente et dynamique.

Cette partie de votre personnalité peut engendrer, lorsqu'elle n'est pas maîtrisée, des difficultés à faire des choix, des difficultés à vivre heureux sur Terre, des difficultés à vivre des relations harmonieuses mais aussi des difficultés à trouver votre place dans le monde, à être reconnu socialement, à exprimer votre autorité, à être en règle avec la loi et à acquérir les savoirs nécessaires de par un conflit ou une dissociation entre par exemple entre un besoin d'assumer des responsabilités sociales et un besoin de mener une vie d'artiste, entre votre besoin de vivre une relation amoureuse et votre besoin de vie professionnelle, entre vos désirs et les contraintes imposées par la société, entre vos choix et les opportunités du moment, entre un besoin d'espace vital et un besoin d'entrer en relation avec autrui. Vous avez alors tendance à incarner plusieurs scénarios, en alternant parfois de l'un à l'autre.

Scénario 1 : Vénus domine et Jupiter est rejeté ou mal intégré à votre personnalité.

Quand Vénus domine en vous, vous vivez selon vos désirs, votre besoin d'entrer en lien avec autrui pour créer des relations sociales et selon vos sentiments. Vous vous consacrez alors à vos relations, à votre vie de couple, à vivre selon votre plaisir, vos goûts et vos préférences personnelles. Vous cherchez à vous enrichir et à gérer votre capital.

Il vous faut agrémenter et embellir la réalité, attirer, séduire, créer du bonheur et de l'harmonie, partager avec l'autre et jouer votre rôle dans la civilisation. Vous avez alors tendance, le plus souvent inconsciemment, à percevoir le coté négatif de ce que représente Jupiter. Vous percevez sa face obscure et ses défauts.

Comme vous ressentez les facettes les moins évoluées et les plus contraignantes de Jupiter, vous avez tendance à croire que l'une ou l'autre de ces facettes risque de vous perturber voire de vous nuire. Cela peut vous inciter à rejeter et refouler tout ou une partie de la fonction Jupitérienne. Ce dénigrement voire ce refoulement peut se manifester dans votre vie concrète de différentes façons, suivant la facette de Jupiter qui est mal intégrée.

Jupiter incarne la capacité à émettre un jugement, une opinion après avoir pris en considération différents paramètres. Lorsque vous faîtes une nouvelle rencontre et lorsque l'autre vous plait, vous avez peut être tendance à vous emballer et à vous lancer dans l'aventure tel un cheval sauvage qui galope vers de nouveaux horizons. Vous ne faîtes pas toujours preuve de sélectivité, de jugement et de bon sens dans le choix du ou de la partenaire, du moins au début de votre vie. Cela peut vous inciter à faire des erreurs de choix et à attirer des partenaires avec lesquelles vous ne pouvez pas réellement vous épanouir. Peut-être croyez-vous alors que vous n'avez pas de chance ?

Vous pouvez ensuite avoir une peur bleue de commettre une erreur de jugement et de vous tromper dans vos choix affectifs. Cela peut être l'une des causes de vos difficultés d'engagement. Jupiter vous permet de prendre une situation en main grâce à une autorité naturelle. Il vous permet de gérer et de coordonner les différents paramètres d'une situation de façon constructive, en tenant compte de règles, de normes, de lois et coutumes en vigueur dans votre contexte socioculturel. Et cette gestion des ressources personnelles et des événements tend à être fonction d'un idéal culturel, philosophique ou spirituel. Lorsque Jupiter est en relation dissociée à Vénus, il se peut que votre vie sentimentale, votre sensualité ou vos finances ne soient pas pris en charge par un idéal culturel, philosophique ou spirituel et qu'elles ne soient pas soumises à des règles, aux normes et coutumes en vigueur dans votre contexte environnant. Bref, il est possible qu'elles ne soient pas gérées de façon constructive.

Vous pouvez ainsi avoir des difficultés à gérer votre budget, être dépensier, avoir tendance à vivre au-dessus de vos moyens, à vous endetter ou à gaspiller de l'argent, notamment pour satisfaire vos désirs de plaisirs ou vos relations. Certaines personnes attribuent trop de pouvoir à l'argent ou s'en servent pour asseoir leur autorité. D'autres se mettent en situation de dépendance matérielle vis à vis de personnes considérées comme rassurantes perce que détenant autorité et pouvoir. Quelquefois, une recherche de richesse matérielle compense une difficulté à vous épanouir sentimentalement.

Dans d'autres cas, le manque de ressources financières suite à des dépenses exagérées peut être un argument pour ne pas s'engager sentimentalement et assumer matériellement une vie à deux. La tradition évoque, concernant la dissonance Vénus-Jupiter, une difficulté à avoir en même temps amour et argent ainsi que des conflits d'intérêts financiers avec une femme. La présence excessive des sentiments peut faire ressortir les faiblesses liées à cette facette de Vénus. Vous pouvez ainsi être trop bon et trop gentil. Vos jugements peuvent être excessivement influencés par votre cœur et vos sentiments, par vos goûts et vos préférences.

Cela peut se traduire par une subjectivité incapable de voir au-delà des apparences ou de vos états affectifs. Vous pouvez avoir une tendance au laxisme, à vivre selon vos caprices, à l'insouciance, au laisser aller et avoir une attitude partisane du moindre effort, notamment dans la vie professionnelle ou lorsqu'il vous faut assumer vos responsabilités de citoyen. Peut-être que vous ne vous donnez pas les moyens, matériels, financiers ou humains, pour organiser des sorties et la vie nécessaire à une relation sentimentale. Peut-être voulez-vous vivre une relation affective sans vouloir faire le minimum de concessions nécessaires, sans être ouvert aux besoins et attentes de l'autre et sans vouloir donner à l'autre ce qu'il peut légitimement attendre.

Un manque de négociation et d'échanges, de chaleur et de générosité, dans la relation peut alors se traduire par des conflits liés aux insatisfactions engendrées. Peut-être négligez-vous le contexte familial, social, culturel ou professionnel de l'autre. Il se peut que vous ayez tendance à vous lier avec des personnes avec qui échanges culturels ou spirituels s'avèrent difficiles voire impossible, et que vous en ressentiez une certaine insatisfaction.

Jupiter correspond à l'autorité protectrice et rassurante, au désir de pouvoir, à la loi et au besoin de faire la loi. Parce que vous avez peur de l'autorité des autres, toute manifestation d'autorité peut vous sembler désagréable. Vous pouvez alors avoir tendance à interpréter les conseils amicaux et les propositions comme des ordres et les élans de générosité, les démonstrations de tendresse et les attitudes rassurantes comme des abus de pouvoir.

Peut-être manquez-vous d'autorité dans votre vie sentimentale ou relationnelle parce que vous avez peur d'être désagréable, de perdre l'affection qu'on vous porte ou de ne pas être séduisant si vous vous manifestez de l'autorité ? Mais ce manque d'autorité vous permet difficilement de rassurer l'autre et de donner un climat sécurisant dans vos relations.

Certaines personnes rejettent les règles économiques et des lois sociales lorsque les sentiments, les désirs ou les finances sont en jeu. N'acceptant que difficilement la pression du fisc et le fait que leur budget soit ponctionné par des taxes et impôts divers elles peuvent avoir tendance à détourner la loi pour s'enrichir.

Cela peut aboutir à des démêlées avec la justice pour des affaires de mœurs ou avec le fisc pour des questions financières. Un rejet des règles, des normes et de toute organisation coordonnée peut induire un certain désordre dans la vie sentimentale ou financière. Peut-être croyez-vous que la vie de couple ne peut être vécue et le bonheur atteint qu'en dehors des normes, de la légalité, d'un contexte quelconque, de la société ou du mariage. Vous préférez alors l'union libre sans cachet officiel.

Jupiter confère la capacité d'être satisfait en se contentant de la situation présente tout en cherchant à aller plus loin mais aussi la confiance en soi et l'optimisme. Il représente le confort et la richesse matérielle. Une des facettes de la relation dissociée Vénus-Jupiter est la tendance à être insatisfait au niveau sentimental, soit par rapport à soi, soit par rapport à l'autre ou à la relation. Vous pouvez par exemple être insatisfait parce que vous avez l'impression que les efforts et les concessions que vous faîtes ne sont pas récompensés et qu'ils ne sont pas vraiment utiles. Vous pouvez être insatisfait parce que vous avez l'impression qu'il manque à votre vie de couple un certain confort, une certaine aisance ou une ouverture sur le monde.

Mais peut-être attirez-vous des partenaires qui n'ont pas un bagage suffisant pour s'insérer professionnellement et qui ne peuvent pas contribuer économiquement à la vie de couple ? Ou peut être avez vous l'impression que votre partenaire n'a pas l'ouverture d'esprit, la générosité, l'envergure ou la présentation nécessaire pour être sortable.

Ces insatisfactions, qui s'accompagnent d'un sentiment de manque d'épanouissement, rendent difficile un engagement affectif. Mais peut-être vous liez-vous avec des personnes qui sont à l'image de la partie de Jupiter que vous refoulez ? Certaines personnes ont beaucoup de mal à avoir confiance en leurs moyens de séduction. D'autres n'arrivent pas à avoir suffisamment confiance en l'autre pour s'engager dans une vie de couple. Le manque d'optimisme qui s'ensuit ne favorise pas les rencontres sentimentales et la création d'une vie de couple. Peut-être croyez-vous que la vie de couple ne peut être qu'inconfortable ou trop coûteuse pour votre budget ?

Jupiter permet de saisir les opportunités et représente la chance. La dualité entre opportunité et plaisir peut donner une impression que les opportunités qui se présentent ne plaisent pas vraiment, que les rencontres avec des personnes qui plaisent ne peuvent aboutir à un engagement dans une vie commune et conférer une difficulté à saisir les opportunités qui se présentent. Chez certaines personnes, certains comportements empêchent les opportunités de se manifester.

Scénario 2 : Jupiter domine et Vénus est rejetée ou mal intégrée.

Quand Jupiter domine chez vous, vous avez besoin de vous insérer dans la société, d'être utile et reconnu à travers une activité professionnelle, de confort et d'épanouissement, d'aventure, de vie et d'action, de faire la fête, de coopérer au sein d'un groupe ayant des objectifs communs, d'élargir vos horizons à travers des voyages ou à travers une activité culturelle, philosophique, religieuse ou spirituelle, d'affirmer votre autorité, d'exercer un pouvoir et de faire la loi. Vous avez alors tendance, le plus souvent inconsciemment, à percevoir le coté négatif de ce que représente Vénus, sa face obscure et ses défauts. Comme vous percevez les facettes les moins évoluées de Vénus, vous avez tendance à croire que l'une ou l'autre de ces facettes risque de vous perturber. Cela peut vous inciter à rejeter et refouler tout ou partie de Vénus.

Vous pouvez alors avoir des difficultés, dans le cadre de vos études supérieures ou de votre activité professionnelle, lorsque vous êtes dans un groupe ou lorsque des intérêts sont en jeu, à créer des relations harmonieuses, à exprimer votre affectivité, à vous montrer agréable et conciliant, à faire des choix, à tisser des liens avec autrui, à partager ou à créer un climat d'entente et d'harmonie. Cela peut parfois attirer dans votre vie un environnement professionnel où les gens sont désagréables et peu équilibrés. Une dissociation entre l'image que vous avez de votre vie professionnelle et l'image que vous avez de vos finances peut vous donner des difficultés à bien gagner votre vie à travers votre activité professionnelle. Vous pouvez ressentir une incompatibilité entre ce qui vous fait plaisir et ce qui vous confère un sentiment d'utilité sociale, c'est à dire votre activité professionnelle, vos affaires et vos intérêts. Cela peut vous donner l'impression que même si vous vous sentez utile et que vos affaires marchent bien, ce que vous faîtes ne vous plaît pas vraiment et ne correspond pas à vos goûts et à vos envies. Cela peut aussi vous donner des difficultés à exploiter ce qui vous plaît pour vous insérer professionnellement.

Quelquefois, vous pouvez avoir l'impression que, malgré la quantité de travail fourni et l'approbation de vos supérieurs, vous n'êtes pas assez rémunéré. Chez certaines personnes, le fait d'être rémunéré peut engendrer une certaine gêne et une sensation d'inconfort. Cela peut donner une tendance à fournir un service utile sans en retirer le profit mérité. D'autres personnes aspirent à un certain confort sans vouloir dépenser un sou ou sans vouloir fournir le moindre effort.

Scénario 3 : Vénus, (sentiments, désirs, besoins relationnels) dominent en excès

Jupiter tend à amplifier les besoins et les caractéristiques psychologiques correspondant à la planète avec laquelle il est en relation. Dans le cas d'un aspect dissonant Vénus-Jupiter, ce sont vos désirs, votre sensualité, vos sentiments, vos appétits matériels ou financiers et votre désir d'entrer en relation avec autrui qui sont amplifiés d'une manière excessive. Un désir exagéré de séduire, de plaire et de plaisir peut se traduire par une boulimie sensorielle ou relationnelle. Peut-être accordez-vous trop de pouvoir à vos désirs, à vos envies ou à ceux des autres au point qu'ils doivent être satisfaits dans l'immédiat, même s'ils ne sont pas raisonnables.

Mais à force de vouloir vous conformer aux désirs des autres, vous risquez de perdre une partie de votre espace vital. Certaines personnes ne vivent que pour le plaisir qui font la loi dans leurs vies. Elles dépensent trop d'énergie pour leurs plaisirs et mènent une vie futile, parfois pour fuir les contraintes du système et de la vie active. D'autres ont tendance à rechercher des relations faciles qui ne donnent pas la possibilité de s'épanouir. Quelquefois, une sensualité déchaînée et déréglée peut mener au libertinage, aux relations échangistes, à une forme de prostitution et à la débauche.

Scénario 4 : Jupiter s'exprime d'une façon excessive ou à travers ces défauts.

Jupiter correspond au besoin d'espace et à son organisation, aux voyages et à tout ce qui concerne l'étranger. Il y a souvent à la base de la relation Vénus-Jupiter une peur de manquer d'espace vital dans la relation. Cela se traduit par la crainte d'être étouffé par l'autre ou par la relation affective. Il vous faut énormément d'espace dans votre vie sentimentale et l'on peut alors parler de claustrophobie affective. Vous pouvez ainsi avoir besoin d'un certain éloignement, d'une certaine distance géographique entre vous et votre partenaire.

Concrètement, cela peut vous pousser à rechercher des relations sentimentales avec des personnes qui habitent loin, parfois à l'étranger, qui sont de passage dans votre ville ou qui vont bientôt quitter votre région.
Si la personne de votre choix habite loin, des trajets plus ou moins long sont nécessaires pour entretenir la relation. Et si vous envisagez à terme un déménagement, vous allez être obligé de parcourir de nombreux kilomètres, et de quitter vos attaches, ou votre travail pour aller la rejoindre.

D'un autre coté, peut-être prenez-vous trop de place dans la relation au point d'étouffer votre partenaire parce que vous ne lui laissez pas assez d'espace vital. Vous avez alors tendance à en faire trop ou à trop demander, à être exubérant et démesurément démonstratif, ce qui peut devenir difficile à supporter. Jupiter représentant l'étranger et l'exotisme, vous pouvez être attiré par des personnes typées, ayant des traits exotiques ou des d'origines étrangères. Vous pouvez également faire des rencontres importantes suite à un long déplacement, en voyage ou en vacances.

Jupiter représente l'autorité protectrice et rassurante, le désir de pouvoir, la loi et le besoin de faire la loi. Si vous êtes concerné(e) par cette facette de la relation Vénus-Jupiter, vous pouvez avoir des sentiments ambivalents de rejet et d'attirance simultanée pour l'autorité et le pouvoir. Vous recherchez une personne sur laquelle vous pouvez vous appuyer et qui vous rassure par son autorité tout en ayant peur que cette personne abuse de ce besoin et se serve de son pouvoir à vos dépens. Vos peurs et vos réactions de rejet sont liées à une image du pouvoir qui enchaîne et qui étouffe tandis que vous avez un puissant désir de pouvoir qui rasure et protège. Seulement, vous pouvez avoir tendance à croire que le pouvoir ne se manifeste que sous une seule forme, celle du pouvoir limitatif et étouffant.

Vous pouvez alors attirer par des personnes qui vous rassurent par leur autorité, mais qui vous écrasent aussi. Cette tendance à considérer l'autorité dans son coté négatif peut provenir d'une impression que, dans votre passé, des personnes incarnant l'autorité, vos parents ou des professeurs, ont abusé de leur pouvoir envers vous. Vous avez peut être alors une peur bleue d'être dominé par l'autre, une peur qu'on vous « mette le grappin dessus » et que l'on vous étouffe. Par réaction, cela peut vous donner tendance à vous imposer de façon abusive dans la relation. Vous êtes autoritaire. Vous voulez à tout prix faire la loi et donner des leçons au point quelquefois de faire du colonialisme affectif.

Des conflits de pouvoir peuvent alors être nuisibles à votre vie affective. Il est également possible que vous donniez trop de pouvoir et d'autorité aux autres ou à votre conjoint, et que vous en ayez peur ?

Dans un autre ordre d'idées, parce que Jupiter représente la loi, vous pouvez être attiré par des personnes mariées ou divorcées. Jupiter représente le monde extérieur avec ses règles et conventions, la vie professionnelle, les affaires, les voyages et les longs déplacements. Il confère le sentiment d'être utile socialement et honorable. Vous pouvez avoir tendance à vous mettre dans des situations professionnelles qui gênent votre épanouissement affectif et votre vie de couple.

Quelquefois, une mutation ou de longs et fréquents déplacements d'ordre professionnels peuvent créer une situation d'éloignement dans votre couple et rendre difficile un vécu affectif au quotidien. Cette situation peut cependant vous apporter l'espace dont vous avez besoin. Plus fréquemment, votre vie professionnelle vous mobilise tout votre temps et toute votre énergie, à travers des responsabilités, des réunions ou des voyages. Vous n'avez alors plus la disponibilité de vous consacrer à votre vie de couple, à vos loisirs ou à ce qui vous fait plaisir. Certaines personnes se servent de leur surcroît d'activité professionnelle pour ne pas s'engager affectivement et pour ne pas faire face à leurs peurs de l'engagement. Peut être voulez vous assumer trop de responsabilités pour être à tout prix utile socialement, au point de négliger votre vie affective et vos envies ? Ce besoin d'utilité peut influencer votre vie relationnelle.

Vénus vous incite à entrer en relation avec des personnes pour lesquelles vous ressentez des affinités, par lesquelles vous vous sentez attiré et avec lesquelles vous pouvez partager. Vous avez alors besoin de plaire, de séduire et d'affection. L'influence de Jupiter peut dans ce cas vous prédisposer à vous lier qu'avec des personnes avec qui vous pouvez faire des affaires, qui peuvent vous être utiles ou pour lesquelles vous pouvez être utile. Vous pouvez avoir des difficultés à créer des liens si vous n'y voyez pas d'intérêt et de récompense possible, où si l'autre n'a pas besoin de vous. Et vous pouvez avoir tendance à attirer des personnes qui ne s'intéressent à vous que pour vos compétences et votre professionnalisme. Peut-être croyez-vous que vous pouvez plaire, être aimé et recevoir de l'affection que si vous êtes utile ? Cela prédispose parfois à ne vivre qu'en fonction des circonstances extérieures, des opportunités qui se présentent, des obligations qui s'imposent, de comportements "politiquement corrects", de conventions et de normes sociales.

Peut-être croyez-vous alors que vous pouvez plaire, séduire et être aimé que si vous êtes sage, que si vous vous conformez aux attentes de votre environnement socioculturel, que si vous êtes dans les normes ? Si c'est votre cas, vous risquez alors de vous dépersonnaliser et vivre une vie qui ne correspond pas vraiment à votre nature affective, à vos goûts et à vos envies, une vie qui ne vous plaît pas vraiment.

Jupiter représente les différentes religions et philosophies, les peuples et leurs cultures, les classes sociales et la situation sociale. Parfois, l'aspect dissonant Vénus-Jupiter prédispose à être attiré par des personnes de culture, de race, de religion, d'opinions philosophiques ou politiques, de conditions sociales ou de situations financières radicalement opposées à la vôtre. Ces différences peuvent constituer des obstacles difficiles à franchir pour établir une vie de couple. Elles peuvent à tel point vous opposer à l'autre que vous soyez obligé de vous séparer.

Expression positive consciente et naturelle : Lorsque vous apprenez à maîtriser cette partie de votre personnalité et à utiliser toute sa richesse et lorsque vous avez fait le chemin pour exprimer cette relation en pleine conscience et d'une manière positive.

Afin de faire évoluer la relation Vénus-Jupiter dissociée et dissonante vers une relation dynamique, il est nécessaire d'effectuer un travail sur ce que représente Vénus et Jupiter. La relation dynamique devient possible quand le lien existant entre Vénus et Jupiter est géré consciemment et d'une façon constructive. Avec Vénus, le travail concernera d'une part vos goûts, vos désirs, vos sentiments, vos envies, votre plaisir et votre sensualité.

D'autre part, il concernera votre image de la mère, de la femme et du couple ainsi que votre aptitude à entrer en relation avec autrui pour créer des liens. Vénus représente également vos finances, votre besoin d'enrichissement et votre aptitude à gérer l'argent. Avec Jupiter, ce travail concernera d'une part votre aptitude à vous insérer dans la vie professionnelle, les effets de votre vie professionnelle sur votre vie affective ou vos loisirs, vos attitudes dans le travail ainsi que la relation que vous avez avec le pouvoir et les autorités.

D'autre part, seront concernés votre philosophie de vie ou votre culture, votre besoin d'espace et d'aventure, votre jugement, votre besoin d'être utile et reconnu, votre autorité, la confiance en soi et l'usage que vous faites du pouvoir. L'étude et l'expérience des cultures et des langues étrangères peuvent contribuer à élargir vos horizons intérieurs et extérieurs.

Le plaisir, l'enrichissement et l'harmonie : Il peut être important pour vous de savoir et de définir ce qu'il vous plairait de faire dans votre vie professionnelle. Il faut ensuite vous donner les moyens de vous orienter vers cette activité. Il peut aussi être important pour vous de définir le salaire minimum dont vous avez besoin, en étant raisonnable et en tenant compte de la crise économique. Il vous appartient également de faire un effort pour être tolérant(e) et pour contribuer à créer un climat d'entente et d'harmonie au sein de votre environnement professionnel.

Le bonheur : Peut être avez vous des difficultés à croire au bonheur ? Ou peut-être croyez-vous que le bonheur tombe du ciel que pour les personnes qui ont de la chance ? Il vous faut alors prendre conscience que le bonheur demande à être créé et que c'est à vous de le faire. Le livre du bonheur, écrit par Bô Yin Râ, aux éditions Médicis, peut vous servir de guide. Il peut également vous être utile de définir ce qu'est le bonheur pour vous et d'observer les personnes de votre environnement qui ont su créer leur bonheur.

Les finances : Vous avez vos désirs et vos envies, et celles ci ont un coût. Mais lorsque vous avez le désir de dépenser pour satisfaire une envie, vous veillez à ne pas déséquilibrer votre budget et à éviter de gaspiller. Lorsque vous avez de l'argent, vous le dépensez et lorsque vous n'en avez pas, vous mettez de coté vos envies en attendant de pouvoir les satisfaire. Vous gérez votre budget en étant équilibré et en accordant vos envies à vos moyens. Si cette gestion peut avoir l'inconvénient de devoir faire des concessions quant à vos envies, elle a l'avantage de vous rendre serein et d'éviter des problèmes avec les organismes financiers. Vous savez que l'argent tombe rarement du ciel et vous savez vous donner les moyens de gagner ce dont vous avez besoin.

Vous savez que tout objet fabriqué ou tout service rendu à une valeur. Et si vous pouvez vous montrer généreux en faisant du bénévolat, vous savez aussi vous faire rémunérer lorsque vous mettez vos compétences au service d'autrui.

La sensualité : Vous gérez votre sensualité en fonction de l'énergie dont vous disposez de façon à ce qu'elle ne vous empêche pas de remplir vos obligations professionnelles, de façon à éviter les excès, à ne pas profaner le caractère sacré du couple et de façon à ne pas avoir honte de vous-même. Si le plaisir peut avoir une place importante dans votre vie, il ne fait pas la loi et vous savez en user sans en abuser. La conscience que céder à des désirs déraisonnables vous déséquilibre et vous déstabilise affectivement vous permet alors d'éviter les excès.

La gentillesse : Si vous êtes en général d'une grande gentillesse, vous veillez à ce qu'elle ne diminue pas votre autorité, votre aptitude à vous imposer et à faire valoir vos compétences et vos droits. Et vous faîtes la différence entre ces situations où vous pouvez vous montrer aimable, conciliant voire adorable et les situations ou il est nécessaire de s'imposer, d'être ferme et de manifester de l'autorité. Vous vous fixez des limites et réagissez vivement si vous estimez que l'on abuse de votre gentillesse.

Le ressenti affectif : Vous avez vos goûts, vos préférences et vos élans affectifs, et vous savez les mettre de coté quand cela est nécessaire. Et si en toutes circonstances ou chez toute personne, vous savez ce qui vous plait ou ne vous plait pas, vous savez considérer objectivement les enjeux et les paramètres d'une situation ou d'un contexte et reconnaître chez chaque personne ce qu'il y a de positif en elle, ses mérites ou ses compétences. Lorsque vous avez appris à gérer consciemment votre sensualité, vos finances, vos désirs et votre besoin des autres, vous pouvez découvrir en vous des talents d'artiste ou de gestionnaire financier, des aptitudes relationnelles et un pouvoir de séduction au-dessus de la moyenne. Vous pouvez alors vous servir de ces aptitudes vénusiennes dans votre métier et en retirer profit et reconnaissance.

La capacité à être satisfait en se contentant de la situation présente tout en cherchant à aller plus loin, la confiance en soi et l'optimisme sont des valeurs clefs à travailler : Peut-être êtes vous facilement insatisfait de votre relation sentimentale ? Mais cela n'est t'il pas du à une tendance à focaliser sur ce qui ne va pas, sur les lacunes de l'autre, sur les inconvénients de cette relation ? Ou peut être avez vous systématiquement tendance à comparer votre relation ou votre partenaire avec d'autres, et à croire que les autres ont plus de chance que vous ?

Toute relation comporte des avantages et des inconvénients et toute personne a des qualités et des défauts. Vous pouvez renverser la vapeur en apprenant à focaliser en premier lieu sur les avantages de votre relation et à mettre en valeur le coté positif de l'autre, ce qui vous plait chez votre partenaire. Cela ne signifie nullement être naïf ou occulter les difficultés. Il s'agit d'apprendre à adopter un certain point de vue, un certain état d'esprit, c'est à dire à considérer que la bouteille est à moitié pleine et non à moitié vide.

Lorsque vous apprenez à voir ce qu'il y a de positif en chacun, vous faîtes ressortir ces éléments positifs qui peuvent alors s'exprimer. Si vous cherchez avant tout à voir les défauts de l'autre, non seulement vous faîtes ressortir ses défauts mais vous vous empêcher de voir ce qu'il y a de meilleur chez votre partenaire. En apprenant à voir le bon coté de chacun, vous développez votre confiance en autrui et vos relations seront plus harmonieuses. Le chapitre sur l'optimisme dans le livre du bonheur écrit par Bô Yin Râ peut vous faire prendre conscience du rôle, de la valeur et de l'utilité de l'optimisme. Le jugement ou la capacité à émettre une opinion après avoir pris en considération différents paramètres : Le fait d'avoir une idée ou une image claire du pôle complémentaire recherché peut vous éviter de faire des erreurs de jugement dans vos choix affectifs.

Vous portez en vous une image ou un modèle "idéal" du sexe complémentaire. Quand un trait de caractère ou une façon d'agir vous plait chez une personne, c'est que cela résonne ou fait écho à votre idéal. Vous pouvez ainsi prendre conscience de votre partenaire intérieur en faisant le point sur les différentes personnes de sexe complémentaire qui ont été importantes dans votre vie (parents, famille, ami(e)s, relations sentimentales).

Vous pouvez ainsi définir, au niveau émotionnel, mental, sentimental, au niveau de l'action et du monde extérieur et d'un point de vue moral ou spirituel ce qui vous correspond. Votre thème astrologique peut également vous aider à établir un portrait de votre partenaire intérieur(e).Lorsque vous rencontrez une personne qui vous séduit, vous prenez le temps de faire connaissance, de vivre des expériences en commun et vous créez des liens.

Vous prenez conscience que vous avez en vous la capacité à évaluer la situation dans sa globalité et vous exercez cette faculté. Vous pouvez aussi vous poser des questions telles que : l'attirance est-elle réciproque ? Cette personne est-elle libre et prête à s'engager ? Pouvez-vous vous épanouir ensemble ? Ensuite, la décision de vous engager vous appartient.
Le contexte extérieur, la capacité à se donner les moyens d'atteindre un objectif, la sensibilité à l'idée de concessions-récompenses, la négociation et les échanges, les échanges culturels ou spirituels : Vous prenez conscience que toute personne évolue dans un contexte familial, culturel et professionnel et vous apprenez à tenir compte de ce contexte.

Vous connaissez l'importance, dans une relation sentimentale, que peuvent avoir les sorties, les relations, les activités partagées et vous œuvrez pour donner une vie à votre relation. Vous savez qu'une relation affective à un coût matériel et vous vous donnez les moyens financiers d'assumer ce coût. Vous avez par rapport à l'autre et à la relation, des désirs, des besoins et des attentes. Vous en parlez avec votre partenaire. Vous essayez de prendre conscience des besoins, désirs et attentes de l'autre et de les satisfaire.

De cette démarche généreuse naît un partage qui ne peut être que bénéfique à votre relation. Vous prenez ainsi conscience que lorsque vous faîtes mutuellement des concessions volontairement, vous en retirez des satisfactions. Il s'agit là d'une toute autre démarche que celle ou l'un domine et l'autre cède. Si vous avez des intérêts culturels ou spirituels, il vous faut évaluer leur importance dans votre vie et décider s'il vous est essentiel de partager ces activités avec votre partenaire.

Vous êtes alors libre de vous lier avec une personne qui partage vos centres d'intérêts. Si vous vous liez avec une personne qui vous convient, qu'elle ne partage pas vos centres d'intérêts mais qu'elle en a d'autres, cela peut être une différence complémentaire qui enrichit votre couple. Et vous pouvez partager vos centres d'intérêts avec des ami(e)s. L'autorité protectrice et rassurante, le désir de pouvoir, les règles, la loi et le besoin de faire la loi : Il vous appartient de faire la différence entre "autorité constructive" et l'autorité dominatrice qui prive du libre arbitre, puis de prendre conscience de la valeur, du rôle et de l'utilité, dans la vie, de l'autorité constructive. L'autorité naît en général d'un savoir et de compétences.

En développant votre savoir et vos compétences, vous apprendrez à maîtriser votre domaine et à être sur de vous. Vous apprendrez ainsi à développer votre propre autorité et à ne plus avoir peur de l'autorité. Vous pourrez alors exprimer une autorité "juste" et en "harmonie avec les exigences de la situation présente", et développer votre aptitude à créer un climat sécurisant dans vos relations. Vous serez également capable de tenir compte des conseils d'autrui, d'évaluer la valeur de chaque conseil et d'en tirer un bénéfice.

Vous avez peut-être tendance à considérer toute règle et toute loi comme des contraintes désagréables et limitatives. Tout comme pour l'autorité, il est important pour vous de faire la différence entre les règles et lois constructives, et celles qui sont contraignantes et limitatives. Dans un sens positif, les règles et loi ont comme utilité celle de structurer et de protéger des forces destructrices. S'il n'y avait pas de règles et de lois, la société serait livrée aux caprices des egos individuels et des pulsions destructrices de nos démons intérieurs. De même lorsque les règles sont trop sévères, le résultat obtenu est à l'opposé du résultat recherché. Ces règles excessives engendrent une paralysie, le désordre et la révolte. Vous pouvez le constater à une échelle collective en observant les événements qui se déroulent dans certains pays d'Afrique ou d'Asie. Il n'appartient qu'à vous de développer dans votre vie sentimentale des règles qui structurent et qui protègent des forces destructrices.

Peut-être considérez-vous le fisc d'un mauvais œil parce que vous ne voyez que les gaspillages de l'argent public ou les détournements de fonds publics. Où peut-être vous imaginez-vous sans arrêt ce que vous feriez avec l'argent que vous donnez à l'état ? S'il est malheureusement vrai qu'une partie de l'argent publique sert à des buts douteux et peu constructifs, la majeure partie de cet argent est utilisée pour l'éducation, la défense, les voies de circulation, la santé ou vers des domaines utiles et nécessaires au bon fonctionnement de la société.

En essayant de considérer la face positive des finances publiques et votre contribution en tant que citoyen à ces finances publiques, vous gérerez mieux les effets qu'on sur vous les diverses taxes et prélèvements dont vous faîtes l'objet.

Si vous rejetez l'institution qu'est le mariage, il serait dans un premier temps important de formuler les raisons de ce rejet. Vous pouvez ensuite vous informer quant au rôle et à la valeur du mariage d'un point de vue spirituel. Les livres "la puissance de l'amour" écrit par Raphael Payeur aux éditions de l'aigle et "le Mariage" écrit par Bô Yin Râ aux éditions Horteclos peuvent vous amener à prendre conscience du rôle avant tout spirituel du mariage ; la relation sentimentale consacrée par un mariage dans le monde extérieur n'étant autre chose que la manifestation dans le monde matériel, du mariage spirituel.

La capacité à saisir les opportunités et la chance : Peut être vous dîtes vous que vous n'avez pas de chance dans votre vie relationnelle ? La chance obéie cependant à des lois que sans doute vous ignorez ? Elle nécessite certaines conditions. La première est de savoir ce que vous voulez et ce que vous voulez vivre. Pour cela il faut formuler et imaginez ce que vous voulez. Il faut ensuite croire que ce que vous voulez est possible, et donc être optimiste ou avoir la foi. La seconde est de vivre de façon telle que vous attirez les événements positifs. La peur et le manque de confiance en soi, le doute, la jalousie, la méchanceté, la haine, la mesquinerie, l'orgueil, la colère lorsqu'elle est permanente ainsi que l'abus des énergies sexuelles attirent des énergies négatives et empêchent les énergies positives et donc la chance de se manifester.

La troisième condition est l'action. Aide-toi et le ciel t'aidera dit l'adage. Pour que la chance se manifeste, il est nécessaire de sortir pour être présent dans votre environnement, d'utiliser votre énergie dans une activité (professionnelle, associative, sportive, culturelle). de rencontrer des gens et de créer des liens avec eux. A partir du moment ou vous savez ce que vous voulez et ou vous apprenez à voir ce qu'il y a de positif dans toute situation et chez les personnes que vous rencontrez et que vous avez un état d'esprit positif, vous apprendrez à saisir les opportunités qui se présenteront inévitablement.

Le besoin d'espace : Dans le cas où vous n'êtes pas prêt à vous engager, vous avez tendance à rencontrer des partenaires qui sont dans le même cas. Jusqu'à ce que vous soyez prêt, votre vie affective peut être faîte d'une suite d'aventures, à la manière d'un voyage d'exploration. Ce passage de votre vie peut vous permettre de vous construire sentimentalement et de définir de plus en plus clairement ce que vous recherchez.

Vous pouvez par exemple rencontrer une personne qui habite loin. Il vous faut alors analyser la situation. Vous savez que pour construire une relation, il est nécessaire de passer un certain temps ensemble et de partager des expériences vécues en commun. Pour cela, vous serez contraint d'effectuer des déplacements en tenant compte des impératifs professionnels de chacun. Par la suite, si il y a un désir mutuel de vie commune, vous pouvez alors négocier avec votre partenaire un déménagement. Vous avez conscience d'avoir besoin d'espace vital dans votre vie de couple. Vous vous arrangez pour vivre à deux dans un lieu suffisamment grand pour ne pas avoir le sentiment d'étouffer, ou vous choisissez d'habiter dans deux appartements séparés très proches l'un de l'autre.

De cette façon, vous vous accordez l'espace vital dont vous avez besoin et négociez cet espace avec votre partenaire. Vous gérez votre temps de façon à vous consacrez aux occupations que vous ne pouvez faire que seul tout en gardant une place pour des moments où vous partagez avec votre partenaire un vécu commun.

Le pouvoir, l'autorité et la loi : Il peut dans un premier temps vous être utile de prendre conscience du pouvoir que vous donnez aux autres ou à votre partenaire. Il peut également être important pour vous de remonter à la source de la peur que vous avez du pouvoir ou d'être dominé. Il peut s'agir d'un abus d'autorité ou d'une carence d'autorité vécue dans votre passé.

Ce genre de peur peut être traité par une psychothérapie ou plus simplement en vous liant avec des personnes qui ont de l'autorité et qui en font un bon usage. Vous pourrez alors apprendre à croire que l'autorité et le pouvoir ont aussi des cotés positifs ou bénéfiques, et vous liez avec une personne qui exprime son autorité d'une façon constructive. Il y a des chances pour que vous soyez attiré par une personne ayant une certaine autorité et exerçant une profession ou l'autorité est nécessaire. Vous êtes alors libre d'évoquer cette notion de pouvoir avec votre partenaire et de gérer consciemment l'autorité et le pouvoir au sein de votre vie de couple.

Si vous êtes autoritaire et avez constamment besoin de faire la loi au sein de vos relations, vous pouvez réfléchir sur les conséquences de telles attitudes. Peut être est-ce du à une peur inavouée d'être dominé ? Et si vous avez une autorité naturelle sur les autres, vous pouvez alors apprendre à l'exprimer de façon juste et ce consciemment, de façon à ce qu'elle ne soit pas étouffante pour autrui. Cette autorité, lorsque vous êtes en relation avec autrui, peut être exploitée dans un métier relationnel. Vous pouvez alors, lorsque cela est nécessaire, assumer vos responsabilités et faire preuve d'une puissante autorité dans la mesure où vous savez mettre de côté vos sentiments et vos préférences.

Vous savez également alterner entre des moments où vous faîtes preuve d'autorité, où vous cherchez à convaincre et à vous imposer, et des moments où vous savez être conciliant, témoigner de la douceur et vous montrer diplomate. Le monde extérieur, la vie professionnelle et le besoin d'utilité : La vie professionnelle moderne impose des contraintes et demande une grande disponibilité, mais elle offre en échange des compensations. Elle peut cependant empêcher le bonheur conjugal si elle ne donne pas la disponibilité de faire vivre le couple. Un des défis de la dissonance Vénus-Jupiter est de trouver un équilibre entre votre vie affective et votre vie professionnelle.

D'un point de vue du développement personnel, le couple, qui est une expérience indispensable pour retrouver l'unité intérieure, est aussi important que la vie professionnelle. Vous êtes libre de choisir une activité professionnelle qui vous laisse la disponibilité nécessaire et d'organiser votre temps de façon à ne pas négliger votre vie de couple. Vous êtes aussi libre de vous lier avec des personnes qui peuvent se rendre suffisamment disponible pour consacrer du temps à leur vie de couple. Vous pouvez faire le point avec votre partenaire concernant sa disponibilité ou la votre, et vous réorganiser si la situation ne convient pas à l'un d'entre vous.

Vous vivez alors des moments où vous assumez votre vie professionnelle, vos responsabilités et où vous affirmez votre autorité. Mais si votre vie extérieure vous demande trop de temps et vous rend indisponible, alors vous réagissez. Vous veillez ainsi consciemment à ne pas négliger votre vie de couple, vos loisirs ou ce qui vous fait plaisir. Et les relations que vous vivez dans votre milieu professionnel sont sans doute très différentes de celle vécues en dehors de votre travail. Puis vous vivez d'autres moments où vous vous consacrez à votre vie de couple, aux gens que vous aimez ou à ce qui vous fait plaisir, sans tomber dans les excès et sans que cela nuise à votre vie extérieure. Ces deux expériences de vie tendent à être vécues dans des états d'esprit et des contextes très différents et parce qu'elles sont vécues consciemment, elles peuvent devenir d'autant plus enrichissantes.

Il peut être important pour vous de réfléchir à la notion d'utilité et de plaisir, et de faire la différence entre ces deux valeurs. Vous pouvez alors être doué pour créer des liens agréables avec des personnes qui vous plaisent et à qui vous plaisez, sans que vous leur soyez forcément utile ou qu'elle vous soit utile. Et vous pouvez aussi créer des relations avec des personnes avec qui vous faites affaires, auprès de qui vous pouvez être utile et qui vous sont utiles. Ce ne seront pas forcément les mêmes personnes mais vous vous apercevrez que chacune de ces deux catégories de relations vous apportent en fin de compte quelque chose.

La notion de culture, de peuple, de classes et de situation sociale : L'amour ignore les frontières, les cultures, les nationalités, les opinions et les classes sociales. Il est ainsi possible que vous deveniez amoureux d'une personne de classe sociale, de milieu, de race, de culture, de religion, d'opinions philosophiques, politiques ou spirituelles totalement en contradiction avec les vôtres. Il n'appartient qu'à vous de réfléchir avant de vous engager et d'évaluer si ces différences constituent pour votre vie de couple un enrichissement ou si les obstacles qui peuvent survenir vous paraissent insurmontables, et de décider si l'engagement en vaut la peine ou non. Il peut être alors intéressant de rencontrer des couples qui sont dans le même cas que vous. Il peut également être intéressant de réfléchir à l'idée que la culture, le contexte, la classe sociale, la religion et les opinions ont certes une influence qui nous conditionne, mais qu'ils ne sont qu'un vêtement, une forme extérieure qui structure notre vie extérieure. Au-delà de cette identité extérieure existe une identité spirituelle éternelle, que l'on emporte dans l'au-delà. Et si l'on se positionne en fonction de cette identité éternelle, il devient possible de considérer les différences extérieures comme un enrichissement.

ASPECT HARMONIQUE VENUS-SATURNE

Il y a dans votre thème astral une relation permanente, continue et symbiotique entre Vénus et Saturne qui s'expriment en vous comme deux partenaires. Comme vous êtes sensible aux effets positifs que chaque planète a sur l'autre et que vous croyez que lorsque vous vivez l'une des planètes, l'autre viendra systématiquement la soutenir, vous récoltez le meilleur de chacune de ces deux fonctions psychologiques et des expériences qui y sont associées.

Le plaisir, la joie et le bonheur sont chez vous comme un chantier en construction où comme un chemin qu'il faut parcourir. Pour éprouver du plaisir et ressentir de la joie, vous avez besoin de vérité, de simplicité, de profondeur, d'être en accord avec vos valeurs morales, d'ordre, de respect, de temps, d'honnêteté, de vous sentir en totale sécurité et de vous en donner la permission.

Avec de tels besoins, il n'est donc pas toujours simple d'éprouver du plaisir et de ressentir de la joie ! Mais quand cela arrive, ça se passe dans les profondeurs de votre être et il devient évident que votre véritable nature, votre nature profonde, est celle d'une personne joyeuse et heureuse.
La relation Vénus-Saturne vous demande d'évoluer spirituellement et de mûrir. Elle peut aller de pair avec des comportements qui peuvent initialement retarder votre épanouissement relationnel, affectif et sensoriel mais qui peuvent à la longue favoriser la création de liens solides.

Vous avez en effet la tendance, la capacité et le besoin, lorsque votre vie de couple ou des sentiments sont en jeu, à être sensible aux imperfections pouvant exister, à vous poser les questions essentielles ou existentielles et à chercher les réponses, à remettre les choses en question lorsque cela vous paraît nécessaire, à voir les difficultés en face avec une attitude critique, à résister à ce qui est, à voir les choses à long terme et à faire preuve de prudence. Vous considérez le couple, la vie relationnelle et vos finances avec sérieux et gravité. Vous avez le besoin et la capacité de construire une union ayant des fondements solides, une relation durable et de qualité basée sur le respect mutuel, sur la vertu morale et des relations sociales de qualité. Et surtout vous avez besoin de temps.

Vous avez besoin d'avoir confiance en l'autre et de vous sentir en sécurité pour aimer. Vous avez spontanément tendance à discipliner, à contrôler, à maîtriser vos désirs charnels ou vos sentiments. Vous avez une tendance naturelle à résister aux sollicitations affectives et sensorielles en élaborant un système de défense fait de principes moraux, de règles, de théories, de revendications et d'exigences. Cela vous permet d'être sélectif dans vos choix affectifs et de vous protéger vis à vis de tout ce qui ne vous parait pas sain. Si vous n'êtes pas un fanatique des relations charnelles, une sexualité vécue sainement peut néanmoins contribuer à renforcer votre relation et à créer ce qu'au fond vous recherchez, l'union des corps et des âmes dans le cadre d'une relation durable.

Vous avez parfois besoin de perfection ou d'absolu pour aimer, soit en ce qui vous concerne, soit en ce qui concerne l'autre, soit par rapport à la relation. Vous ne tombez donc pas facilement amoureux et tendez à être exigeant. Parce que vous avez besoin de vérité, de profondeur et de sérénité intérieure, vous tendez à rejeter les relations superficielles, les flirts, les aventures passagères, les compromis hasardeux et les sollicitations sensuelles pour rechercher des relations authentiques, calmes, sereines et durables. Vous ne supportez pas que l'on vous manque de respect ou que l'on vous manipule.

Vos sentiments, vos élans affectifs et relationnels sont secondaires dans le sens où ils s'élaborent lentement et mettent un certain temps à parvenir jusqu'à votre conscience, à s'exprimer et à s'installer dans votre vie.
Vous avez le besoin et la capacité à prendre votre temps pour choisir un partenaire et pour vous investir dans une relation, car pour vous l'amour se construit, dans le temps, dans le respect, dans la confiance et dans l'engagement mutuel.

Dans la vie quotidienne, vous ne cherchez pas toujours à séduire, soit parce que vous doutez de votre valeur ou de vos moyens de séduction tant que vous ne les avez pas trouvés, soit parce que vous voulez plaire tel que vous êtes, par votre coté naturel et dépourvu d'artifice, et par la beauté intérieure que vous avez plutôt que par votre aspect extérieur. Vous avez parfois tendance à intérioriser et à dissimuler vos sentiments qui ne transparaissent pas. Vous pouvez avoir des accès de silence ou d'apparente indifférence et préférer l'échange en profondeur basé sur la certitude émotionnelle et sur la vérité du regard plutôt que sur les grands discours ou « le parler pour ne rien dire ». Cela peut vous conférer une froideur apparente.

Lorsque vous arrivez à lâcher-prise, à abaisser vos défenses et lorsque vous aimez, vous vous attachez, êtes fidèle et aimez en ayant une passion profonde et tranquille, dans la simplicité, avec pureté, profondeur et vérité. Votre charme discret et votre peu de démonstrativité cachent un amour profond. Vous pouvez alors être capable d'assumer les responsabilités qu'impliquent toute relation amoureuse, de construire un couple authentique vivant dans un bonheur profond et durable, un couple qui peut être le pilier ou le champ d'expérience nécessaire à votre évolution et à votre sécurité.

Et votre épanouissement affectif peut être favorisé par votre, honnêteté, votre intégrité, votre patience, votre bonne volonté, votre capacité à donner un sens profond à vos relations, par votre carrière et vos ambitions, par votre capacité à tirer des leçons des événements et par votre sagesse.

Vous pouvez avoir des facilités pour concrétiser vos désirs, pour gérer l'argent et de puissantes capacités de réalisation matérielles. Votre aptitude à gagner de l'argent et à bien le gérer peut alimenter votre sentiment de sécurité. Au niveau relationnel, Vénus-Saturne vous permet, grâce aux autres, à vos relations ou à votre vie de couple, de vous construire, de mûrir et d'évoluer spirituellement. Vous avez ainsi la possibilité de connaître, d'appliquer et d'incarner les lois éternelles ou les traditions concernant la vie de couple puis d'acquérir une sérénité et une certaine sagesse sentimentale vous permettant d'accéder à la liberté intérieure. La relation Vénus-Saturne peut vous conférer un coté traditionnel, classique et conservateur ainsi qu'un besoin profond d'ordre et de justice.

Vénus Saturne peut associer objectivité et sentiments, préférences, goûts et désirs personnels. Cela peut vous permettre d'être objectif dans votre ressenti corporel mais peut aussi vous prédisposer à confondre analyse objective et subjectivité en prenant votre propre vision des apparences et vos désirs pour la réalité.

Vos élans de séduction reflètent et correspondent à vos aspirations profondes d'où une certaine honnêteté dans vos comportements affectifs et d'où aussi des goûts, des désirs et des sentiments qui vous sont très personnels dans la mesure ou ils reflètent votre vérité intérieure et ou ils sont détachés des modes, des courants, des conventions sociales et des autres sollicitations extérieures.

La relation Vénus-Saturne vous prédispose à une union durable dans la mesure où d'autres facteurs n'interfèrent pas. Le mariage se fait quelquefois tardivement, lorsque vous avez atteint la maturité nécessaire, parfois après la trentaine. Votre vie affective évolue souvent par étapes et peut être vécue comme un chantier en construction, comme l'aboutissement d'un cheminement qui peut durer plusieurs années, comme une quête, comme une recherche de vérité ou comme une découverte de vous-même.

Une sensibilisation aux effets positifs de la fonction psychologique Vénus sur la dimension saturnienne de votre existence peut vous inciter à croire que vos élans affectifs, votre sens esthétique ou relationnel, votre partenaire, vos goûts, vos finances et vos préférences peuvent contribuer à favoriser votre carrière, l'évolution de votre situation, l'acquisition d'une maturité, d'une sérénité, d'une sécurité et d'une sagesse. Cela peut vous prédisposer à vous attacher à vos relations, à vos biens, à l'argent et au monde des apparences parce que ces éléments sont pour vous synonyme de sécurité. Suivant la prédominance de Vénus ou de Saturne, vous pouvez avoir besoin d'accumuler les biens et être bien ancré dans le monde matériel ou au contraire être détaché (du moins intérieurement) des biens matériels, des apparences et être capable de vivre avec peu.

Vous pouvez avoir des goûts, des aptitudes et des talents naturels pour structurer, bâtir, construire, gérer, organiser, contrôler, analyser, prohiber, fixer des limites, administrer, réfléchir, faire des recherches, gérer le temps et tenir compte du temps, travailler la terre ou la pierre, pour prendre soin de personnes âgées, pour créer des formes ou des objets et pour apporter sagesse et vérité.

Coté partenaire, vous avez tendance à attirer, ou être attiré par, des personnes mûres ou plus âgées, des personnes qui sont susceptibles par leur sérieux, leur sens des responsabilités, leur ambition, leur capacité de travail, leur statut social, leur sagesse, leur honnêteté et leur degré de développement, de vous sécuriser, de vous faire évoluer et d'instaurer une relation où règne confiance et sérénité. Ou ce peut être des personnes discrètes, réservées, sérieuses, profondes, bien organisées et ayant un sens de la construction.

Votre image de la féminité est celle d'une femme sécurisante, profonde, organisée, calme, responsable, respectueuse, mûre et sage. Les femmes peuvent contribuer à votre développement moral et spirituel, au développement de votre sens de l'organisation et de l'observation. Elles peuvent vous aider à vous construire et à trouver votre vérité profonde.

ASPECT DISSONANT/DYNAMIQUE VENUS-SATURNE

Il y a dans votre thème astral une relation permanente, mais discontinue, dissociée, duelle, tendue et conflictuelle, entre Vénus (vos désirs, vos plaisirs, vos sentiments, vos choix, votre relationnel) et Saturne (votre juge, votre relation aux structures), car ces deux planètes vibrent en vous à deux fréquences totalement différentes. Chaque planète veut se vivre, à sa façon, à travers vous et tend à considérer l'autre comme une rivale ou comme une perturbatrice. Vous avez alors tendance, soit à exprimer l'une puis l'autre des planètes d'une façon excessive, soit à vivre l'une des planètes et à rejeter l'autre parce que vous la considérez comme perturbatrice, parce que vous voyez son côté sombre plus que son côté lumineux. Tant que vous nourrissez ce conflit à l'intérieur de vous, vous récoltez le moins bon de chacune des deux fonctions psychologiques et des expériences qui y sont associées. La solution, que vous verrez plus bas dans le texte, est de vivre chaque fonction en pleine conscience et de savoir alterner rapidement et consciemment, entre chacune des deux fonctions psychologiques représentées par la planète Vous transformez ainsi une relation conflictuelle en une grande force et vous vivez cette relation de façon consciente et dynamique.

Cette facette de votre personnalité peut initialement engendrer, lorsqu'elle n'est pas maîtrisée, des difficultés dans la vie active, affective et relationnelle, des difficultés à faire des choix et à ressentir du plaisir et de la joie, des difficultés à vivre heureux sur Terre, des difficultés à vivre des relations harmonieuses et des difficultés pour se structurer, construire, être ordonné, respectueux et responsable, pour évoluer et pour trouver la paix intérieure. La cause de ces difficultés est une forte sensibilité à toute situation d'abandon ainsi qu'un conflit ou une dissociation entre votre besoin de partager et votre besoin de sécurité, entre votre besoin de créer des liens et votre besoin de solitude, entre votre besoin de vous détendre et votre besoin de travailler, entre votre besoin de facilité et votre besoin de qualité, entre un besoin de couple et un besoin de solitude, entre un besoin de partage et un besoin distance, entre un besoin de plaisir et une difficulté à être satisfait, entre un besoin de laisser aller et un besoin de tout contrôler, entre un besoin d'exprimer vos sentiments et un besoin de s'en détacher.

Ce conflit intérieur s'est parfois matérialisé dans votre passé par un manque affectif, par un traumatisme affectif suite à un abandon ou à la perte d'un être cher, par une personne dure et moralisatrice, ou par un juge moral intérieur pouvant gêner et quelquefois paralyser vos élans affectifs, à travers des peurs, des préjugés, des sentiments de culpabilité, un manque de confiance en soi, une timidité, des exigences jamais satisfaites ou un désir excessif de perfection. Un sentiment de culpabilité ou de devoir est parfois lié à la mère ou à une femme envers laquelle il y a peut être un attachement, une fixation ou au contraire un détachement excessif. Chez la femme en particulier, une difficulté à s'exprimer, un manque de confiance en soi, une tendance à culpabiliser ou à se sentir en insécurité et une inactivité synonyme d'ennui peuvent provenir d'un modèle maternel vécu comme étouffant, culpabilisant, rigide et moraliste.

Il est donc possible que vous ayez vécu au début de votre existence, de par vos comportements ou les circonstances extérieures, une situation affective difficile. Cela a pu vous rendre hypersensible aux séparations, aux ruptures relationnelles ou aux abandons et vous empêcher de construire votre vie dans la matière.

Pour bien intégrer cette facette de votre personnalité, il est important de comprendre qu'elle vous demande voire vous impose de vous détacher intérieurement de vos sentiments et du monde des apparences. Elle vous demande de vivre la vie de couple dans son sens spirituel éternel, c'est à dire comme une expérience ou une école qui prépare l'Homme et la Femme à l'union spirituelle telle qu'elle existait avant l'incarnation dans la matière et telle qu'elle existera dans un avenir lointain dans l'au-delà. La relation Vénus-Saturne vous demande donc de dépasser l'ego, le manque de confiance en soi et la peur, d'apprendre à gérer consciemment et de façon responsable vos sentiments, vos relations et votre vie de couple.

Elle vous demande également de savoir dire la vérité, de développer votre sens de l'organisation, de rompre avec les schémas psychologiques ou des relations rigides qui ne vous font pas évoluer ou qui ne correspondent pas à vos aspirations profondes, d'acquérir une certaine sagesse en ce qui concerne sentiments et relationnel et de parvenir à la sérénité intérieure.

Ce n'est en général que lorsque vous avez atteint une certaine maturité intérieure que votre vie affective peut devenir une source de bonheur durable. Cela nécessite souvent un travail de développement personnel à long terme. Les années autour de la trentaine et autour de 56 ans sont souvent des caps importants. Quand la relation n'est pas maîtrisée, vous avez alors tendance à incarner plusieurs scénarios, en alternant parfois de l'un à l'autre.

Scénario 1 : Vénus domine et Saturne (le juge, les structures), est rejetée ou mal intégrée à votre personnalité.

Quand Vénus domine en vous, vous vivez selon vos désirs, votre besoin d'être en lien avec autrui et selon vos sentiments. Vous avez besoin d'exprimer votre sensualité, de vivre en fonction de ce qui vous plaît ou ne vous plaît pas, en fonction des attractions et affinités que vous pouvez ressentir avec autrui. Vous vous consacrez alors à vos relations, à votre vie de couple, à vivre selon votre plaisir, vos goûts et vos préférences personnelles. Vous cherchez à vous enrichir et à gérer votre capital. Il vous faut agrémenter et embellir la réalité, attirer, séduire, créer du bonheur et de l'harmonie, partager avec l'autre, d'exprimer votre sociabilité envers des membres de votre civilisation et de jouer votre rôle dans la civilisation.

Vous pouvez alors être particulièrement sensible aux effets négatifs ou perturbateurs que peuvent avoir ou causer l'ordre et les structures, le fait de concrétiser, vos obligations et responsabilités professionnelles, votre carrière, votre âge, votre idéal de perfection, votre morale, toute introspection, toute remise en question, toute interrogation, toute forme de recherche, d'expérimentation et d'investigation, tout obstacle ou difficulté, la vérité et vos peurs, comme par exemple la peur d'être abandonné(e) ou la peur d'être jugé(e), la solitude, les effets du temps et l'influence du passé sur votre vie affective, vos relations, vos finances, vos plaisirs et vos loisirs. Vous pouvez aussi être très sensible aux difficultés à vaincre pour pouvoir exprimer pleinement vos sentiments et vos désirs, pour ressentir du plaisir ou pour pouvoir vivre vos relations de façon harmonieuse.

Une tendance à refouler tout ou une partie de Saturne peut se traduire par une difficulté à analyser les événements de façon réfléchie, à prendre du recul, à posez les vraies questions et à cherchez les réponses, à comprendre le sens profond de toute relation, à voir les problèmes en face et à faire le nécessaire pour réagir efficacement, à vous remettre en question, à tenir compte du temps dans la construction d'une relation, à voir les choses à long terme ou à faire preuve de maturité, de sérieux, d'honnêteté, de sagesse ou de moralité vis à vis de vous-même ou des autres. Un manque de maturité affective peut se traduire par une difficulté à prendre des responsabilités dans la vie de couple, par une tendance à attirer un partenaire qui n'est pas forcément capable d'assumer les responsabilités qu'impliquent la vie à deux, par une tendance à vivre la relation de couple comme une compensation à un manque affectif vécu durant l'enfance et à rester fixé dans une relation parent enfant.

Vous pouvez avoir des difficultés à prévoir, à vivre avec peu, à vous fixer des buts et des étapes, à tenir compte du temps, à être réaliste et pragmatique, à vous discipliner et à vous organiser de façon logique, à tenir compte des difficultés et à accepter de faire face aux obstacles, à rester calme et à garder votre sang froid dans des situations délicates. Vous pouvez également avoir des difficultés à avoir les pieds sur terre, à construire, à faire des efforts, à travailler dur, à faire preuve de persévérance voire d'obstination, à être simple ou patient, ou à faire preuve de maturité, d'honnêteté, de sérieux, de moralité et de sagesse dans votre vie affective, relationnelle ou financière.

Vous pouvez ne pas être très sensible aux questions de sécurité et de qualité, ou ne pas être assez exigeant et perfectionniste. L'isolement, la solitude, le silence, l'introspection, la méditation, la recherche des vérités éternelles, la recherche tout court, l'ésotérisme et la spiritualité et les responsabilités peuvent vous faire peur et vous déranger parce que vous avez l'impression qu'elles vous causent déplaisir et désagrément, ou qu'elles vous déséquilibrent.

Vous pouvez cependant être insatisfait dans votre vie relationnelle ou sentimentale parce que vous avez l'impression qu'il vous manque la sécurité et la profondeur, une certaine maîtrise des situations, une bonne gestion, une satisfaction de vos exigences, la construction de quelque chose de solide et de durable, les réponses aux questions essentielles et une certaine paix de l'âme.

Ou vous pouvez avoir l'impression que votre vie sentimentale ou relationnelle, certains de vos désirs, de vos plaisirs ou de vos relations privilégiées sont en décalage avec vos valeurs profondes, avec vos exigences, avec votre moralité ou avec les réalités concrètes du terrain, et qu'elles ne vous permettent pas d'évoluer, de grandir, de faire des découvertes vous permettant de tirer des leçons et d'être en paix avec vous-même.

Scénario 2 : Saturne, votre juge, domine et Vénus est rejetée ou mal intégrée.

Si vous êtes plutôt identifié à Saturne, tout est alors affaire de devoirs, de principes, de responsabilités, d'ambition, de travail et d'évolution. Vous pouvez être sensibilisé aux effets perturbateurs que peuvent avoir toute attache à un être ou à un objet, tout moment d'agrément et de détente, toute relation sentimentale, toute expression de vos goûts, désirs et préférences.

Cela peut vous prédisposer à refouler tout ou parti de la fonction psychologique Vénus. Vous pouvez alors avoir des difficultés à vous lier et à vous engager parce que vous avez l'impression que toute attache affective vous empêcherait d'évoluer vers une sérénité de l'âme, de mûrir, d'avancer sur votre chemin, de remplir vos devoirs, d'assumer vos responsabilités ou de satisfaire vos ambitions. Et si c'est ce que vous croyez, c'est alors ce que vous attirez et votre vie affective peut alors effectivement vous freiner dans beaucoup de choses. Vos convictions profondes, vos objectifs à long terme, vos sentiments de sécurité s'expriment d'une façon totalement différente de vos désirs, plaisirs et sentiments. Vous pouvez ainsi avoir l'impression que ce qui vous plaît ou vous attire ne correspond pas à vos attentes, à vos convictions et à vos exigences profondes. Inversement, vous pouvez avoir l'impression que des personnes mûres, celles qui vous sécurisent et qui vous font évoluer, ne vous plaisent pas vraiment ou qu'il n'est pas possible de partager avec elles sentiments et plaisirs.

Vos élans de séduction ne reflètent pas toujours vos désirs profonds et ne traduisent pas toujours une volonté d'engagement à long terme. Vous pouvez être doué pour séduire sans construire ni vous engager, pour soigner les apparences tout en restant accroché à vos principes ou pour faire semblant de faire des concessions sans céder un pouce de terrain. Ce rejet de Vénus peut vous donner des difficultés à créer des relations harmonieuses avec autrui, à croire au bonheur, à être équilibré, à vous engager affectivement dans une vie de couple ou à participer à votre civilisation. Il peut aussi vous donner l'impression qu'il manque à votre vie un équilibre, des moments agréables où vous faites ce qui vous fait plaisir, une vie relationnelle et une relation privilégiée où vos pouvez donner et recevoir de la tendresse. Cela peut alimenter une certaine insatisfaction qui peut alors engendrer des réactions de compensation.

Scénario 3 : Vénus   (les sentiments, désirs et besoins relationnels) domine en excès.

Si vous êtes plutôt identifié à Vénus, vous pouvez avoir tendance à l'être excessivement. Une réaction de compensation à une peur de la solitude, ou à une peur de subir un manque affectif, matériel ou sensoriel peut se traduire par une avidité ou par une boulimie affective, relationnelle, sensorielle ou matérielle. Vous pouvez avoir tendance à tellement vous situer en fonction de l'autre, à tellement vouloir vous conformer aux désirs d'autrui que vous en devenez dépendant, que vous y perdez une partie de votre liberté et que vous vous empêchez de vous exprimer de façon personnalisée, responsable et autonome.

L'influence excessive de Vénus peut entraîner une faiblesse morale qui empêche une bonne gestion des désirs et des passions. Une influence excessive des sentiments peut se traduire par une humilité ou une tolérance excessive, par une subjectivité empêchant de voir les choses en profondeur, par une tendance au laxisme, à l'indécision, à l'insouciance, au laissez aller et par une attitude partisane du moindre effort dès qu'il s'agit d'assumer des responsabilités. Vous pouvez avoir tendance à être trop bon et trop gentil, peut être par peur de décevoir, ou à en demander trop à l'autre au point que vos demandes sont parfois difficiles à supporter.

Il est important de comprendre qu'avec un aspect Vénus Saturne, une relation qui n'est pas fondée sur le respect, sur la confiance et sur l'engagement, qui ne vous fait pas mûrir ou évoluer vers une paix intérieure risque d'aboutir à une rupture mais aussi que les puissantes capacités de réalisation matérielle conférées par Vénus Saturne sont un moyen et non une fin en soi, et que la vie peut vous retirer ce que vous avez construit et amassé si cela freine ou empêche votre évolution.

Avec Vénus Saturne, l'apprentissage de la vie à deux peut être vécu comme un chemin long et difficile, évoluant par étapes et aboutissant rarement à une union durable avant la trentaine, dans les cas où il n'y a pas un célibat volontaire ou subit. Votre cheminement affectif peut néanmoins vous mener à une union ayant de solides fondements spirituels.

Avant cela peut être vivrez vous des périodes de solitude, un sentiment de solitude ou des difficultés matérielles jusqu'à ce que vous vous donniez le droit d'être heureux. Et même au sein de la vie de couple, vous pouvez être prédisposé à une impression de solitude et d'ennui, ou à passer de longues heures à attendre l'autre. Les ouvrages de Bô Yin Râ sur l'union, l'amour et le bonheur peuvent contribuer à votre développement.

Scénario 4 : Votre juge et votre besoin d'ordre et de structures sont en excès

L'influence excessive de Saturne peut se traduire par une difficulté à extérioriser vos sentiments et par une tendance à manquer de confiance en vos capacités à séduire, à aimer et à être aimé, et parfois carrément à atteindre le bonheur, comme si vous n'y aviez pas droit, alors que c'est souvent vous-même, par vos peurs, vos préjugés, vos croyances profondes ou votre inaccessibilité qui bloquez l'arrivée de votre propre bonheur par ce que vous vous l'interdisez.

Vous avez peut être tendance à examiner à la loupe ce qui ne va pas, à focaliser sur les difficultés, problèmes et imperfections, à trop analyser et réfléchir, à trop vouloir tout contrôler au point que vous ne savez pas vous laisser aller et faire confiance à l'autre. Vous pouvez avoir tendance à remettre sans cesse en question votre vie affective, à douter des sentiments que l'on vous porte au point d'être très vulnérable à la moindre impression de rejet ou au moindre silence, à abandonner l'autre par peur qu'il vous abandonne. Peut-être croyez-vous dur comme fer, dans une attitude défaitiste et pessimiste, que votre relation va s'effondrer, qu'elle ne va pas durer, que vous n'êtes pas fait l'un pour l'autre? Cela peut par réaction vous donner une tendance à vous accrocher à ceux qui vous sont chers et à être possessif.

Votre vie sentimentale peut être tellement organisée et structurée qu'elle en devient ennuyeuse, dépourvue de nouveauté, d'imprévus, d'agréments et de fantaisie. Peut-être vivez-vous dans la peur en pensant sans cesse aux conséquences éventuelles d'un deuil, d'une rupture ou d'une séparation ?

De tels comportements d'échec ne favorisent alors guère la création d'une union durable et il pourrait vous être bénéfique de suivre une psychothérapie pour modifier ce genre d'attitudes et de croyances.

Vous avez besoin, pour aimer, d'une totale confiance en l'autre, d'une sécurité et d'une sérénité absolue, de garanties en béton, d'une justification morale et d'une certaine perfection. Peut-être placez-vous parfois trop haut le prix à payer pour que l'autre mérite vos sentiments ? Vous pouvez avoir besoin de perfection pour aimer, soit en ce qui vous concerne, soit en ce qui concerne l'autre, soit par rapport à la relation. Vous ne tombez donc pas facilement amoureux et tendez à être exigeant.

Cette image de perfection, qui est un moyen d'évolution et non un but à atteindre, peut vous gêner car lorsque vous comparez l'autre, vous-même, ou votre relation à votre image de perfection, ou à vos exigences profondes, et que vous constatez les différences qu'il y a entre les deux, vous êtes alors facilement insatisfait, déçu et frustré. Cela peut vous amener à vous déprécier, à déprécier l'autre ou à adopter une attitude excessivement critique. Peut-être avez-vous peur d'aimer, d'être mal aimé, d'être rejeté ou de déranger au point de ne plus vouloir vous exposer, vous engager ou vous lier, pour ne plus souffrir?

Vous vous servez parfois de votre carrière, de vos responsabilités, de votre âge, de votre soit disant incompétence à rendre l'autre heureux, d'une peur de perdre votre sérénité ou votre pureté, ou d'une peur d'être selon vous coupable pour ne pas vous engager et pour ne pas créer votre bonheur.

Vos craintes, la tristesse et les complications qu'elles entraînent cachent cependant un profond et sincère désir d'amour parfait.

Vos excès de travail compensent parfois une peur du vide ou une peur d'en avoir pas fait assez et donc d'être coupable. Vous pouvez avoir tendance à considérer la vie affective comme un cheminement dont l'étape suivante vous parait inconnue, comme une quête, comme une forme de recherche sans fin, comme un chantier continuellement en construction, comme un lieu de découverte, mais à tel point que vous n'êtes jamais satisfait de la situation présente, que vous ne profitez pas des joies quotidiennes et que vous ne vivez pas dans le présent. Il y a toujours autre chose qui vous attend, des expériences à vivre, des découvertes à faire, des hypothèses à approfondir.

Cela vous donne parfois plein de bonnes raisons pour ne pas rencontrer l'autre ou vous ne pas vivre avec dans le présent. Mais vous pouvez passer à coté d'un bonheur présent à cause d'un avenir ou d'un devenir virtuel, potentiel et hypothétique. Un besoin excessif de sécurité peut vous rendre méfiant, susceptible, soupçonneux, avare et particulièrement égoïste. Vos sentiments peuvent être secs, durs, austères, froids voire glacés. Une peur de l'avenir peut vous rendre trop facilement inquiet, angoissé et tourmenté. Vous êtes parfois tellement sur la défensive et avez des systèmes de défenses tellement efficaces que vous êtes inaccessible et indisponible pour créer des liens.

Vous considérez parfois la démarche de tomber amoureux comme tomber tout court, les passions comme étant incapables de vous procurer une joie durable et la sexualité comme étant vulgaire et immorale. A force de résister, de museler vos sentiments et de refuser l'union, vous risquez d'avoir à faire face à un sentiment de solitude pesant. Vous y gagneriez parfois à lâcher-prise, à ne pas être centré exclusivement sur vous-même, à vous montrer moins hermétique, moins inaccessible, moins égoïste, moins calculateur dans vos relations ou à éviter de vous enfermer dans une tour d'ivoire. Poussé à l'extrême, l'inhibition et le refoulement des sentiments ou de votre sensualité peut tourner au blocage affectif, au refus de profiter des plaisirs terrestres, à la frigidité, à l'auto punition ou plus couramment, cela peut apporter une difficulté à abaisser vos défenses, à se laisser aller, à accorder sa confiance et à s'engager avec quelqu'un. L'union est parfois vécue comme un contrat d'affaire, comme une épisode d'une ambition ou l'un des partenaires n'est qu'un point du plan froidement calculé. Elle est parfois fondée sur la raison ou sur des intérêts communs. Une peur de l'autre vous incite parfois à l'accaparer, à le posséder, à exiger de lui servitude inconditionnelle ou à le culpabiliser par des exigences moralisatrices au point d'étouffer l'expression de sa personnalité.

Où vous pouvez être victime de tels comportements de la part de l'autre, comportements que vous provoquez peut-être inconsciemment de part un besoin d'être pris fermement en main, d'être contrôlé pour être sécurisé ou pour être rassuré par rapport à une peur que l'autre vous perde ou vous quitte.

Mais en vous enfermant ainsi dans une solitude à deux et en fermant la porte à des relations qui pourraient vous agrémenter la vie, vous étouffez toute une partie de votre personnalité et vous ouvrez la voie à toutes sortes de frustrations. Il y a parfois un mur entre votre mère et vous du à un manque de communication. Vous avez parfois tendance à dresser des murs entre vous et ceux que vous aimez ou entre vous et ceux qui vous aiment. Dans un autre ordre d'idées, un sentiment de culpabilité ou d'échec lié à l'argent ou à la gestion d'un capital, un refus de recevoir de l'argent honnête mais facile, même si cela vous impose de vivre dans le manque, et un rejet du matériel peut vous exposer à traverser des périodes de pénurie voire de pauvreté.

Expression positive consciente et naturelle : Lorsque vous apprenez à maîtriser cette partie de votre personnalité et à utiliser toute sa richesse et lorsque vous avez fait le chemin pour exprimer cette relation en pleine conscience et d'une manière positive.

Pour transformer la relation Vénus-Saturne dissociée en relation consciente et dynamique, il peut être utile d'effectuer un travail sur l'image de la mère et de la femme, sur le couple et la vie affective, sur le relationnel, sur l'argent et la matière, sur le plaisir et la joie, sur le rôle de la forme et de l'harmonie et sur le rôle que doivent avoir dans votre vie et au sein de votre personnalité le juge moral, les structures, l'effort, le silence, la gestion du temps, la valeur que vous avez et la paix intérieure. Sans doute devrez-vous donc dépasser et remettre en question vos doutes, vos peurs, vos exigences, vos préjugés, certaines croyances et certains comportements, mais aussi apprendre à vous laisser aller, à vous organiser et à ne pas systématiquement vouloir tout contrôler dans votre vie affective ou relationnelle, à être plus accessible et disponible et à vous accorder le droit au bonheur.

Notre juge intérieur existe pour nous mettre sur le chemin de notre vérité, pour nous faire prendre conscience des lois éternelles de la vie (d'où nous venons, ce que nous sommes et où nous allons après la mort du corps physique).

Les structures sont là pour nous permettre de nous tenir debout et pour permettre à la vie de s'exprimer. L'âme, pour fleurir et s'épanouir, a besoin de silence. Cette facette de votre personnalité peut être gérée et canalisée en oscillant entre les deux fonctions psychologiques qui sont vécues dans des états d'esprit très différents de façon telle que chaque fonction rectifie l'autre au moindre excès et sans que l'une des fonctions psychologiques gène l'expression de l'autre.

Vous pouvez ainsi vivre des moments où vous accomplissez vos devoirs, où vous travaillez à l'évolution de votre être et ou vous assumez vos responsabilités dans le cadre de votre carrière et d'autres moments où vous vivez votre vie de couple, vos relations et où vous vous consacrez à ce qui vous fait plaisir. Vous pouvez ainsi concilier le couple et le travail, le fond et la forme, la rigueur et l'ouverture, la fermeté et douceur, l'exigence et la diplomatie. La relation Vénus-Saturne peut temporairement être assumée à deux au sein d'un couple, jusqu'à ce que chaque partenaire développe les deux fonctions psychologiques, l'un des partenaires assumant le rôle saturnien (travail et responsabilités, organisation et évolution spirituelle) et l'autre le rôle vénusien (détente, loisirs, esthétique, plaisirs, vie relationnelle).

Bien maîtrisée, la relation Vénus-Saturne peut vous conférer un ensemble d'aptitudes qui sont alors vécues d'une façon particulièrement consciente et dynamique. Cela peut se traduire en ce qui concerne Vénus par une exceptionnelle maîtrise de votre sens esthétique, de votre vie relationnelle ou de votre pouvoir de séduction et par une capacité à créer une vie de couple solide fondée sur des valeurs spirituelles et en ce qui concerne Saturne par une grande puissance de travail, une aptitude à assumer des responsabilités, une maîtrise de soi, un sens de l'organisation, un sens pratique, une lucidité, une sensibilité aux vérités éternelles, un sens critique et une profondeur de l'âme hors du commun.

Lorsque la relation Vénus Mars est vécue en conscience, vous considérez le couple, la vie relationnelle et vos finances avec sérieux et gravité. Vous avez le besoin et la capacité de construire une union ayant des fondements solides, une relation durable et de qualité basée sur le respect mutuel et sur la vertu morale et des relations sociales de qualité. Vous avez besoin d'avoir confiance en l'autre et de vous sentir en sécurité pour aimer.

Vous avez spontanément tendance à discipliner, à contrôler, à maîtriser vos désirs charnels ou vos sentiments. Vous avez une tendance naturelle à résister aux sollicitations affectives et sensorielles en élaborant un système de défense fait de principes moraux, de règles, de théories, de revendications et d'exigences.

Cela vous permet d'être sélectif dans vos choix affectifs et de vous protéger vis à vis de tout ce qui ne vous parait pas sain. Si vous n'êtes pas un fanatique des relations charnelles, une sexualité vécue sainement peut néanmoins contribuer à renforcer votre relation et à créer ce qu'au fond vous recherchez, l'union des corps et des âmes dans le cadre d'une relation durable. Vous avez parfois besoin de perfection ou d'absolu pour aimer, soit en ce qui vous concerne, soit en ce qui concerne l'autre, soit par rapport à la relation. Vous ne tombez donc pas facilement amoureux et tendez à être exigeant. Parce que vous avez besoin de vérité, de profondeur et de sérénité intérieure, vous tendez à rejeter les relations superficielles, les flirts, les aventures passagères, les compromis hasardeux et les sollicitations sensuelles pour rechercher des relations authentiques, calmes, sereines et durables.

Vous ne supportez pas que l'on vous manque de respect ou que l'on vous manipule. Vos sentiments, vos élans affectifs et relationnels sont secondaires dans le sens où ils s'élaborent lentement et mettent un certain temps à parvenir jusqu'à votre conscience, à s'exprimer et à s'installer dans votre vie. Vous avez le besoin et la capacité à prendre votre temps pour choisir un partenaire et pour vous investir dans une relation, car pour vous l'amour se construit, dans le temps, dans le respect, dans la confiance et dans l'engagement mutuel.

Dans la vie quotidienne, vous ne cherchez pas toujours à séduire, soit parce que vous doutez de votre valeur ou de vos moyens de séduction tant que vous ne les avez pas trouvés, soit parce que vous voulez plaire tel que vous êtes, par votre coté naturel et dépourvu d'artifices, et par la beauté intérieure que vous avez plutôt que par votre aspect extérieur. Vous avez parfois tendance à intérioriser et à dissimuler vos sentiments qui ne transparaissent pas. Vous pouvez avoir des accès de silence ou d'apparente indifférence et préférer l'échange en profondeur basé sur la certitude émotionnelle et sur la vérité du regard plutôt que sur les grands discours ou le parler pour ne rien dire.

Cela peut vous conférer une apparente froideur. Lorsque vous arrivez à lâcher-prise, à abaisser vos défenses et lorsque vous aimez, vous vous attachez, êtes fidèle et aimez en ayant une passion profonde et tranquille, dans la simplicité, avec pureté, profondeur et vérité. Votre charme discret et votre côté peu démonstratif cachent cependant un amour profond.

Vous pouvez être alors capable d'assumer les responsabilités qu'impliquent toute relation amoureuse, de construire un couple authentique vivant dans un bonheur profond et durable, un couple qui peut être le pilier ou le champ d'expérience nécessaire à votre évolution et à votre sécurité.

Et votre épanouissement affectif peut être favorisé par votre, honnêteté, votre intégrité, votre patience, votre bonne volonté, votre capacité à donner un sens profond à vos relations, par votre carrière et vos ambitions, par votre capacité à tirer des leçons des événements et par votre sagesse.

Vous pouvez avoir des facilités pour concrétiser vos désirs, pour gérer l'argent (et la matière en général) et de puissantes capacités de réalisation matérielle. Votre aptitude à gagner de l'argent et à bien le gérer peut alimenter votre sentiment de sécurité. Au niveau relationnel, Vénus Saturne vous permet, grâce aux autres, à vos relations ou à votre vie de couple, de vous construire, de mûrir et d'évoluer spirituellement.

Vous avez ainsi la possibilité de connaître, d'appliquer et d'incarner les lois éternelles ou les traditions concernant la vie de couple puis d'acquérir une sérénité et une certaine sagesse sentimentale vous permettant d'accéder à la liberté intérieure. Vous pouvez avoir un côté traditionnel, classique et conservateur ainsi qu'un besoin profond de l'ordre et de la justice. Vénus Saturne peut associer objectivité et sentiments, préférences, goûts et désirs personnels. Cela peut vous permettre d'être objectif dans votre ressenti corporel mais peut aussi vous prédisposer à confondre analyse objective et subjectivité en prenant votre propre vision des apparences et vos désirs pour la réalité.

Vos élans de séduction reflètent et correspondent à vos aspirations profondes d'où une certaine honnêteté dans vos comportements affectifs et d'où aussi des goûts, des désirs et des sentiments qui vous sont très personnels dans la mesure ou ils reflètent votre for intérieur et ou ils sont détachés des modes, des courants, des conventions sociales et des autres sollicitations extérieures. La relation Vénus Saturne vécue en conscience vous prédispose à une union durable dans la mesure où d'autres facteurs n'interfèrent pas et dans la mesure où vous avez su gérer les comportements propres à Vénus Saturne. Le mariage se fait quelquefois tardivement, lorsque vous avez atteint la maturité nécessaire, parfois après la trentaine. Votre vie affective évolue souvent par étapes et peut être vécue comme un chantier en construction, comme l'aboutissement d'un cheminement qui peut durer plusieurs années, comme une quête, comme une recherche de vérité ou comme une découverte de vous-même.

Suivant la prédominance de Vénus ou de Saturne, vous pouvez avoir besoin d'accumuler les biens et être bien ancré dans le monde matériel ou au contraire être détaché (du moins intérieurement) des biens matériels, des apparences et être capable de vivre avec peu.

Vous pouvez avoir des goûts, des aptitudes et des talents naturels pour structurer, bâtir, construire, gérer, organiser, contrôler, analyser, prohiber, fixer des limites, administrer, réfléchir, faire des recherches, gérer le temps et tenir compte du temps, travailler la terre ou la pierre, pour prendre soin de personnes âgées, pour créer des formes ou des objets et pour apporter sagesse et vérité.

Coté partenaire, vous avez tendance à attirer, ou être attiré par, des personnes mûres ou plus âgées, des personnes qui sont susceptibles par leur sérieux, leur sens des responsabilités, leur ambition, leur capacité de travail, leur statut social, leur sagesse, leur honnêteté et leur degré de développement, de vous sécuriser, de vous faire évoluer et d'instaurer une relation où règne confiance et sérénité. Ou ce peut être des personnes discrètes, réservées, sérieuses, profondes, bien organisées et ayant un sens de la construction. Votre image de la féminité est celle d'une femme sécurisante, profonde, organisée, calme, responsable, respectueuse, mûre et sage. Les femmes peuvent contribuer à votre développement moral et spirituel, au développement de votre sens de l'organisation et de l'observation. Elles peuvent vous aider à vous construire et à trouver votre vérité profonde. Le plaisir, la joie et le bonheur sont chez vous comme un chantier en construction où comme un chemin qu'il faut parcourir. Pour éprouver du plaisir et ressentir de la joie, vous avez besoin de vérité, de simplicité, de profondeur, d'être en accord avec vos valeurs morales, d'ordre, de respect, de temps, d'honnêteté, de vous sentir en totale sécurité et de vous en donner la permission. Avec de tels besoins, il n'est donc pas toujours simple d'éprouver du plaisir et de ressentir de la joie ! Mais quand cela arrive, ça se passe dans les profondeurs de votre être et il devient évident que votre véritable nature, votre nature profonde, est celle d'une personne joyeuse et heureuse.

ASPECT HARMONIQUE VENUS-URANUS

Il y a dans votre thème astral une relation permanente, continue et symbiotique entre Vénus et Uranus qui s'expriment en vous comme deux partenaires. Comme vous êtes sensible aux effets positifs que chaque planète a sur l'autre et que vous croyez que lorsque vous vivez l'une des planètes, l'autre viendra systématiquement la soutenir, vous récoltez le meilleur de chacune de ces deux fonctions psychologiques et des expériences qui y sont associées. Le plaisir, la beauté, la joie et le bonheur sont chez vous des concepts qu'il vous faut apprendre à incarner et à faire vibrer dans votre corps.

Pour éprouver du plaisir et ressentir de la joie, vous avez besoin d'avoir un cercle d'ami(e)s, d'expérimenter le monde moderne et ses technologies, de participer à une activité de groupe, de vous sentir libre psychologiquement, d'affirmer votre spécificité et votre originalité, d'aider les autres et de vous sentir relié, branché, connecté à un réseau, à l'humanité ou à l'univers. Avec de tels besoins, il n'est donc pas toujours simple d'éprouver du plaisir et de ressentir de la joie !

Mais quand cela arrive, cela provient des profondeurs de votre être et il devient évident que votre véritable nature, votre nature profonde, est celle d'une personne joyeuse, libre et heureuse. Vous incarnez alors une grâce angélique. Votre idéologie, vos convictions, vos valeurs spirituelles, vos projets peuvent être fondés sur des valeurs de vie de couple, d'épanouissement affectif, de joie et de bonheur, de richesse relationnelle ou matérielle ou de participation à votre civilisation. Inversement, votre richesse peut se situer dans votre pouvoir libérateur, dans votre aptitude à incarner les lois de l'univers et à évoluer, dans votre intelligence psychologique ou technologique, dans votre force spirituelle ou dans vos relations amicales.

Vos relations sociales, vos talents artistiques ou relationnels, votre vie de couple, vos richesses, votre joie de vivre, votre tolérance, votre sens de l'équilibre, votre douceur et votre sens de la séduction peuvent être pour vous des moyens de créer des relations amicales, de vous libérer, de parvenir à une plus grande maîtrise de vous-même, de progresser et d'évoluer, de vous projeter dans l'avenir, de créer des projets, d'affirmer vos idées, vos convictions et votre différence et de vous affirmer dans la société.

Amitié et fraternité riment chez vous avec tendresse, plaisir, agrément et civilisation. Vous pouvez avoir tendance à rechercher des amis avec qui vous êtes en parfaite harmonie et avez des facilités à vous créer des relations amicales. Vos sentiments s'expriment beaucoup plus facilement à travers des causes impersonnelles ou à travers des entreprises collectives dont puissent profiter l'ensemble de l'humanité que vis à vis d'une seule personne, qu'à travers des émotions individuelles ou qu'à travers des attachements exclusifs. Vous donnez plus facilement le meilleur de vous-même à vos amis, à une association, à un projet ou à une entreprise collective et pouvez parfois éprouver des difficultés à vous attacher à une seule personne.

Cependant, si la relation Vénus-Uranus vous permet et vous demande d'éprouvr des sentiments universels envers toute l'humanité, il vous demande pas moins de vous investir dans une relation amoureuse exclusive qui intègre les lois universelles. Vous êtes également prédisposé à considérer l'argent comme un moyen plutôt que comme une fin et avez parfois tendance à négliger le coté matériel de l'existence.

De par un puissant besoin de préserver votre liberté et votre indépendance au sein d'une relation ou dans vos associations, vous vous montrez facilement rebelle à toute attitude possessive, à toute tentative de manipulation ou d'accaparement de votre personnalité. Vous avez besoin, pour vivre pleinement une relation, de vous affranchir des contraintes sociales, des pressions extérieures, des normes de la légalité, des conditionnements socioculturels ; mais aussi de vous dégager des mythes, des influences du passé et des préjugés sur l'amour afin de vivre une relation libre et authentique.

Vous avez besoin, pour aimer ou pour être séduit, d'être sur la même longueur d'ondes que l'autre, d'être émerveillé, de pouvoir faire des projets et envisager l'avenir à deux, d'espoir, d'imprévus, de surprises, de nouveauté, de voir vos relations et vos sentiments évoluer en s'enrichissant par des découvertes, de transparence, de clarté, de propreté morale et de vivre avec l'autre une parfaite communion des âmes dans une indépendance mutuelle respectée. Vous vous contentez donc difficilement d'une relation banale ou ordinaire.

Et si vous sentez votre liberté d'action ou votre évolution psychologique menacée, s'il n'y a plus d'espoir ou de nouveauté, vos relations peuvent se terminer par de brusques séparations. Vous pouvez avoir des facilités pour oublier l'envers du décor, pour idéaliser l'autre et la relation, et pour ne retenir que l'aspect positif et promotteur de toute relation. Si la pureté de vos sentiments, votre intégrité morale, l'amour universel que vous portez en vous et votre gentillesse peuvent vous donner un coté angélique, un charme puissant et efficace, une touche d'originalité qui plaît et un certain magnétisme, votre idéalisme est parfois synonyme de naïveté et peut aboutir à des désillusions.

Vous avez le besoin et la capacité d'y voir clair dans votre cœur et dans votre vie affective ou relationnelle, d'entrer en relation avec autrui d'une façon logique, de garder un certain contrôle sur votre vie émotionnelle et de maîtriser, de discipliner et d'encadrer vos désirs, vos sentiments, vos relations ou vos finances. Vous savez en général bien identifier et formuler les sentiments que vous éprouvez ou ceux que l'on vous porte, et ce qui vous plaît ou vous attire est souvent fonction de critères très personnels.

Dans la mesure où vous êtes conscient de vos modèles affectifs parce que vous y avez longuement réfléchi, où vous êtes le plus souvent sûr de ce qui vous plaît ou vous déplaît, et où vous savez ce que vous voulez, vos choix tendent à s'imposer avec la force de l'évidence. Vos désirs clairement définis deviennent alors facilement synonyme de nécessité. Et lorsque vous êtes attiré ou séduit, c'est souvent le coup de foudre.

Parce que votre sens de l'affirmation individuelle et vos exigences volontaristes tendent à soutenir l'expression de vos désirs et sentiments, vous pouvez avoir des facilités pour les réaliser. Et inversement, vous savez vous servir de votre charme, des sentiments, de votre sens de la diplomatie et de votre sens esthétique lorsque vous êtes en groupe, lorsque vous affirmez votre différence en sortant des sentiers battus et lorsque vous faites valoir vos exigences.

Vous pouvez être intimement convaincu, notamment en ce qui concerne les valeurs vénusiennes que sont le couple, les relations et les finances que le ciel vous aidera si vous vous aidez vous-même. Vous pouvez facilement vous sentir responsable de ce qui vous arrive à ce niveau parce que vous sentez que ce que chacun porte en soi engendre les événements équivalents dans le monde extérieur. Vous ne croyez donc en général pas aux « hasards », êtes capable de définir le sens et les exigences de toute relation et tendez à rendre autrui responsable de ce qui leur arrive. Cela vous rend parfois dur, exigeant et intransigeant.

Ces convictions ou croyances peuvent, dans votre vie, attirer des rencontres qui se font de façon soudaine et inattendue, à travers des amis ou un minitel, en discothèque, dans des lieux peu banaux, dans des circonstances extraordinaires et indépendantes de votre volonté ou d'une façon tout à fait originale, parce que vous avez su être au bon endroit au bon moment.

Vénus-Uranus favorise les retrouvailles d'âmes sœurs, les rencontres karmiques, les amitiés féminines, et les amitiés tout court de part la bonté, la tolérance, le charme et la sociabilité dont vous savez faire preuve en milieu amical. Votre coté paradoxal s'explique par le fait que vous êtes d'un coté toujours disposé à être séduit, ému, touché et émerveillé, à expérimenter des façons nouvelles d'exprimer vos sentiments ou d'établir des relations et à vous engager intensément dans ce qui vous plaît tandis que de l'autre coté, vous cherchez à vous préserver des influences extérieures et des attachements encombrants pour garder votre part d'indépendance. Il y a parfois un contraste surprenant entre l'intensité de vos engagements extérieurs et celle de votre détachement intérieur voire de votre indifférence.

Sans doute voyez-vous la vie à deux comme synonyme de compagnonnage, d'amitié, d'échanges intellectuels, idéologiques, psychologiques ou spirituels, voire de participation à deux au progrès collectif. Vous pouvez vous montrer partisan d'une certaine indépendance réciproque, d'une relative égalité des sexes, d'une aide mutuelle et d'une bonne dose de démocratie dans la relation. Vous êtes en revanche rarement, du moins avec Vénus Uranus, un fanatique des rapports sexuels passionnels. Vous avez facilement tendance au détachement sentimental, en reléguant à l'arrière plan de la relation son aspect sensuel au profit d'un coté plus intellectuel ou d'une intellectualisation des processus amoureux.

Votre sens psychologique peut contribuer à créer des liens entre personnes, à favoriser l'entente au sein de vos différentes relations voire vous permettre de redresser des situations conjugales en difficulté et apparemment sans espoir. Vous pouvez parfois être d'autant plus attiré et séduit lorsque l'autre a besoin d'être conseillé, aidé, secouru et sauvé, ou à l'inverse lorsqu'il peut vous aider et vous libérer psychologiquement. Vous avez parfois tendance à jouer un rôle de St Bernard en contribuant ainsi à augmenter, à votre niveau, le bonheur de l'humanité.

La relation Vénus-Uranus peut aussi permettre de trouver des solutions adaptées aux problèmes techniques ou humains, d'améliorer les conditions de vie d'autrui, de trouver des issues de secours ou des portes de sortie et d'aider autrui.

La femme a parfois tendance à se situer en sauveuse, en dominant tendant la main au dominé dans une attitude d'amitié fraternelle désintéressée. Par contre, une tendance à vivre exclusivement pour le bonheur des autres ou de l'humanité ne vous rend pas forcément heureux si vous oubliez votre propre bonheur, votre spécificité et vos aspirations personnelles.

Parce que vivre une relation doit pour vous être synonyme de libération, de progrès, d'espoir, d'entente intellectuelle, d'évolution psychologique, d'affranchissement des sens, de la peur et de tout ce qui n'est pas vous-même, vous pouvez attirer des personnes qui vous font évoluer et accéder, via votre vie de couple ou des relations sociales, à un bonheur qui peut être une source d'éveil et de dépassement de soi.

Votre évolution psychologique, votre besoin de maîtrise et d'affirmation, votre capacité à innover et à faire face à l'inconnu sont cependant liés à votre état affectif, à vos sentiments de plaisir ou à votre porte-feuille, vous pouvez avoir des difficultés à vous affirmer, à évoluer et à vous libérer seul, dans un contexte désagréable ou sans un soutien affectif.

Chez la femme, notamment mais pas exclusivement, la relation Vénus-Uranus permet de ressentir le plan divin, les vérités éternelles et les lois cosmiques, les coïncidences ou les signes du hasard, la vocation à accomplir et les nécessités de chaque moment. Il permet d'être en harmonie avec les lois cosmiques, d'entrevoir un monde nouveau et meilleur, d'être sensible à tout ce qui est synonyme d'espoir, de purifier et nettoyer les désirs et le corps et d'être en avance sur l'époque par des conceptions progressistes et par une capacité à anticiper et à voir l'avenir.

La relation Vénus-Uranus rend votre côté féminin dynamique et indépendant, et lui confère de l'originalité, beaucoup de sociabilité, un charme angélique et un magnétisme puissant, une intelligence vive ainsi qu'un coté très humain. Elle prédispose à vivre de nombreuses amitiés féminines, et la femme peut constituer pour l'homme un élément libérateur. L'homme tend parfois à voir la femme avant tout comme une amie, une sœur ou une compagne et peut ne pas se retrouver ni être bien dans une relation de couple classique.

Parce qu'il a tendance à idéaliser la femme et à voir ce qu'il y a de meilleur en elle, il peut avoir le don de révéler à chaque femme ce que celle-ci a de plus extraordinaire et de la propulser vers la réussite, mais aussi rencontrer des déceptions lorsque qu'il y a une idéalisation naïve de sa partenaire. Il peut avoir la possibilité de se faire aider par des femmes de part l'image qu'il projette sur elles et peut lui-même se sentir d'autant plus attiré par une femme que celle-ci a besoin d'être aidée. Coté partenaire, vous avez tendance à être attiré par des personnes modernes, originales, extraordinaires, indépendantes, autonomes ou éveillées psychologiquement, par des êtres qui ont une activité en rapport avec la relation d'aide, qui participent à une forme d'organisation à grande échelle, au progrès collectif, par des personnes qui surprennent, qui donne de l'espoir, qui contribuent à l'éveil intérieur et qui favorisent l'activité dans le monde extérieur.

Vous pouvez avoir des goûts, des aptitudes et des talents naturels pour travailler en groupe ou en profession libérale avec une clientèle, pour organiser des projets, pour coopérer, réformer, nettoyer, être à l'avant garde, vous consacrer à une cause universelle, pour trouver des solutions, pour libérer et aider autrui, pour soulager des maux physiques et moraux, pour participer au progrès collectif et à la vie moderne, pour vous spécialiser, pour innover ou inventer, pour participer à un mouvement humanitaire, à une grande société ou à une association. Votre image de la féminité est celle d'une femme dynamique, autonome et indépendante, sociable, amicale, intelligente, très psychologue, libératrice, amicale et ayant des valeurs humaines.

ASPECT DISSONANT/DYNAMIQUE VENUS-URANUS

Il y a dans votre thème astral une relation permanente, mais discontinue, dissociée, duelle, tendue et conflictuelle, entre Vénus (vos désirs, vos plaisirs, vos sentiments, vos choix, votre relationnel) et Uranus (votre besoin de liberté et d'exprimer votre spécificité), car ces deux planètes vibrent en vous à deux fréquences totalement différentes. Chaque planète veut se vivre, à sa façon, à travers vous et tend à considérer l'autre comme une rivale ou comme une perturbatrice. Vous avez alors tendance, soit à exprimer l'une puis l'autre des planètes d'une façon excessive, soit à vivre l'une des planètes et à rejeter l'autre parce que vous la considérez comme perturbatrice, parce que vous voyez son côté sombre plus que son côté lumineux. Tant que vous nourrissez ce conflit à l'intérieur de vous, vous récoltez le moins bon de chacune des deux fonctions psychologiques et des expériences qui y sont associées. La solution, que vous verrez plus bas dans le texte, est de vivre chaque fonction en pleine conscience et de savoir alterner rapidement et consciemment, entre chacune des deux fonctions psychologiques représentées par la planète Vous transformez ainsi une relation conflictuelle en une grande force et vous vivez cette relation de façon consciente et dynamique.

Cette facette de votre personnalité peut initialement engendrer, lorsqu'elle n'est pas maîtrisée, des difficultés à faire des choix et à ressentir du plaisir et de la joie, des difficultés à vivre heureux sur Terre, des difficultés à vivre des relations harmonieuses mais aussi des difficultés à vous affirmer dans la vie de façon autonome et indépendante et des difficultés à vivre libre à cause d'un conflit ou d'une dissociation entre par exemple votre besoin de vous détendre en vous consacrant à des loisirs et votre besoin de vous affirmer dans le monde moderne, entre votre besoin de plaisir et votre besoin de liberté, entre votre idéologie et vos choix, entre votre besoin d'harmonie et votre besoin de tension, entre votre besoin de créer des liens et votre besoin d'indépendance, entre votre logique et vos sentiments.
Il peut exister une croyance comme quoi tout engagement dans une relation sentimentale risque de conduire à la perte de votre liberté et de votre autonomie ou à l'inverse que toute autonomie et toute liberté risquent de vous empêcher de créer une relation affective. Comment concilier liberté et plaisir au quotidien?

Comment être autonome sentimentalement ? Comment concilier vie de couple et partage avec ses ami(e)s ? Comment vivre heureux dans le monde moderne et son côté artificiel? Telles sont les problématiques de Vénus-Uranus. Vous avez alors tendance à incarner plusieurs scénarios, en alternant parfois de l'un à l'autre.

Scénario 1 : Vénus domine et Uranus est rejeté ou mal intégré à votre personnalité.

Quand Vénus domine en vous, vous vivez selon vos désirs, votre besoin d'être en lien avec autrui et selon vos sentiments. Vous avez besoin d'exprimer votre sensualité, de vivre en fonction de ce qui vous plaît ou ne vous plaît pas, en fonction des attractions et affinités que vous pouvez ressentir avec autrui. Vous vous consacrez alors à vos relations, à votre vie de couple, à vivre selon votre plaisir, vos goûts et vos préférences personnelles. Vous cherchez à vous ancrer dans la matière, à vous enrichir et à gérer votre capital. Il vous faut agrémenter et embellir la réalité, attirer, séduire, créer du bonheur et de l'harmonie, partager avec l'autre, d'exprimer votre sociabilité envers des membres de votre civilisation et de jouer votre rôle dans la civilisation.

Vous pouvez dans ces différentes situations être alors fortement sensibilisé aux effets perturbateurs ou déstabilisants que peuvent avoir ou causer toute idéologie, toute conception de projets, toute projection dans l'avenir, toute affirmation personnalisée de votre personnalité, toute relation amicale, toute recherche spirituelle, tout travail de développement personnel, toute obligation et responsabilité, toute discipline et toute rigueur, toute indépendance et autonomie, tout événement indépendant de votre volonté et la société moderne. Peut-être avez-vous cru à un moment donné dans votre vie qu'on ne vous aimerait plus, que vous risquiez de perdre votre équilibre ou la tendresse de personnes qui comptaient pour vous, si vous exprimiez votre spécificité, si vous cherchiez à être autonome et indépendant ? La tendance à considérer tout ou une partie de Uranus comme désagréable, comme non enrichissant, comme vous coûtant, ou à ne voir que l'aspect négatif de la planète peut engendrer un rejet et un refoulement tout ou partie de ce que représente Uranus dans votre vie affective, matérielle ou relationnelle.

Il peut alors être difficile d'être logique, de vous discipliner ou d'être réellement autonome, indépendant et maître de votre destinée. Vous pouvez avoir tendance à vous engager dans une relation sans que vous puissiez faire des projets d'avenir parce que vous avez une impression, qui peut être réelle ou subjective, qu'il n'y a pas d'espoir. Ce refoulement peut vous donner des difficultés à vous libérer des conditionnements de votre passé, à vous créer un espace de liberté dans votre vie de couple, à focaliser toutes vos énergies vers un but spécifique, à assumer vos responsabilités, à devenir adulte, à vous organiser de façon rationnelle mais aussi à organiser, à maîtriser, à discipliner et à encadrer vos désirs, vos sentiments et votre vie relationnelle.

Vous pouvez également avoir des difficultés à ressentir le plan divin ou les lois éternelles, à trouver votre vocation, à être en harmonie avec les lois cosmiques, à percevoir les signes du ciel ou du hasard, à avoir de l'espoir et à être sensible à tout ce qui est synonyme d'espoir, à entrevoir un monde nouveau et meilleur, à purifier et à nettoyer votre âme, à être en avance sur votre époque (par manque de sensibilité aux courants de progrès), à voir l'avenir et à ressentir les états psychologiques des personnes qui vous sont proches. Ce refoulement peut également, dans votre vie relationnelle, financière ou affective, vous inciter à dénigrer ou à rejeter votre spécificité, votre individualité, vos différences ou celles des autres, les idéologies, les valeurs spirituelles, la logique, les grandes théories, les techniques du monde moderne comme l'informatique, l'électronique, l'automobile, la science, le progrès, l'imprévu, l'autorité sociale et la prise de pouvoir, l'organisation rigoureuse visant à la maîtrise des événements et à la maîtrise de soi, les contraintes, les obligations et la vérité. La nouveauté, l'imprévu, l'inconnu, l'indépendance et l'évolution psychologique peuvent alors vous paraître désagréables.

Scénario 2 : Uranus, votre besoin de liberté, domine et Vénus est rejetée ou mal intégrée.

Si vous êtes identifié à Uranus, vous recherchez avant tout à maîtriser votre destinée, à faire des projets, à participer à une activité de groupe où à être avec vos ami(e)s, à affirmer votre spécificité, à vous imposer en fonction de vos convictions et exigences personnelles, à expérimenter la modernité et la virtualité, à participer au progrès de la société, à être autonome et indépendant, à évoluer psychologiquement, à vous consacrer à votre développement personnel et à vivre librement et sans contraintes. Vous pouvez alors être fortement sensibilisé aux effets négatifs et perturbateurs que peuvent avoir toute attache à un être ou à un objet, une relation amoureuse ou sociale, un plaisir ou toute expression de vos sentiments et de votre sensualité. Vous pouvez avoir tendance à croire que l'engagement affectif ne peut se faire qu'au détriment de l'amitié, de votre liberté d'action, de votre besoin d'expérimenter et de nouveauté, de votre aptitude à assumer vos responsabilités ou de votre évolution personnelle.

Peut être avez vous trop facilement l'impression de perdre votre indépendance, le contrôle de la situation ou une certaine pureté, de céder par rapport à vos principes, à vos exigences ou à vos valeurs spirituelles lorsque quelque chose vous attire ou vous séduit, ou lorsque vous exprimez vos sentiments ?

Dans la mesure où vous croyez que tout partenaire potentiel risque d'être un obstacle à votre évolution, vous risquez de rencontrer des personnes qui effectivement gênent votre évolution. Un rejet de Vénus peut vous donner des difficultés à vous ancrer dans la vie matérielle, à assurer financièrement, à créer des relations harmonieuses avec autrui, à croire au bonheur, à être équilibré, à vous engager affectivement ou à participer à votre civilisation. Il peut également vous donner tendance à dénigrer, à réprimer, à refouler et à rejeter vos désirs et attentes ou ceux des autres, vos sens ou vos sentiments, toute relation privilégiée, tout partage, les joies et plaisirs du quotidien, les valeurs artistiques et esthétiques. Vous considérez parfois les sentiments, la tendresse ou les plaisirs de la chair comme étant synonyme de faiblesse, comme étant vulgaires, malpropres et immoraux. Mais vous pouvez alors vous sentir très seul dès que vous vous affirmez ou dès que vous vous sentez enfin libre.

Poussé à l'extrême cela peut vous conduire à un célibat volontaire, à de nombreuses frustrations ou à un blocage affectif. Vous pouvez aussi avoir des difficultés à vous affirmer, à revendiquer vos idées et vos exigences ou à aider autrui sans les heurter affectivement, sans que ce soit pour vous ou pour les autres désagréable. Mais un refoulement de tout ou partie de la fonction vénusienne peut vous donner l'impression qu'il manque à votre vie un équilibre, des moments agréables où vous faites ce qui vous fait plaisir, une vie relationnelle et une relation privilégiée où vous pouvez donner et recevoir de la tendresse. Cela peut alimenter une certaine insatisfaction qui peut alors engendrer des réactions de compensation.

Scénario 3 : Vénus, (sentiments, désirs, besoins relationnels) domine en excès.

Si vous êtes plutôt identifié à Vénus, vous pouvez avoir tendance à l'être excessivement. Vous êtes alors trop sentimental. Séduire l'autre devient une nécessité impérieuse, et bien souvent votre charme et votre magnétisme vous permettent de séduire l'autre. Mais, vous fraternisez trop facilement avec autrui et cédez parfois trop facilement aux sollicitations affectives et sensorielles, au risque de vivre n'importe quoi avec n'importe qui, quitte à vivre des plaisirs ou des relations qui sont finalement déstabilisantes et déséquilibrantes.

Vous pouvez avoir tendance à tellement vous situer en fonction de l'autre, à tellement vouloir vous conformer aux désirs d'autrui que vous en devenez dépendant et que vous y perdez une partie de votre liberté, de votre individualité et que vous vous empêchez de vous exprimer de façon personnalisée et autonome.

L'influence excessive de Vénus peut entraîner une faiblesse morale qui empêche une bonne gestion des désirs et des passions, une recherche excessive de plaisirs, de relations sociales ou de gains matériels. Une influence excessive des sentiments peut se traduire par une humilité ou une tolérance excessive, par une subjectivité empêchant de voir les choses en face, par une tendance au laxisme, à l'indécision, à l'insouciance, au laissez aller et par une attitude partisane du moindre effort dès que quelque chose de nouveau ou une situation nécessitant un engagement volontaire se présente. Vous pouvez avoir tendance à être trop bon et trop gentil, peut être par peur de décevoir, ou à en demander trop à l'autre au point que vos demandes sont parfois difficiles à supporter parce qu'elles nuisent à la liberté de l'autre.

Scénario 4 : Votre système nerveux surchauffe et votre besoin de liberté domine en excès.

L'influence excessive d'Uranus peut se traduire par un besoin excessif de liberté et d'indépendance dans vos relations et associations au point que vous supportez difficilement les contraintes d'une existence régulière, les pressions extérieures, les ordres ou la discipline nécessaire à toute vie de couple. Vous pouvez être victime du fantôme de la liberté qui vous incite à adopter une fausse image de la liberté. Peut-être êtes-vous tellement sûr et convaincu de la justesse de vos choix que vous n'en faites qu'à votre tête et acceptez difficilement qu'il puisse exister d'autres possibilités que celles que vous avez envisagées? Vous pouvez alors être complètement imperméable aux circonstances, faire preuve d'un individualisme et d'un égoïsme exacerbé, d'une tendance à vouloir systématiquement sortir des sentiers battus en ne faisant jamais comme les autres et vivre en marge des normes et des conventions.

Vous pouvez avoir tendance à vous accrocher à vos idéologies, à vos convictions et à vos certitudes même si elles ne vous mènent nulle part ou d'une tendance à être complètement sourd aux opinions et aux besoins d'autrui. Vous vous servez peut-être de l'autre pour devenir, à travers lui, plus libre et plus autonome, ou pour affirmer vos différences, alors que ce n'est qu'en vous-même que vous trouverez votre individualité et la vraie liberté. L'influence excessive d'Uranus peut vous donner une tendance à vouloir tout maîtriser dans la relation avec l'autre. Un besoin excessif de discipliner et maîtriser votre vie affective, vos sentiments et vos sens, et une tendance à être excessivement exigent vis à vis de vous-même ou de l'autre peuvent vous empêcher, vous interdire (ou interdire à l'autre) de vivre des moments de détente et de tranquillité, et d'exprimer votre sensualité, vos désirs et vos sentiments au point que vous pouvez avoir des difficultés à éprouver du plaisir lors de l'acte amoureux.

Peut-être refusez-vous de créer des liens stables par peur de perdre votre individualité, votre spécificité et votre différence, ou par peur de ne plus être libre ou de ne plus évoluer ? Vous ne serez cependant libre que lorsque vous ne serez plus libre, c'est à dire que lorsque vous vivrez une vie de couple qui prend en compte les lois spirituelles universelles qu'Uranus vous demande d'incarner, lois qui impliquent d'un coté un engagement concret et de l'autre un cheminement individuel.

Vos goûts, vos choix et vos attractions s'imposent parfois avec une telle force de l'évidence qu'ils deviennent synonymes d'impératifs, d'ordres et de lois divines qui doivent être obéies. Vous acceptez parfois difficilement que les autres n'aient pas les mêmes goûts ou la même richesse que vous et vous comportez alors comme un dictateur dans votre vie relationnelle.

Une tendance à vivre en fonction de l'avenir et de projets peut vous empêcher de profiter pleinement du présent tandis qu'une tendance à vouloir trop en faire pour aider autrui, en jouant un rôle de St Bernard au détriment de vos aspirations personnelles, peut à la longue gêner votre épanouissement affectif. Peut-être avez-vous tendance à vouloir tout le temps passer à quelque chose de nouveau et d'expérimenter d'autres choses dès que vous avez une impression de déjà vu, ou dès que vous avez une impression d'avoir fait le tour d'une situation ou d'une relation? Cela peut vous rendre instable, notamment sur le plan relationnel ou sentimental.

Peut être que vos relations amicales, votre besoin de développement personnel, vos activités sociales et la vie professionnelle, celle que vous avez choisie ou celle que vous imposent les événements, vous demande un tel investissement que vous n'avez pas la disponibilité de vous consacrer à vous-même ou à ceux qui vous sont chers, d'avoir des loisirs, de faire ce qui vous ferait plaisir ou de vous détendre.

Peut-être vous servez-vous de vos contraintes, de votre besoin d'indépendance ou du fait que vous n'êtes pas autonome, de vos engagements sociaux ou professionnels, d'activités visant à aider les autres pour ne pas vous occuper de vous, pour ne pas vous engager affectivement et pour ne pas vous consacrer des moments de détente ? Ou inversement, peut-être vous servez-vous de votre vie de couple et des autres pour ne pas évoluer psychologiquement ou pour ne pas vous affirmer personnellement, l'autre le faisant à votre place? Vos conceptions sentimentales sont parfois utopiques parce qu'elles s'inspirent d'un idéal trop élevé ou de modèles affectifs trop détaillés pour pouvoir être réalisables dans les faits ou pour correspondre à une personne précise.

Vos goûts et désirs obéissent parfois à une logique tellement personnelle ou complexe qu'ils peuvent être difficilement partageables ou compréhensibles pour autrui. Peut être avez vous tendance à aimer l'univers tout entier et avoir des difficultés à n'aimer ou à vous attacher qu'à une seule personne ? Ou peut être que ce que vous espérer appartient plutôt à l'univers des Anges qu'au monde terrestre ? Sans doute êtes vous relié à des énergies cosmiques à haute tension venant de l'inconscient collectif, aux forces de progrès universel ou à votre Ange gardien. Vous pouvez puiser des informations dans l'inconscient collectif ou être un canal entre l'univers et les Hommes.

Mais vous ne savez pas toujours très bien recevoir, gérer et utiliser les forces universelles qui vous traversent. Votre soi-disant besoin d'aider l'autre n'est alors pas toujours désintéressé ni objectif et parfois, comme le dit le dicton populaire, « qui veut faire l'ange fait la bête ».

Une difficulté à gérer ces énergies peut se traduire par les différents symptômes propres à la paranoïa, c'est à dire par une tendance à se sentir constamment persécuté, par une tendance à être excessivement exigent voire fanatique, par une tendance à imposer ces revendications aux autres, par une surtension nerveuse mal contrôlée, par une instabilité d'humeur et une grande susceptibilité, par une tendance à être facilement irritable, par des comportements intolérants.

Cette tension peut engendrer une tendance à être survolté, électrique, brusque, imprévisible, parfois déstabilisant voire violent ainsi qu'un goût pour les situations explosives ou une tendance à vivre comme un avion à réaction. Cette paranoïa peut également conférer une difficulté à établir des relations avec autrui en se situant autrement qu'en sauveur ou en dominant tendant la main à un dominé, ou autrement dit lorsqu'une supériorité affichée n'est pas reconnue.

Lorsqu'elle n'est pas intégrée, cette facette de votre personnalité peut prédisposer à planer au-dessus des réalités concrètes, à vivre dans le conceptuel, dans le mental ou dans le projet au point de donner l'image d'un extra terrestre et d'empêcher l'expression de vos sentiments, de votre sens artistique et de vos sens tout court. Il peut vous prédisposer à osciller entre un besoin de tout maîtriser en prenant les choses en main et entre des moments de laisser aller total, entre des comportements de douceur et de gentillesse où vous cherchez à séduire et des comportements de dureté et de froideur où vous imposez vos revendications, entre la diplomatie et l'intransigeance, entre le besoin d'attachement et le besoin d'indépendance, entre des moments ou vous êtes capricieux en jouant la comédie et d'autres où vous êtes responsable et où vous voulez tout contrôler.

Vos changements parfois brusques de comportements peuvent être assez déroutants pour autrui. Vous pouvez ainsi avoir des difficultés à être libre, original et engagé lorsque vous aimez et à aimer lorsque vous êtes libre, indépendant, original et engagé. Peut-être avez-vous été mal influencé par la libération des mœurs, par certaines relations amicales ou par un courant idéologique particulier? Si l'influence d'Uranus peut vous apporter une exceptionnelle maîtrise de vous-même elle peut aussi induire une sécheresse de cœur, un coté dur et une tendance à l'indifférence qui cache souvent une grande vulnérabilité en ce qui concerne les sentiments.

Expression positive consciente et naturelle : Lorsque vous apprenez à maîtriser cette partie de votre personnalité et à utiliser toute sa richesse et lorsque vous avez fait le chemin pour exprimer cette relation en pleine conscience et d'une manière positive.

Pour transformer la relation Vénus-Uranus dissociée en relation consciente et dynamique, il peut être utile d'effectuer un travail sur l'image de la mère et de la femme, sur le couple et la vie affective, sur le relationnel, sur l'argent et la matière, sur le plaisir et la joie, sur le rôle de la forme et de l'harmonie et sur le rôle que doivent avoir la société moderne, la nouveauté, les projets, la virtualité et les ordinateurs, le groupe, les ami(e)s, l'autonomie, la liberté, la relation à l'univers et le progrès au sein de la personnalité et dans votre vie. Un travail sur la conscience corporelle (Tai-chi, Tantrisme) et un peu de sport peut vous faire le plus grand bien.

Les deux planètes peuvent être vécues dans des états d'esprit, dans des lieux ou à des moments très différents, de façon à ce que chacune rectifie l'autre au moindre excès et sans que l'une des fonctions psychologiques gène l'expression de l'autre. Vous pouvez alors vivre des moments où vous savez vous discipliner, vous maîtriser, assumer vos responsabilités et vos obligations, vous consacrer au groupe et au progrès universel, faire preuve de logique et de réflexion en tenant compte de la nécessité et du sens des événements, faire avancer les choses en trouvant des solutions originales, préparer des projets et vivre selon vos convictions personnelles où passer du temps avec vos ami(e)s. Vous savez alors laisser de coté vos craintes, vos sentiments et vos choix personnels.

Cela peut vous rendre d'autant plus efficace. Puis vous consacrez une autre période (de la journée, de l'année ou de votre vie) dans un autre lieu et/ou dans un autre état d'esprit, où vous vivez votre vie relationnelle, votre vie sociale et votre vie de couple, où vous exprimez votre sensualité et vos sentiments dans le cadre d'une relation privilégiée, où vous vous détendez en profitant des joies de la vie, ou vous vous consacrez à vos vrais désirs et à ce qui vous fait plaisir.

La relation Vénus-Uranus peut être assumée à deux au sein du couple jusqu'à ce que chaque partenaire développe en lui de façon équilibrée les deux fonctions psychologiques. L'un des partenaires peut assumer le rôle uranien (les contraintes et nécessités professionnelles, l'évolution psychologique, la nouveauté et le progrès, l'affirmation et l'utilisation du pouvoir légué par l'univers pour faire avancer les choses) et l'autre le rôle vénusien (les finances, les loisirs, les joies et plaisirs, le relationnel et l'organisation des moments de détente).

Votre grande sensibilité aux difficultés qu'il peut y avoir à devenir libre et indépendant peut vous permettre d'aider les autres à se libérer, mais sans que cela leur soit désagréable, sans que vous vous placiez en dominant tendant la main à un dominé et sans jouer au St Bernard ou au prophète.

En amour, il y a des moments pour les câlins ou la tendresse et d'autres pour des activités plus cérébrales. Il y a des moments où vous vous laisser allez dans une détente agréable, où règne l'accord et l'harmonie, où vous vous attachez, où les différences s'estompent et où vous exprimez en tant que couple, puis d'autres où vous êtes détaché où il faut mettre de coté ses sentiments ou votre vie de couple pour affirmer votre spécificité et pour faire ce que vous avez à faire en toute indépendance.

Bien maîtrisée, la relation Vénus-Uranus peut vous conférer un ensemble d'aptitudes qui sont alors vécues d'une façon particulièrement consciente et dynamique. Vous pouvez ainsi développer une exceptionnelle maîtrise de vos sentiments, de vos désirs et de votre sens relationnel, artistique ou financier ainsi qu'une capacité à vous libérer de la peur pour être une personne vraiment libre et heureuse. Vous pouvez être un expert dans la psychologie conjugale et relationnelle. Vous pouvez être capable de vivre en accord total avec les lois de l'univers, d'aller contre le cours des événements, de bouleverser les formes pour que les choses avancent et de parvenir à un puissant éveil spirituel.

Vous pouvez aussi concilier vie de couple et indépendance, trouver la vraie liberté à travers un engagement affectif laissant la place nécessaire au développement personnel et aux libertés individuelles et vivre une vie de couple qui est un pilier de votre évolution psychologique. Lorsque la relation Vénus Mars est vécue en conscience, vos relations sociales, vos talents artistiques ou relationnels, votre vie de couple, vos richesses, votre joie de vivre, votre tolérance, votre sens de l'équilibre, votre douceur et votre sens de la séduction peuvent être pour vous des moyens de créer des relations amicales, de vous libérer, de parvenir à une plus grande maîtrise de vous-même, de progresser et d'évoluer, d'affirmer vos idées, vos convictions et votre différence et de vous affirmer dans la société.

Amitié et fraternité riment chez vous avec tendresse, plaisir, agrément et civilisation. Vous pouvez avoir tendance à rechercher des amis avec qui vous êtes en parfaite harmonie et avez des facilités à vous créer des relations amicales.

Parce que votre sens de l'affirmation individuelle et vos exigences volontaristes tendent à soutenir l'expression de vos désirs et sentiments, vous pouvez avoir des facilités pour réaliser vos désirs. Et inversement, vous savez vous servir de votre charme, des sentiments, de votre sens de la diplomatie et de votre sens esthétique lorsque vous êtes en groupe, lorsque vous affirmez votre différence et lorsque vous faites valoir vos exigences.

Vos sentiments s'expriment beaucoup plus facilement à travers des causes impersonnelles ou à travers des entreprises collectives dont puissent profiter l'ensemble de l'humanité que vis à vis d'une seule personne, qu'à travers des émotions individuelles ou qu'à travers des attachements exclusifs. Vous donnez plus facilement le meilleur de vous-même à vos amis, à une association, à un projet ou à une entreprise collective et pouvez parfois éprouver des difficultés à vous attacher à une seule personne.

Cependant, si cette facette de votre personnalité vous permet et vous demande d'éprouver des sentiments universels envers toute l'humanité, il vous demande pas moins de vous investir dans une relation amoureuse exclusive qui intègre les lois universelles. Vous êtes également prédisposé à considérer l'argent comme un moyen plutôt que comme une fin et avez parfois tendance à négliger le coté matériel de l'existence.

De par un puissant besoin de préserver votre liberté et votre indépendance au sein d'une relation ou dans vos associations, vous vous montrez facilement rebelle à toute attitude possessive, à toute tentative de manipulation ou d'accaparement de votre personnalité.

Vous avez besoin, pour vivre pleinement une relation, de vous affranchir des contraintes sociales, des pressions extérieures, des normes de la légalité, des conditionnements culturels ; mais aussi de vous dégager des mythes, des influences du passé et des préjugés sur l'amour afin de vivre une relation libre et authentique. Vous avez besoin, pour aimer ou pour être séduit, d'être sur la même longueur d'onde que l'autre, d'être émerveillé, de pouvoir faire des projets et envisager l'avenir à deux, d'espoir, d'imprévus, de surprises, de nouveauté, de voir vos relations et vos sentiments évoluer en s'enrichissant par des découvertes, de transparence, de clarté, de propreté morale et de vivre avec l'autre une parfaite communion des âmes dans une indépendance mutuelle respectée.

Vous vous contentez donc difficilement d'une relation banale ou ordinaire. Et si vous sentez votre liberté d'action ou votre évolution psychologique menacée, s'il n'y a plus d'espoir ou de nouveauté, vos relations peuvent se terminer par de brusques séparations.

Vous pouvez avoir des facilités pour oublier l'envers du décor, pour idéaliser l'autre et la relation, et pour ne retenir que l'aspect positif et prometteur de toute relation. Si la pureté de vos sentiments, votre intégrité morale, l'amour universel que vous portez en vous et votre gentillesse peuvent vous donner un coté angélique, un charme puissant et efficace, une touche d'originalité qui plaît et un certain magnétisme, votre idéalisme est parfois synonyme de naïveté et peut aboutir à des désillusions.

Vous avez le besoin et la capacité d'y voir clair dans votre cœur et dans votre vie affective ou relationnelle, d'entrer en relation avec autrui d'une façon logique, de garder un certain contrôle sur votre vie émotionnelle et de maîtriser, de discipliner et d'encadrer vos désirs, vos sentiments, vos relations ou vos finances. Vous savez en général bien identifier et formuler les sentiments que vous éprouvez ou ceux que l'on vous porte, et ce qui vous plaît ou vous attire est souvent fonction de critères très personnels.

Dans la mesure où vous êtes conscient de vos modèles affectifs parce que vous y avez longuement réfléchi, où vous êtes le plus souvent sûr(e) de ce qui vous plaît ou vous déplaît, et où vous savez ce que vous voulez, vos choix tendent à s'imposer avec la force de l'évidence. Vos désirs clairement définis deviennent alors facilement synonyme de nécessité. Et lorsque vous êtes attiré ou séduit, c'est souvent le coup de foudre.

Vous pouvez être intimement convaincu, notamment en ce qui concerne les valeurs vénusiennes que sont le couple, les relations et les finances que le ciel vous aidera si vous vous aidez vous-même. Vous pouvez facilement vous sentir responsable de ce qui vous arrive à ce niveau parce que vous sentez que ce que chacun porte en soi engendre les événements équivalents dans le monde extérieur. Vous ne croyez donc en général pas aux « hasards ». Vous êtes capable de définir le sens et les exigences de toute relation et tendez à rendre autrui responsable de ce qui leur arrive. Cela vous rend parfois dur, exigeant et intransigeant.

Ces convictions ou croyances peuvent, dans votre vie, attirer des rencontres qui se font de façon soudaine et inattendue, à travers des amis ou un ordinateur, en discothèque, dans des lieux peu banaux, dans des circonstances extraordinaires et indépendantes de votre volonté ou d'une façon tout à fait originale, parce que vous avez su être au bon endroit au bon moment.

Vénus-Uranus favorise les retrouvailles d'âmes sœurs, les rencontres karmiques, les amitiés féminines, et les amitiés tout court de par la bonté, la tolérance, le charme et la sociabilité dont vous savez faire preuve en milieu amical. Votre coté paradoxal s'explique par le fait que vous êtes d'un coté toujours disposé à être séduit, ému, touché et émerveillé, à expérimenter des façons nouvelles d'exprimer vos sentiments ou d'établir des relations et à vous engager intensément dans ce qui vous plaît tandis que de l'autre coté, vous cherchez à vous préserver des influences extérieures et des attachements encombrants pour garder votre part d'indépendance.

Il y a parfois un contraste surprenant entre l'intensité de vos engagements extérieurs et celle de votre détachement intérieur voire de votre indifférence. Sans doute voyez-vous la vie à deux comme synonyme de compagnonnage, d'amitié, d'échanges intellectuels, idéologiques, psychologiques ou spirituels, voire de participation à deux au progrès collectif. Vous pouvez vous montrer partisan d'une certaine indépendance réciproque, d'une relative égalité des sexes, d'une aide mutuelle et d'une bonne dose de démocratie dans la relation.

Vous êtes en revanche rarement un fanatique des rapports sexuels passionnels. Vous avez facilement tendance au détachement sentimental, en reléguant à l'arrière plan de la relation son aspect sensuel au profit d'un coté plus intellectuel ou d'une intellectualisation des processus amoureux.

La relation Vénus-Uranus permet de trouver des solutions adaptées aux problèmes techniques ou humains, d'améliorer les conditions de vie d'autrui, de trouver des issues de secours ou des portes de sortie et d'aider autrui. Votre sens psychologique peut contribuer à créer des liens entres personnes, à favoriser l'entente au sein de vos différentes relations voire vous permettre de redresser des situations conjugales en difficulté et apparemment sans espoir.

Vous pouvez parfois être d'autant plus attiré et séduit que l'autre a besoin d'être conseillé, aidé, secouru et sauvé, ou à l'inverse lorsqu'il peut vous aider et vous libérer psychologiquement. Vous avez parfois tendance à jouer un rôle de St Bernard en contribuant ainsi à augmenter, à votre niveau, le bonheur de l'humanité. La relation Vénus-Uranus rend votre côté féminin dynamique et indépendant, et lui confère de l'originalité, beaucoup de sociabilité, un charme angélique et un magnétisme puissant, une intelligence, un coté très humain et une tendance à se situer en sauveur, en dominant tendant la main au dominé dans une attitude d'amitié fraternelle désintéressée.

Elle vous donne une tendance à attirer dans votre vie et à être attirés par des personnes modernes, originales, extraordinaires, indépendantes, autonomes ou éveillées psychologiquement, par des êtres qui ont une activité en rapport avec la relation d'aide, qui participent à une forme d'organisation à grande échelle, au progrès collectif, par des personnes qui surprennent, qui donnent de l'espoir, qui contribuent à l'éveil intérieur et qui favorisent l'activité dans le monde moderne. Coté partenaire, vous avez tendance à être attiré par des personnes modernes, originales, extraordinaires, indépendantes, autonomes ou éveillées psychologiquement, par des êtres qui ont une activité en rapport avec la relation d'aide, qui participent à une forme d'organisation à grande échelle, au progrès collectif, par des personnes qui surprennent, qui donne de l'espoir, qui contribuent à l'éveil intérieur et qui favorisent l'activité dans le monde extérieur.

Vous pouvez avoir des goûts, des aptitudes et des talents naturels pour travailler en groupe ou en profession libérale avec une clientèle, pour organiser des projets, pour coopérer, réformer, nettoyer, être à l'avant garde, vous consacrer à une cause universelle, pour trouver des solutions, pour libérer et aider autrui, pour soulager des maux physiques et moraux, pour participer au progrès collectif et à la vie moderne, pour vous spécialiser, pour innover ou inventer, pour participer à un mouvement humanitaire, à une grande société ou à une association. Votre image de la féminité est celle d'une femme dynamique, autonome et indépendante, sociable, amicale, intelligente, très psychologue, libératrice, amicale et ayant des valeurs humaines.

ASPECT HARMONIQUE VENUS-NEPTUNE

Il y a dans votre thème astral une relation permanente, continue et symbiotique entre Vénus et Neptune qui s'expriment en vous comme deux partenaires. Comme vous êtes sensible aux effets positifs que chaque planète a sur l'autre et que vous croyez que lorsque vous vivez l'une des planètes, l'autre viendra systématiquement la soutenir, vous récoltez le meilleur de chacune de ces deux fonctions psychologiques et des expériences qui y sont associées. Le plaisir, la beauté, la joie et le bonheur sont chez vous des valeurs sacrées qu'il vous faut apprendre à incarner et à faire vibrer dans votre corps. Pour éprouver du plaisir et ressentir de la joie, vous avez besoin d'avoir la foi, de rêver et de vous évader, d'être libre de toute souffrance, d'être libéré(e) de votre arbre généalogique et de vos mémoires de vies passées, de transcendance, de vibrer d'extase, d'accéder à d'autres états de conscience, de communier, de fusionner et de ne faire qu'un avec le grand Tout.

Et vous avez une connexion particulière avec la lignée des femmes dans votre arbre généalogique. Avec de tels besoins, il n'est donc pas toujours simple d'éprouver du plaisir et de ressentir de la joie ! Mais quand cela arrive, cela vous envahi des profondeurs de votre être et il devient évident que votre véritable nature, votre nature profonde, est celle d'une personne joyeuse et heureuse. Vous incarnez alors une grâce féerique et ce charme très particulier qui fait que la vie vous sourit.

Vos sentiments, goûts et désirs tendent à s'exprimer en fonction d'une logique qui vous est propre, d'une logique qui n'est pas facile à définir ni à communiquer parce qu'elle est irrationnelle et bien au-delà des mots.

Ainsi, le fait qu'un objet, qu'une personne, ou qu'un lieu vous émeut, vous touche, vous séduit, vous plaît ou ne vous plaît pas dépendra de l'effet vibratoire qu'il vous fait, de l'énergie qu'il dégage, des émotions qu'il suscite au plus profond de vous-même, de ce que vous ressentez à ce moment précis, du temps qu'il fait, ou d'autres raisons très personnelles et quelques fois inconscientes, par exemple parce qu'il évoque une impression de déjà vu, un souvenir d'un lointain passé ou d'une vie antérieure.

Et vous pouvez être amené à rencontrer des personnes que vous avez déjà connues " dans d'autres vies " ou que vous avez rencontrées dans l'invisible, dans l'astral. Vous avez alors l'impression de les retrouver.

Tout ce qui concerne les goûts et les sentiments est pour vous une question de feeling, de sensibilité et comme vous dites, cela ne s'explique pas. D'où votre coté irrationnel, insaisissable et parfois déroutant.

 Et vous êtes hyper sensible, captant et ressentant dans votre chair tout ce qu'il y a dans l'air du temps, dans l'inconscient collectif et dans le cosmos. Vivre une relation privilégiée doit être pour vous synonyme de rêve et d'évasion, de relation télépathique, d'ivresse, de fusion à la fois émotionnelle et charnelle, d'accès à des niveaux de conscience plus élevés, à des voyages astraux, à des vérités spirituelles, à des émotions quasi religieuses qui vous permettent de transcender, de dépasser mais parfois aussi de fuir les réalités quotidiennes.

Vous avez facilement besoin que vos engagements affectifs ou vos expériences des plaisirs des sens correspondent à des aspirations spirituelles plus profondes ou qu'ils soient soutenus, confirmés, approuvés par une foi, par le hasard, par les Dieux, par les autres ou par ce en quoi vous croyez.

L'union et votre partenaire peuvent donc avoir pour une connotation sacrée. Peut-être que quelque chose au fond de vous-même, ayant conscience de l'état d'amour qui existait entre vous et votre pôle complémentaire avant d'échouer sur terre, avant de vous incarner dans la matière, cherche à recréer et à revivre ce paradis perdu ? Votre tendance à idéaliser l'union peut vous prédisposer à trouver les relations affectives classiques et ordinaires décevantes, et parfois vous inciter à fuir l'engagement dans une relation intime. C'est pourtant à travers l'amour inconditionnel, dans le cadre d'une union que vous vous épanouirez affectivement.

Vous croyez au septième ciel, au prince charment ou à la princesse de vos rêves, et vous recherchez une relation sublimée, romantique et romanesque, fondée sur une idéalisation de l'autre, sur une recherche de communion des corps et des âmes ou sur une évolution spirituelle. Cela peut vous permettre de dominer les plaisirs terrestres au profit de joies plus spirituelles, et vous apporter une douce folie qui fait votre charme.

Vous n'avez pas forcément besoin d'une présence physique pour qu'une relation sentimentale existe à vos yeux. Une relation affective peut exister pour vous lorsqu'il y a simplement des échanges émotionnels, une forme de communication télépathique ou un engagement spirituel. Vos aspirations et comportements ne sont cependant pas toujours compris par le commun des mortels. L'amour n'a pour vous pas de limites et il peut faire des miracles.

Vous pouvez avoir la possibilité de vous unir à une personne ayant comme vous des aspirations spirituelles et étant dans une démarche d'évolution. Quelque part, vous recherchez Dieu à travers votre partenaire !

Si vos aspirations et votre dimension spirituelle peuvent vous permettre de vivre de véritables contes de fée modernes et vous transporter dans un autre monde, elles peuvent vous empêcher de voir la réalité en face, votre réalité ou celle de l'autre. Vos aspirations peuvent vous entraîner dans des situations compliquées, et parce que vous ne gérez pas consciemment vos sentiments et votre séduction, parce vous vous faites parfois des illusions ou parce que vous faites preuve de naïveté, vous pouvez être prédisposé aux désillusions, aux déceptions et à la souffrance. Lorsque vous aimez et êtes aimé, vous avez facilement la tendance et le besoin d'être comme fasciné, uni psychiquement avec l'autre, de vous oublier dans une fusion totale avec l'autre et d'être tenu, captivé et parfois emprisonné par mille liens subtils qui exercent une sorte d'emprise psychique hypnotique sur vous ou sur l'autre. Si cela peut faire partie du conte de fée, vous devez cependant veiller à vivre votre individualité et votre spécificité, à ne pas vous dépersonnaliser et à accepter que le couple n'apporte pas tout, c'est à dire qu'il y a des expériences qui doivent être vécues en dehors du couple.

Votre sensibilité à fleur de peau et votre forte émotivité peuvent vous rendre influençable et perméable, non seulement aux sentiments et désirs des autres, mais aussi à des courants et désirs collectifs. Ce que vous ressentez dans votre corps ne vient pas toujours de vous mais d'ailleurs, de votre environnement ou de l'inconscient collectif.

La tendance à faire plaisir en faisant ce que les autres veuillent que vous fassiez peut déboucher sur une grande richesse relationnelle si l'entourage et le contexte sont positifs tout comme elle peut entraîner vers la déchéance si l'entourage est négatif. Cette hypersensibilité peut vous rendre capable de compatir, de vous mettre dans la peau de l'autre et d'avoir, si vous différenciez suffisamment votre ressenti, une clairvoyance parfois surprenante en ce qui concerne les sentiments et la vie affective. Vous n'avez pas besoin de longs discours pour comprendre.

Vous êtes également très sensible aux souffrances des autres et la part de bonté, de charité, de dévouement, de sensibilité, de douceur toute maternelle et de sincérité désintéressée qu'il y a dans votre cœur peut vous inciter à porter secours, à soigner ou assister des personnes qui sont souffrantes ou malades, physiquement ou moralement, ou à vous occuper d'œuvres sociales et philanthropiques. Peut-être vivez-vous à travers les autres votre part de souffrance ou ressentez vous la nécessité de payer une dette karmique envers la collectivité ?

Ces qualités facilitent votre épanouissement affectif. Vénus Neptune peut aussi vous rendre capable de faire les sacrifices nécessaires dans toute vie de couple, ce qui peut être bénéfique pour le couple si vous n'oubliez pas de vous occuper de vous-même. Et votre capacité à faire rêver, votre sensibilité, vos aspirations spirituelles, votre charme, votre sens du dévouement et de la charité font partie de votre richesse.

En revanche, la diffusion ou la dispersion de votre amour vers l'humanité tout entière peut vous donner des difficultés à concentrer votre amour sur une seule personne et à être capable d'un attachement exclusif.

Il peut émaner de vous un charme touchant et étrange, qui se diffuse autour de vous comme un gaz parfumé, tissant de multiples fils invisibles à travers l'espace et le temps, sans efforts conscients de votre volonté, comme si vous séduisiez à distance sans que ce soit vous qui détenez la télécommande. Le charme des sirènes dirons-nous, avec un sourire de Joconde. Vous laissez rarement autrui indifférent et les autres peuvent venir à vous, vous aborder, vous séduire ou tomber amoureux, comme fasciné par quelque chose qui les dépasse et qui vous dépasse souvent aussi.

Votre tendance à attirer et à séduire de façon inconsciente peut vous donner l'impression, et donner l'impression aux autres, que vous n'avez pas décidé et que les choses se sont décidées toutes seules, alors que bien souvent, vous ou les autres n'êtes simplement pas conscient des relations de causes à effets ayant créées une relation.

Cet aspect confère aux dames un charme très particulier leur permettant d'être très sollicitées. Lorsqu'il est accompagné d'un développement spirituel et d'une connaissance pratique des lois spirituelles et matérielles qui régissent notre univers, les femmes ayant l'archétype Vénus Neptune peuvent incarner, comme a dit le Poète, " l'Eternel Féminin qui nous exaltent à soi ", mais aussi la bonne fée et la magicienne.

Il ne tient qu'à vous d'apprendre à gérer constructivement ce charme et les éventuelles relations qui peuvent se créer à travers lui, à devenir plus conscient des effets que vous produisez sur autrui, à faire preuve de clarté dans vos relations pour compenser une apparente ambiguïté, à bien saisir le sens de chacune de vos relations, et donc à donner une forme à ce charme qui ne s'exprime pas toujours consciemment.

En effet, votre charme peut parfois être interprété comme une tentative de séduction, comme une invitation au plaisir, ou être plus simplement qualifié de bizarre et d'ambigu. La façon dont sera vécu cet archétype dépendra comme toujours du reste du thème mais aussi de la façon dont vous gérez votre charme et votre hypersensibilité.

Vous savez plus que tout autre, au niveau des sentiments et du relationnel, vous laisser aller, lâcher-prise, suivre le fil conducteur de vos aspirations secrètes, vous laisser porter par le hasard des événements, faire confiance à la vie pour naviguer à la boussole ou à l'intuition, sans forcément savoir où vous allez, sans forcément savoir quelle sera l'issue de vos démarches, et sans avoir besoin de repères particuliers.

Si vous ne savez pas toujours ce que vous voulez et s'il peut y avoir en vous un certain flou, voire parfois une confusion en matière de sentiments, goûts et désirs, vous savez néanmoins avoir la foi, vous laisser guider par les événements et vous laisser aller dans la relation. Et bien souvent, le hasard ou le fil conducteur de vos aspirations secrètes font bien les choses et vous portent vers la réalisation de vos désirs, vers un bonheur affectif discret qui peut passer inaperçu mais qui vous grandit l'âme. Votre vie affective peut alors contribuer à votre développement spirituel.

Vous pouvez avoir tendance à rechercher la paix, le calme et le recueillement dans l'isolement, et à être aussi secret que discret dans l'expression de vos sentiments. Vous donnez parfois l'impression d'être indifférent, ailleurs, comme dans un état second parce que votre affectivité s'exprime subtilement et discrètement. Vos faiblesses éventuelles peuvent provenir d'une tendance à la passivité, d'une difficulté à résister aux sollicitations des autres, d'une difficulté à faire le premier pas vers l'autre ou encore d'une tendance à vivre l'amour dans votre cœur et dans vos fantasmes uniquement, sans oser l'avouer à l'autre, tel un rêve sans réalité. Vous y gagneriez alors à exprimer un peu plus vos sentiments, à agir de façon plus concrète et à accepter que l'autre n'est pas forcément devin ni télépathe.

Parce que ou le jugement et le regard que vous avez sur vous est fonction d'un désir de paix et d'équilibre, de vos sentiments, de ce qui vous fait plaisir, d'un besoin de tranquillité et de vie agréable, vous faites parfois preuve d'une subjectivité délirante, vous faites facilement des concessions avec vous-même ou avec la réalité, et recherchez parfois trop la facilité.

Vénus-Neptune peut vous donner des conceptions panthéistes, c'est à dire une tendance à croire que tout le monde est beau et gentil. Le relationnel, le couple, la civilisation ou l'art peuvent être des domaines où vous vous faites facilement des illusions. Les mouvements « hippies », « baba cool »" et « peace and love »" qui ont existé dans les années soixante par des personnes qui avaient dans leur thème natal Neptune en Balance illustrent bien une facette de Vénus Neptune.

La relation Vénus-Neptune rend sensible aux liens qu'il peut y avoir entre plaisir et souffrance, peut donner une tendance à trouver dans la souffrance un certain plaisir ou rendre capable de remplacer la souffrance par la joie et l'amour. Il permet également d'organiser, de gérer, d'incarner et de concrétiser les fantasmes, le besoin de rêve et d'évasion, l'imaginaire, les émotions, les courants collectifs, les idéaux, la foi et les aspirations secrètes.

Sous une forme inférieure, cet aspect peut engendrer une tendance à croire qu'il faut souffrir ou faire souffrir pour être aimé ou pour être beau / belle, et de ce genre de croyance peut naître de la souffrance dans la vie affective.

L'homme peut avoir tendance à idéaliser, à sacraliser voire à mystifier la femme et la mère, à rechercher en la femme une fée, à avoir besoin de fusion dans ses relations avec la femme ou à être attiré par des femmes capables de dévouement, de faire des sacrifices ou de lui faire vivre des moments de rêve et d'évasion.

Vous pouvez attirer et être attiré par des personnes sensibles, émotives, secrètes, irrationnelles, médiums, dont l'âme, évoluée spirituellement peuvent vous apporter des révélations, par des personnes qui accordent de l'importance à la religion, au développement spirituel, au rêve et à l'évasion, par des personnes qui participent à un mouvement collectif d'ordre économique, social, médical ou humanitaire ou par des personnes qui ont besoin d'être soignées, aidées et soulagées.

Vous pouvez avoir des goûts, des aptitudes et des talents naturels pour explorer l'ailleurs, pour soulager et soigner les souffrances et misères du monde, pour utiliser votre foi et votre intuition, pour capter et ressentir ce qui se passe, pour inspirer et être inspiré(e), pour rêver et faire rêver, pour vous dévouer, pour utiliser un sens communautaire et humanitaire, pour relaxer et détendre, pour assister, pour explorer l'invisible et l'inconscient, pour sonder, pour participer à une entreprise collective, pour communier, pour faire de la magie à votre façon, pour vous évader et pour communiquer par l'image et les émotions. Votre image de la féminité est celle d'une femme sensible, intuitive, spirituelle, dévoué, capable de compassion, de charité, de sacrifice et d'amour inconditionnel, d'être une fée ou une magicienne.

ASPECT DISSONANT/DYNAMIQUE VENUS NEPTUNE

Il y a dans votre thème astral une relation permanente, mais discontinue, dissociée, duelle, tendue et conflictuelle, entre Vénus (vos désirs, vos plaisirs, vos sentiments, vos choix, votre relationnel) et Neptune (votre foi, vos mémoires ancestrales et vos vies passées, votre besoin d'évasion et de transcendance), car ces deux planètes vibrent en vous à deux fréquences totalement différentes. Chaque planète veut se vivre, à sa façon, à travers vous et tend à considérer l'autre comme une rivale ou comme une perturbatrice. Vous avez alors tendance, soit à exprimer l'une puis l'autre des planètes d'une façon excessive, soit à vivre l'une des planètes et à rejeter l'autre parce que vous la considérez comme perturbatrice, parce que vous voyez son côté sombre plus que son côté lumineux. Tant que vous nourrissez ce conflit à l'intérieur de vous, vous récoltez le moins bon de chacune des deux fonctions psychologiques et des expériences qui y sont associées. La solution, que vous verrez plus bas dans le texte, est de vivre chaque fonction en pleine conscience et de savoir alterner rapidement et consciemment, entre chacune des deux fonctions psychologiques représentées par la planète Vous transformez ainsi une relation conflictuelle en une grande force et vous vivez cette relation de façon consciente et dynamique.

Cette facette de votre personnalité peut initialement engendrer, lorsqu'elle n'est pas maîtrisée, une vie affective, des désirs et des relations qui peuvent être une source d'insatisfaction, de déception et de souffrances, des difficultés à faire des choix et à ressentir du plaisir et de la joie, des difficultés à vivre heureux sur Terre, des difficultés à vivre des relations harmonieuses, des difficultés d'ordre pratique dans la vie active mais aussi des difficultés à avoir la Foi, à exprimer l'amour inconditionnel et à retrouver votre vraie nature Divine de par un conflit ou un désaccord entre par exemple le plaisir et la souffrance, entre vos mémoires généalogiques (ou vos vies passées) et votre besoin de vivre heureux sur Terre, entre votre besoin de vivre des expériences concrètes et votre besoin d'éprouver des états seconds, de transcendance, de rêve et d'évasion, entre votre besoin de gérer la matière et votre besoin de laisser les choses se faire au hasard en lâchant prise, entre votre besoin d'amour charnel et votre besoin d'amour inconditionnel

Vénus-Neptune rend sensible aux liens qu'il peut y avoir entre plaisir et souffrance. Cela peut vous donner une tendance à trouver dans la souffrance un certain plaisir mais aussi vous rendre capable de remplacer la souffrance par la joie et par l'amour inconditionnel. Vénus-Neptune permet également d'organiser, de gérer, d'incarner et de concrétiser les fantasmes, le besoin de rêve et d'évasion, l'imaginaire, les émotions, les courants collectifs, les idéaux, la foi et les aspirations secrètes.

Sous une forme inférieure, cette facette de votre personnalité peut engendrer une tendance à croire qu'il faut souffrir ou faire souffrir pour être aimé, pour être heureux(se) ou pour être beau/belle, et de ce genre de croyances peut naître de la souffrance dans la vie affective tant qu'un travail sur soi n'est pas fait. La relation dissociée Vénus-Neptune indique un problème non résolu en rapport avec les mémoires généalogiques et/ou les mémoires de vies passées. Il pose également le défi d'incarner un idéal spirituel. La relation avec la mère peut avoir été étouffante, idéalisée et source de souffrance.

Pour vivre pleinement la relation Vénus-Neptune, il est nécessaire d'effectuer des prises de conscience, un travail sur soi permettant une évolution psychologique, et ce n'est en général que lorsque vous avez atteint un degré suffisant de maturité que votre vie sentimentale peut devenir une source de bonheur durable. Il est important de comprendre que la relation Vénus-Neptune correspond à une partie de votre personnalité qui vous demande, selon votre cas, d'élargir votre champ de conscience au-delà des réalités matérielles sans toutefois renier celles ci, de développer votre foi, d'évoluer spirituellement, d'exprimer l'amour inconditionnel, de vivre votre part de rêve ou de faire rêver autrui, d'apprendre à maîtriser la prière, d'intégrer vos mémoires ancestrales et vos vies antérieures, d'effectuer un travail sur la souffrance et de soulager les souffrances du monde, ou de participer activement à une collectivité. Quand la relation n'est pas maîtrisée, vous avez alors tendance à incarner plusieurs scénarios, en alternant parfois de l'un à l'autre.

Scénario 1 : Vénus domine et Neptune (votre foi, vos mémoires ancestrales et vos vies passées, votre besoin d'évasion et de transcendance) est rejetée ou mal intégré à votre personnalité.

Quand Vénus domine en vous, vous vivez selon vos désirs, votre besoin d'être en lien avec autrui et selon vos sentiments. Vous avez besoin d'exprimer votre sensualité, de vivre en fonction de ce qui vous plaît ou ne vous plaît pas, en fonction des attractions et affinités que vous pouvez ressentir avec autrui. Vous vous consacrez alors à vos relations, à votre vie de couple, à vivre selon votre plaisir, vos goûts et vos préférences personnelles.

Vous cherchez à vous enrichir et à gérer votre capital. Il vous faut agrémenter et embellir la réalité, attirer, séduire, créer du bonheur et de l'harmonie, partager avec l'autre, d'exprimer votre sociabilité envers des membres de votre civilisation et de jouer votre rôle dans la civilisation.
Vous pouvez être très sensible aux effets perturbateurs que peuvent avoir, sur votre vie affective, matérielle et relationnelle, les énergies venant de l'inconscient collectif atteignant votre sensibilité, les hasards de l'existence, le souvenir d'une déception ou d'une souffrance, les souvenirs de vies antérieures (cela est souvent associé à un sentiment diffus de culpabilité), votre hypersensibilité et vos fantasmes, l'influence de la société, l'adhésion à des croyances religieuses (Judéo-chrétiennes ou autres) ou votre désir d'évasion, d'être ailleurs, d'évolution spirituelle et de transcendance.

La tendance à considérer tout ou partie de Neptune comme désagréable, comme non enrichissant, comme vous coûtant, ou à ne voir que l'aspect négatif de la planète peut engendrer un rejet et un refoulement tout ou une partie de ce que représente Neptune dans votre vie affective, matérielle ou relationnelle.

Vous avez alors peut-être peur de la maladie, de la souffrance, des moments d'euphorie et d'exaltation, du désordre et de l'anarchie, de l'étrange et du paranormal, ou vous avez peut-être peur d'être submergé, débordé, envahi ou infecté par les richesses de votre inconscient.

Cela peut se traduire par un rejet de toute croyance religieuse, spirituelle ou mystique, du sacré, de vos aspirations secrètes ou de celles de l'autre, de tout ce qui n'est pas visible et concret et de tout ce qui est synonyme de rêve et d'évasion. Vous pouvez avoir une difficulté à être à l'écoute de l'autre et à communiquer sur la même longueur d'onde ou sur le même taux vibratoire que lui et une difficulté à comprendre ou à accepter le sens réel de vos différentes relations (ce n'est pas parce que vous aimez l'autre d'un amour fou que vous êtes fait l'un pour l'autre). Vous pouvez également avoir des difficultés à « avoir la Foi », à vous laisser porter par les événements, à faire confiance au hasard et à la vie, à vous laisser allez et à lâchez prise dans votre vécu relationnel.

Peut-être croyez-vous que vos désirs ne pourront pas être satisfaits si vous vous laisser aller ? Peut-être croyez-vous que si vous ne contrôlez pas vos sensations, vos envies ou sentiments, alors vous serez submergé et envahi par elles? Mais à cause de ce que vous refoulez, vous pouvez être insatisfait lorsque vous vivez une relation sociale ou sentimentale, un désir ou un plaisir. Vous pouvez avoir l'impression qu'il vous manque cette part de magie, de subtile complicité, de résonance, d'évasion, de sens profond, une approbation des Dieux, du hasard ou de vos ancêtres et de ne pas pouvoir partager avec votre partenaire des valeurs spirituelles ou des émotions profondes qui vous sont chères. Vous pouvez avoir l'impression que ce que vous vivez ne correspond pas à vos aspirations profondes ou à un certain idéal que vous avez et qu'il manque en fin de compte à votre vie une certaine dimension à laquelle vous aspirez. Vos insatisfactions sont peut être dues au fait que vos désirs ne sont pas toujours accordés à votre réalité profonde, à vos aspirations secrètes ou à la situation concrète objective ? Vous pouvez parfois avoir des difficultés à trouver un partenaire ayant votre degré de sensibilité, votre niveau d'évolution et un certain éveil spirituel, ce qui peut induire en vous un sentiment de solitude.

Scénario 2 : Neptune domine et Vénus est rejetée ou mal intégrée.

Si au contraire Neptune domine chez vous, vous vivez alors selon vos inspirations profondes et vos valeurs spirituelles, selon votre sensibilité et votre foi, selon la volonté de vos ancêtres, dans des rêves ou dans un état parfois second, en vous laissant porter par le courant des événements et en laissant beaucoup de choses se faire au hasard. Vous pouvez alors avoir tendance à croire que toute attache à un être ou à un objet, toute gestion de la réalité concrète, tout désir et tout plaisir se fait au détriment de votre évolution intérieure, de vos idéaux de contes de fée ou de votre besoin de vivre comme bon vous semble en fonction de vos humeurs et inspirations.

Cela peut vous donner tendance à renier et à rejeter vos sentiments, votre richesse, votre besoin de donner et de recevoir de la tendresse, de vivre une relation privilégiée et d'exprimer votre sensualité, ou tout ce qui touche au matériel et à l'argent. Vous pouvez avoir tendance à croire que l'engagement affectif ne peut se faire qu'au détriment de votre foi, de vos valeurs spirituelles ou de la volonté de vos ancêtres ?

Ce rejet de Vénus peut vous donner des difficultés à créer des relations harmonieuses avec autrui, à croire au bonheur, à être équilibré, à vous engager affectivement dans une vie de couple ou à participer à votre civilisation. Il peut aussi vous donner l'impression qu'il manque dans votre vie un équilibre, des moments agréables où vous faites ce qui vous fait plaisir, une vie relationnelle et une relation privilégiée où vos pouvez donner et recevoir de la tendresse. Un certain laisser aller dans le domaine matériel et financier peut vous exposer à des difficultés financières et à vivre des périodes de galère.

Un manque de sens pratique et une tendance à être ailleurs peuvent perturber votre vie relationnelle et vous causer des difficultés dans la vie pratique de tous les jours, souvent parce que vous perdez des choses ou parce que ne vous souvenez plus de ce que vous faites. Une difficulté à gérer votre hypersensibilité et vos émotions font parfois qu'un rien vous déstabilise émotionnellement voire vous rend hystérique. Cela peut alimenter une insatisfaction qui peut alors engendrer des réactions de compensation.

Scénario 3 : Vénus (les sentiments, désirs et besoins relationnels) domine en excès.

Si vous êtes plutôt identifié à Vénus, vous pouvez avoir tendance à l'être excessivement. Concrètement, votre affectivité peut alors être parfois débordante et envahissante tellement vous aimez « à la folie ». Séduire devient une véritable mission et bien souvent votre charme trompeur vous permet de séduire l'autre. Vous pouvez avoir tendance à tellement vous situer en fonction des autres, à tellement vouloir vous conformer aux désirs d'autrui que vous en devenez dépendant et que vous y perdez une partie de votre liberté.

L'influence excessive de Vénus peut entraîner une faiblesse morale qui empêche une bonne gestion des désirs et des passions, une recherche excessive de plaisir, de relations sociales ou de gains matériels.

Une influence excessive des sentiments peut se traduire par une humilité ou une tolérance excessive, par une subjectivité empêchant de voir les choses en face, par une tendance au laxisme, à l'indécision, à l'insouciance, au laisser aller et par une attitude partisane du moindre effort dès que des épreuves, des situations où sont véhiculées des émotions collectives ou des situations nécessitant de considérer les choses d'un point de vue spirituel se présentent. Vous pouvez avoir tendance à être trop bon et trop gentil, peut être par peur de décevoir, ou à en demander trop à l'autre au point que vos demandes sont étouffantes et difficiles à supporter.

Scénario 4 : Neptune est dominante en excès.

L'influence excessive de Neptune peut se traduire par des emballements imaginatifs, des humeurs, des intuitions, des fantasmes, des croyances et des suppositions qui ne tiennent pas toujours comptes des réalités concrètes ou qui refusent de voir les données concrètes. Vous vivez alors dans l'euphorie, dans des débordements émotionnels, déconnecté de la réalité ou dans une fuite de l'engagement, des responsabilités, et du moment présent.

Vous voulez toujours être ailleurs. Cette fuite peut prendre la forme d'une recherche de sensations enivrantes qui ravagent et dissolvent la conscience, à travers l'alcool, des pratiques occultes malsaines, les paradis artificiels (drogues, érotisme), les sectes, le tabac ou les médicaments. Elle peut se traduire par une tendance à vivre dans le brouillard, sur un nuage, à coté de la réalité, dans un état de somnambulisme ou dans un monde à part, dans un monde imaginaire construit sur des illusions.

Une tendance au défaitisme, une tendance à croire que la vie n'est que souffrance et une tendance à l'auto apitoiement et à vous plaindre sans arrêt peut engendrer des difficultés à faire face aux réalités concrètes.
Plus couramment, vous pouvez donner l'impression qu'il y a des moments où vous êtes ailleurs et distrait. Où vous pouvez avoir tendance à ne pouvoir aimer que lorsque vous-même ou l'autre sont ailleurs, loins et inaccessibles. Ces tendances peuvent parfois vous empêcher de vivre pleinement vos relations amoureuses et de gérer la matière.

Vous pouvez avoir tendance à faire preuve d'une délirante subjectivité et à commettre des erreurs d'interprétation quant aux motivations, intentions, attentes, comportements et attitudes de l'autre. Et cette incompréhension de l'autre due à des erreurs d'interprétation peut déboucher sur des difficultés relationnelles.

Elle peut donner une tendance à idéaliser l'autre en amplifiant ses qualités et en ne voyant pas ses défauts et à substituer à la personnalité de l'autre un rêve ou un fantôme produit par votre imagination. Un excès de tolérance cache parfois une faiblesse de caractère. Une crédulité et une naïveté peuvent vous exposer à des abus de confiance, à des erreurs quant au choix du partenaire, et donc à des déceptions, des désillusions et de la souffrance. Là où vous croyez être aimé, vous vous faîtes peut être avoir. Il peut donc être essentiel pour vous d'être objectif et conscient quant à votre partenaire mais aussi dans votre façon d'interpréter les situations et comportements de l'autre.

Certaines personnes ont parfois tendance, par peur de souffrir ou d'être déçu, à fuir tout partenaire potentiel, à séduire puis à se dérober aux sollicitations affectives et aux désirs provoqués, à vivre dans le bluff, dans le mensonge, dans le faux, à tromper leur entourage et elles même, à n'aimer l'autre que lorsqu'il est ailleurs, loin et absent, à s'engager dans plusieurs relations à la fois, à se lier avec des gens qui ne sont pas libres ou qui sont ailleurs, à aimer l'autre uniquement dans sa tête et à distance, en secret, en s'enlisant dans des fantasmes dont on se sert pour fuir tout attachement envers une personne spécifique. Cela peut provenir d'une croyance que si la personne exprime ses émotions ou sentiments, alors elle risque de souffrir, d'où une difficulté d'engagement par peur de souffrir.

L'influence de Neptune peut engendrer une difficulté à résister aux sollicitations sensorielles ou affectives, une tendance à laisser la société, les autres, la volonté des ancêtres ou le hasard décider à votre place quant au choix d'un partenaire, une tendance à se laisser emprisonner dans une relation qui ne convient pas, des sentiments indécis qui peuvent se volatiliser aussi rapidement qu'ils sont nés, une charité qui serait prête à se ruiner pour une personne qui sera quittée le lendemain, une image du partenaire et de la vie de couple floue et mal définie, une difficulté à savoir ce que vous voulez et une tendance à attendre que les choses se passent toutes seules, une difficulté à faire le premier pas vers l'autre et à avouer les sentiments éprouvés.

Sans doute y gagneriez-vous à accepter qu'une relation affective se construise avec du rêve mais aussi avec du concret et qu'elle se gère. Vous y gagneriez aussi à exprimer un peu plus vos sentiments, verbalement, en acceptant que l'autre ne soit pas forcément télépathe. L'influence de Neptune peut donner à votre vie affective une apparence désordonnée, confuse, incohérente, compliquée ou bizarre. Peut-être avez-vous besoin, lorsque vous aimez, d'être fasciné voire ligoté par mille liens subtils tel que l'autre exerce sur vous une sorte d'emprise psychique hypnotique. C'est parfois le cas avec la mère.

Vous vous oubliez alors à tel point dans une fusion voire une confusion totale avec l'autre que vous en devenez dépendant au point d'en perdre la raison. Vous vous plaignez ensuite que toute forme d'attachement vous étouffe ! Peut-être est ce la peur d'être ligoté par l'autre, d'être enchaîné à l'autre et d'être prisonnier de votre relation qui vous empêche de vivre pleinement vos aspirations affectives ?

Peut-être avez vous tendance à devenir collant voire étouffant, à ligoter l'autre par peur qu'il vous échappe, à en faire trop pour l'autre jusqu'à vous sacrifier excessivement et à faire fuir les personnes qu'au fond vous désirez, tout en vous plaignant que la vie à deux est synonyme d'esclavage. Peut-être êtes-vous trop sensible à la souffrance et à la douleur d'autrui ?

Un besoin excessif de secourir l'autre peut se transformer en masochisme ou l'un des partenaires joue le rôle de victime voire de martyr, et se fait exploiter tout en croyant voir dans la souffrance une rédemption. Il peut y avoir à la base de ces comportements un sentiment diffus de culpabilité.

N'y a t'il pas de votre part ou de la part de votre partenaire une incompréhension des conditions nécessaires à la création d'une vie sentimentale harmonieuse et durable ? Ou peut-être croyez-vous que si vous ne vous sacrifiez pas pour l'autre, alors cet autre ne vous aimera pas ? Il émane pourtant de vous un charme touchant et étrange, qui se diffuse autour de vous comme un gaz, en tissant des fils d'araignée à travers l'espace et le temps, mais sans que vous sachiez très bien maîtriser et gérer ce charme, comme si vous séduisiez à distance sans que ce soit vous qui déteniez les commandes. Ce charme de sirène, parfois enivrant et difficilement résistible, peut néanmoins vous jouer des tours en attirant des personnes qui viennent vous conquérir, séduites par quelque chose qui les dépasse et qui vous dépasse souvent aussi, alors que vous n'aviez rien demandé, du moins consciemment.

Ce même charme peut parfois attirer des gens bizarres ou engendrer chez autrui des réactions étranges parce que certaines personnes peuvent interpréter vos comportements comme une invitation au plaisir tandis que d'autres, sensibles à votre charité et à votre coté "petite sœur des pauvres" peuvent venir solliciter votre aide avec supplication. Il peut donc vous être très utile de faire preuve de réalisme et de clarté dans vos relations, de bien définir les situations en fixant les limites de vos obligations, d'avoir pleinement conscience de ce que vous donner à autrui, des personnes à qui vous donnez et de la façon dont sont reçus vos dons.

Certaines personnes ont parfois à vivre dans la confusion, dans le brouillard, "dans le gaz", en ne sachant pas très bien qui elles sont ni où elles en sont. Il peut exister un problème d'identité chez la femme dans la mesure ou elle s'identifie à ces mémoires généalogiques, et dans la mesure où elle ne différencie pas clairement les sensations ou sentiments qui lui sont propres et ceux qui viennent d'ailleurs, du monde extérieur, de l'inconscient collectif ou du cosmos.

L'influence du collectif sur les sentiments et l'amour universel éprouvé envers l'humanité peut gêner l'engagement dans une relation intime exclusive et la création d'une vie de couple. Votre besoin de fuite et d'évasion, s'il n'est pas orienté vers un développement personnel, vers une recherche spirituelle, vers une activité artistique créative ou vers l'une des activités citées plus bas, peut vous entraîner vers une fuite de vous-même et de la vie à travers les paradis artificiels, à travers les stupéfiants, l'alcool, le tabac, l'érotisme ou vers une recherche de plaisir dans lesquels vous risquez de vous noyer et vous perdre.

Expression positive consciente et naturelle : Lorsque vous apprenez à maîtriser cette partie de votre personnalité et à utiliser toute sa richesse et lorsque vous avez fait le chemin pour exprimer cette relation en pleine conscience et d'une manière positive.

Pour transformer la relation Vénus-Neptune dissociée en relation consciente et dynamique, il peut être utile d'effectuer un travail sur l'image de la mère et de la femme, sur le couple et la vie affective, sur l'argent et la matière, sur le relationnel, sur le rôle de la forme, du plaisir et de l'harmonie et sur le rôle que doivent avoir dans votre vie relationnelle et au sein de votre personnalité les mémoires ancestrales, la spiritualité, le développement personnel, la joie et la souffrance, l'évasion et la transcendance, le hasard, l'inconscient collectif et les facultés de voyance. Un travail sur l'arbre généalogique et les chants sacrés peuvent vous faire le plus grand bien.

Les deux planètes peuvent être vécues dans des états d'esprit, dans des lieux ou à des moments très différents, de façon à ce que chacune rectifie l'autre au moindre excès et sans que l'une des fonctions psychologiques gène l'expression de l'autre. Vous pouvez alors vivre des moments où vous exprimez vos désirs, vos goûts, vos choix subjectifs, où vous vivez une relation privilégiée claire et simple, des expériences concrètes et matérielles ou vous savez gérer la situation d'une façon pragmatique, où vous êtes ordonné et jouissez des plaisirs de la chair.

Puis sachant qu'il existe au-delà des sentiments, de la forme, du concret et des sens une autre dimension de l'âme et de la vie, une dimension illimitée et invisible teintée d'aspirations spirituelles qui demande à se vivre en vous, vous consacrez d'autres moments où vous vous évadez, où vous vous laissez guider par les courants du hasard ou de vos inspirations, où vous vous recueillez dans la solitude et le calme, où vous vivez votre foi ou votre évolution spirituelle.

Vous savez d'un coté vous occupez de vos besoins personnels et de votre vie de couple et de l'autre prendre un peu de votre temps dans des activités plus sociales et plus collectives. Vous savez alors par exemple rêver et faire rêver, vous évader, vous laisser envahir par vos émotions, votre romantisme et votre sensibilité et vous occuper des aspirations spirituelles de votre âme lorsque vous vous sentez trop ancré dans la matière. Puis vous savez revenir sur terre, gérer votre ressenti, clarifier vos relations et retrouver votre pragmatisme lorsque vous vous sentez trop partir ailleurs ou lorsque vous avez l'impression de perdre le nord.

La relation Vénus-Neptune peut être assumée à deux au sein d'une relation jusqu'à ce que chaque partenaire développe en lui de façon équilibrée les deux fonctions psychologiques. L'un des partenaires peut assumer le rôle neptunien (développement spirituel, rêve et évasion) et l'autre le rôle vénusien (les finances, les loisirs, les joies et plaisirs, le relationnel, l'organisation des moments de détente).

 Bien maîtrisée, la relation Vénus-Neptune peut vous conférer un ensemble d'aptitudes qui sont alors vécues d'une façon particulièrement consciente et dynamique. Cela peut se traduire, en ce qui concerne Vénus, par une exceptionnelle maîtrise de votre sens esthétique, de votre charme, de votre vie relationnelle, de votre pouvoir de séduction et en ce qui concerne Neptune par une foi, un amour inconditionnel, une capacité à faire rêver autrui, par une clairvoyance relationnelle et par un éveil spirituel qui sont très au-dessus de la moyenne. Il y a alors en vous une fée capable de faire des miracles grâce à la force de votre amour.

Lorsque la relation Vénus Mars est vécue en conscience, le plaisir, la beauté, la joie et le bonheur sont chez vous des valeurs sacrées qu'il vous faut apprendre à incarner et à faire vibrer dans votre corps. Pour éprouver du plaisir et ressentir de la joie, vous avez besoin d'avoir la foi, de rêver et de vous évader, d'être libre de toute souffrance, d'être libéré(e) de votre arbre généalogique et de vos mémoires de vies passées, de transcendance, de vibrer d'extase, d'accéder à d'autres états de conscience, de communier, de fusionner et de ne faire qu'un avec le grand Tout.

Et vous avez une connexion particulière avec la lignée des femmes dans votre arbre généalogique. Avec de tels besoins, il n'est donc pas toujours simple d'éprouver du plaisir et de ressentir de la joie ! Mais quand cela arrive, cela vous envahi des profondeurs de votre être et il devient évident que votre véritable nature, votre nature profonde, est celle d'une personne joyeuse et heureuse. Vous incarnez alors une grâce féerique et ce charme très particulier qui fait que la vie vous sourit.

Vos sentiments, goûts et désirs tendent à s'exprimer en fonction d'une logique qui vous est propre, d'une logique qui n'est pas facile à définir ni à communiquer parce qu'elle est irrationnelle et bien au-delà des mots. Ainsi, le fait qu'un objet, qu'une personne, ou qu'un lieu vous émeut, vous touche, vous séduit, vous plaît ou ne vous plaît pas dépendra de l'effet vibratoire qu'il vous fait, de l'énergie qu'il dégage, des émotions qu'il suscite au plus profond de vous-même, de ce que vous ressentez à ce moment précis, du temps qu'il fait, ou d'autres raisons très personnelles et quelques fois inconscientes, par exemple parce qu'il évoque une impression de déjà vu, un souvenir d'un lointain passé ou d'une vie antérieure.

Et vous pouvez être amené à rencontrer des personnes que vous avez déjà connues " dans d'autres vies » ou que vous avez rencontrées dans l'invisible, dans l'astral. Vous avez alors l'impression de les retrouver. Tout ce qui concerne goûts et sentiments est pour vous une question de feeling, de sensibilité et comme vous dites, cela ne s'explique pas.

D'où votre coté irrationnel, insaisissable et parfois déroutant. Et vous êtes hyper sensible, captant et ressentant dans votre chair tout ce qu'il y a dans l'air du temps, dans l'inconscient collectif et dans le cosmos.

Vivre une relation privilégiée doit être pour vous synonyme de rêve et d'évasion, de relation télépathique, d'ivresse, de fusion à la fois émotionnelle et charnelle, d'accès à des niveaux de conscience plus élevés, à des voyages astraux, à des vérités spirituelles, à des émotions quasi religieuses qui vous permettent de transcender, de dépasser mais parfois aussi de fuir les réalités quotidiennes.

Vous avez facilement besoin que vos engagements affectifs ou vos expériences des plaisirs des sens correspondent à des aspirations spirituelles plus profondes ou qu'ils soient soutenus, confirmés, approuvés par une foi, par le hasard, par les Dieux, par vos ancêtres, par les autres ou par ce en quoi vous croyez. L'union et votre partenaire peuvent donc avoir pour une connotation sacrée.

Peut être que quelque chose au fond de vous-même, ayant conscience de l'état d'amour qui existait entre vous et votre pôle complémentaire avant d'échouer sur terre, avant de vous incarner dans la matière, cherche à recréer et à revivre ce paradis perdu ? Votre tendance à idéaliser l'union peut vous prédisposer à trouver les relations affectives classiques et ordinaires décevantes, et parfois vous inciter à fuir l'engagement dans une relation intime. C'est pourtant à travers l'amour dans le cadre d'une union que vous vous épanouirez affectivement.

Vous croyez au septième ciel, au prince charment ou à la princesse de vos rêves, et vous recherchez une relation sublimée, romantique et romanesque, fondée sur une idéalisation de l'autre, sur une recherche de communion des corps et des âmes ou sur une évolution spirituelle. Cela peut vous permettre de dominer les plaisirs terrestres au profit de joies plus spirituelles, et vous apporter une douce folie qui fait votre charme.

Vous n'avez pas forcément besoin d'une présence physique pour qu'une relation sentimentale existe à vos yeux. Une relation affective peut exister pour vous lorsqu'il y a simplement des échanges émotionnels, une forme de communication télépathique ou un engagement spirituel. Vos aspirations et comportements ne sont cependant pas toujours compris par le commun des mortels. L'amour n'a pour vous pas de limites et il peut faire des miracles. Vous pouvez avoir la possibilité de vous unir à une personne ayant comme vous des aspirations spirituelles et étant dans une démarche d'évolution.

Si vos aspirations et votre dimension spirituelle peuvent vous permettre de vivre de véritables contes de fée modernes et vous transporter dans un autre monde, elles peuvent vous empêcher de voir la réalité en face, votre réalité ou celle de l'autre. Vos aspirations peuvent vous entraîner dans des situations compliquées, et parce que vous ne gérez pas consciemment vos sentiments et votre séduction, parce vous vous faites parfois des illusions ou parce que vous faites preuve de naïveté, vous pouvez être prédisposé aux désillusions, aux déceptions et à la souffrance.

Lorsque vous aimez et êtes aimé, vous avez facilement tendance et besoin d'être comme fasciné, uni psychiquement avec l'autre, de vous oublier dans une fusion totale avec l'autre et d'être tenu, captivé et parfois emprisonné par mille liens subtils qui exercent une sorte d'emprise psychique hypnotique sur vous ou sur l'autre. Si cela peut faire parti du conte de fée, vous devez cependant veiller à vivre votre individualité et votre spécificité, à ne pas vous dépersonnaliser et à accepter que le couple n'apporte pas tout, c'est à dire qu'il y a des expériences qui doivent être vécues en dehors du couple.

Votre sensibilité à fleur de peau et votre forte émotivité peuvent vous rendre influençable et perméable, non seulement aux sentiments et désirs des autres, mais aussi à des courants et désirs collectifs. Ce que vous ressentez dans votre corps ne vient pas toujours de vous mais d'ailleurs, de votre environnement ou de l'inconscient collectif. La tendance à faire plaisir en faisant ce que les autres veuillent que vous fassiez peut déboucher sur une grande richesse relationnelle si l'entourage et le contexte sont positifs tout comme elle peut entraîner vers la déchéance si l'entourage est négatif.

Cette hypersensibilité peut vous rendre capable de compatir, de vous mettre dans la peau de l'autre et d'avoir, si vous différenciez suffisamment votre ressenti, une clairvoyance parfois surprenante en ce qui concerne les sentiments et la vie affective. Vous n'avez pas besoin de longs discours pour comprendre.

Vous êtes également très sensible aux souffrances des autres et la part de bonté, de charité, de dévouement, de sensibilité, de douceur toute maternelle et de sincérité désintéressée qu'il y a dans votre cœur peut vous inciter à porter secours, à soigner ou assister des personnes qui sont souffrantes ou malades, physiquement ou moralement, ou à vous occuper d'œuvres sociales et philanthropiques. Peut-être vivez-vous à travers les autres votre part de souffrance ou ressentez vous la nécessité de payer une dette karmique envers la collectivité ? Ces qualités facilitent votre épanouissement affectif. Vénus-Neptune peut aussi vous rendre capable de faire les sacrifices nécessaires dans toute vie de couple, ce qui peut être bénéfique pour le couple si vous n'oubliez pas de vous occuper de vous-même.

Et votre capacité à faire rêver, votre sensibilité, vos aspirations spirituelles, votre sens du dévouement et de la charité sont votre richesse. En revanche, la diffusion ou la dispersion de votre amour vers l'humanité tout entière peut vous donner quelques difficultés à concentrer votre amour sur une seule personne et à être capable d'un attachement exclusif.

Il peut émaner de vous un charme touchant et étrange, qui se diffuse autour de vous comme un gaz, tissant de multiples fils invisibles à travers l'espace et le temps, sans efforts conscients de votre volonté, comme si vous séduisiez à distance sans que ce soit vous qui détenez la télécommande. Le charme des sirènes dirons-nous, avec un sourire de Joconde. Vous laissez rarement autrui indifférent et les autres peuvent venir à vous, vous aborder, vous séduire ou tomber amoureux, comme fasciné par quelque chose qui les dépasse et qui vous dépasse souvent aussi.

Votre tendance à attirer et à séduire de façon inconsciente peut vous donner l'impression, et donner l'impression aux autres, que vous n'avez pas décidé et que les choses se sont décidées toutes seules, alors que bien souvent, vous ou les autres n'êtes simplement pas conscient des relations de causes à effets ayant créées une relation.

Vénus-Neptune confère aux Dames un charme très particulier leur permettant d'être très sollicitées. Lorsqu'il est accompagné d'un développement spirituel et d'une connaissance pratique des lois spirituelles et matérielles qui régissent notre univers, les femmes ayant Vénus Neptune peuvent incarner, comme a dit le Poète, " L'Eternel Féminin qui nous exaltent à soi ", mais aussi la fée et la magicienne.

Il ne tient qu'à vous d'apprendre à gérer constructivement ce charme et les éventuelles relations qui peuvent se créer à travers lui, à devenir plus conscient des effets que vous produisez sur autrui, à faire preuve de clarté dans vos relations pour compenser une apparente ambiguïté, à bien saisir le sens de chacune de vos relations, et donc à donner une forme à ce charme qui ne s'exprime pas toujours consciemment. En effet, votre charme peut parfois être interprété comme une tentative de séduction, comme une invitation au plaisir, ou être plus simplement qualifié de bizarre et d'ambigu. La façon dont sera vécue cette facette de votre personnalité dépendra comme toujours du reste du thème mais aussi de la façon dont vous gérez votre charme et votre hypersensibilité.

Vous savez plus que tout autre, au niveau des sentiments et du relationnel, vous laisser aller, lâcher prise, suivre le fil conducteur de vos aspirations secrètes, vous laisser porter par le hasard des événements, faire confiance à la vie et naviguer à la boussole ou à l'intuition, sans forcément savoir où vous allez, sans forcément savoir quelle sera l'issue de vos démarches, et sans avoir besoin de repères particuliers. Si vous ne savez pas toujours ce que vous voulez et s'il peut y avoir en vous un certain flou, voire parfois une confusion en matière de sentiments, goûts et désirs, vous savez néanmoins avoir la foi, vous laisser guider par les événements et vous laisser aller dans la relation. Et bien souvent, le hasard ou le fil conducteur de vos aspirations secrètes font bien les choses et vous portent vers la réalisation de vos désirs, vers un bonheur affectif discret qui peut passer inaperçu mais qui vous grandit l'âme Votre vie affective peut alors contribuer à votre développement spirituel. Vous pouvez avoir tendance à rechercher la paix, le calme et le recueillement dans l'isolement, et à être aussi secret que discret dans l'expression de vos sentiments. Vous donnez parfois l'impression d'être indifférent, ailleurs, comme dans un état second parce que votre affectivité s'exprime subtilement et discrètement.

Vos faiblesses éventuelles peuvent provenir d'une difficulté à résister aux sollicitations d'autrui, d'une difficulté à faire le premier pas vers l'autre ou encore d'une tendance à vivre l'amour dans votre cœur et dans vos fantasmes uniquement, sans oser l'avouer à votre partenaire, tel un rêve sans réalité. Vous y gagneriez alors à exprimer un peu plus vos sentiments, à agir de façon plus concrète et à accepter que l'autre ne soit pas forcément devin ni télépathe.

Vous pouvez avoir des goûts, des aptitudes et des talents naturels pour explorer l'ailleurs, pour soulager et soigner les souffrances et misères du monde, pour utiliser votre foi et votre intuition, pour capter et ressentir ce qui se passe, pour inspirer et être inspiré(e), pour rêver et faire rêver, pour vous dévouer, pour utiliser un sens communautaire et humanitaire, pour relaxer et détendre, pour assister, pour explorer l'invisible et l'inconscient, pour sonder, pour participer à une entreprise collective, pour communier, pour faire de la magie à votre façon, pour vous évader et pour communiquer par l'image et les émotions. Votre image de la féminité est celle d'une femme sensible, intuitive, spirituelle, dévouée, capable de compassion, de charité, de sacrifice et d'amour inconditionnel, d'être une fée ou une magicienne.

ASPECT HARMONIQUE VENUS-PLUTON

Il y a dans votre thème astral une relation permanente, continue et symbiotique entre Vénus et Pluton qui s'expriment en vous comme deux partenaires. Comme vous êtes sensible aux effets positifs que chaque planète a sur l'autre et que vous croyez que lorsque vous vivez l'une des planètes, l'autre viendra systématiquement la soutenir, vous récoltez le meilleur de chacune de ces deux fonctions psychologiques et des expériences qui y sont associées.

Le plaisir, la beauté, la joie et le bonheur sont chez vous une vérité profonde qu'il vous faut apprendre à incarner et à faire vibrer dans votre corps. Pour éprouver du plaisir et ressentir de la joie, vous avez besoin de passion, d'une certaine tension, d'exprimer votre pouvoir personnel, de vérité et d'authenticité, de vibrer avec votre être tout entier, parfois d'un combat, de révélation et de parcourir un chemin initiatique qui vous amène à incarner votre vérité profonde. Et vous avez une connexion particulière avec l'au-delà. Avec de tels besoins, il n'est donc pas toujours simple d'éprouver du plaisir et de ressentir de la joie ! Sans doute vous faut-il effectuer un parcours initiatique et un travail sur vous-même pour en arriver là.

Mais quand cela arrive, cela vous possède en surgissant des entrailles de votre être, vous fait pulser et il devient évident que votre véritable nature, votre vérité profonde, est celle d'une personne joyeuse et heureuse. Vous vibrez alors d'un magnétisme très particulier.

Vos sentiments, vos goûts et vos désirs tendent à s'exprimer en fonction d'une logique qui vous est propre, une logique qui est au-delà des explications, des modèles, des conventions, des influences extérieures ou de l'éducation.

Parce qu'ils sont influencés par vos instincts primitifs, par des pulsions inconscientes souterraines, par un besoin de combat et par un besoin d'initiation, et parce qu'ils correspondent à vos exigences les plus personnelles, ils tendent à être intenses, passionnels, exigeants, exclusifs, authentiques et parfois excessifs. Aussi pouvez-vous avoir des difficultés à aimer en deçà d'un certain seuil d'intensité, de passion, de suspens, de mystère et de subtilité.

Vos préférences et vos désirs prennent facilement la forme d'une nécessité impérieuse, de pulsions qui doivent être satisfaites et d'ordres auxquels les autres doivent se plier. Vous savez vous battre avec acharnement et obstination pour réaliser vos désirs et pour satisfaire vos préférences.
Cela peut vous conférer de grandes aptitudes réalisatrices et une capacité à forcer les événements en votre faveur. Vénus-Pluton est synonyme d'un certain « sex appeal », d'une forte sensualité et d'un puissant pouvoir de séduction qui ne s'exprime pas toujours consciemment. Parfois, les événements, ou certains de vos comportements affectifs, vous dépassent.
C'est plus fort que vous. Vous pouvez alors avoir des difficultés à résister à certains de vos désirs ou à ceux d'autrui ou à certaines sollicitations, entre autres celles qui sont d'ordre sexuelles.

Parce que votre vie affective doit correspondre à votre réalité profonde, vous avez besoin d'une relation authentique et remplie de vérité. On ne triche pas avec vous. Et votre engagement dans la relation est total dès lors que vous avez testé l'autre, et que votre scepticisme naturel est surmonté.

Parce que vous avez besoin d'une certaine tension dans votre vie affective, vous ne vous sentez vivre que dans des relations intenses et passionnées, où règne une totale communion du corps et de l'esprit, mais quelques fois aussi ou l'un domine l'autre, tire les ficelles, impose ses choix, use de son pouvoir et manipule en transformant ou en adaptant l'autre à sa propre personnalité.

Lorsque vous n'arrivez plus à inspirer la passion ou à être épanoui sexuellement, lorsque vous ne parvenez plus à entretenir une certaine tension ou un certain suspens, lorsque l'autre est trop gentil, que la relation est trop calme, qu'elle n'évolue pas qu'elle et manque de piment, vous faites parfois en sorte de provoquer une crise et faîtes remonter la pression afin de transformer la situation, ou vous allez voir ailleurs, sans complaisance.

Vous pouvez être capable de faire preuve d'une gentillesse remarquable pour mieux manipuler l'autre et pour l'orienter subtilement vers vos propres objectifs. Par contre vous n'acceptez pas facilement l'aide d'autrui dans la mesure où vous ne voulez rien devoir à personne. Votre vie affective peut être particulièrement pimentée tant que vous n'avez pas maîtrisé cette tendance à vivre dans le rapport de force ou à vouloir dominer l'autre. Lorsque vous avez dépassé cette tendance vous savez alors vous battre avec l'autre pour créer une relation authentique et une vie de couple riche en émotions.

Lorsque vous vous sentez attiré par quelqu'un ou par quelque chose, lorsque vous aimez ou êtes aimé, vous avez la tendance et le besoin d'être comme fasciné, possédé, envoûté ou à l'inverse de fasciner, de posséder et de tenir l'autre à votre merci.

Vous pouvez avoir une forte emprise émotionnelle sur ceux que vous aimez et le pouvoir que vous donnez à ceux qui vous aiment fait que ces personnes peuvent aussi avoir une forte emprise sur vous. Vous avez parfois la curieuse tendance à rejeter l'autre lorsque vous l'aimez et à l'aimer lorsque vous le rejetez ou lorsqu'il qu'il vous rejette. Vous pouvez avoir tendance à associer tendresse et sexualité au point d'aimer l'autre, ou de vous attacher, que si les rapports sexuels sont satisfaisants. Cet aspect vous pose le défi d'apprendre à aimer de façon vraie et authentique, avec l'esprit, l'âme et le corps.

Quand vous arrivez à vous maîtriser et à canaliser vos pulsions, à bien saisir le sens de chaque relation qu'il y a dans votre vie, à être pleinement conscient de votre pouvoir de séduction et à être clair dans vos relations, votre intuition, votre flair ou votre instinct peuvent vous guider vers des relations riches, intenses et passionnantes, vers des relations qui vous grandissent, vous élèvent, vous transforment, vous font renaître et vous ouvrent les portes de l'initiation.

De certaines de ces rencontres peuvent naître des liens authentiques qui vous unissent à autrui pour l'éternité. Votre vie affective peut être vécue comme une véritable initiation spirituelle.

Elle se transforme perpétuellement et vous transforme, pour vous emmener vers ce dont au fond vous avez besoin, c'est à dire une vie nouvelle conforme à ce que vous êtes éternellement. Et parce que vous avez du caractère, avec vous, on ne s'ennuie pas.

Vous pouvez avoir tendance à attirer ou à être attiré par des personnes ayant de fortes personnalités, par des personnes qui grâce à leur lucidité et leur magnétisme peuvent vous ouvrir les yeux, vous apporter des révélations, vous transformer, jouer un rôle initiatique dans votre vie, vous apporter une protection invisible non dévoilée mais redoutablement efficace, par des personnes mystérieuses, secrètes, subtiles, intenses, authentiques ou par des personnes qui assurent au lit ! Vous êtes quelquefois attiré par des personnes en crise ou qui ont des problèmes, qui n'ont plus beaucoup de temps à vivre, ou encore par des exclus, des marginaux, des militaires, des gendarmes ou par des personnes qui incarnent une forme de pouvoir.

Dans certains cas, Vénus-Pluton correspond à une tendance à regarder sa vie affective de très loin, par rapport à l'éternité, à l'au-delà ou à l'ensemble de votre existence. La certitude que toute relation authentique perdure au delà la mort du corps terrestre et que vous retrouverez dans l'au-delà les êtres que vous avez aimés ici bas peut donner à votre vie affective une richesse spirituelle et une dimension tout à fait inhabituelle.

Vous pouvez être particulièrement lucide dans le domaine des sentiments et du relationnel. Vous savez alors voir derrière les apparences, déceler les besoins, intentions et goûts non exprimés de l'autre. Vous êtes particulièrement sensible aux rapports de force présents dans toute relation. Vous savez disséquer l'autre en perçant ses cuirasses et en faisant ressortir ses points faibles, voir ce qui ne va pas dans la relation en dramatisant parfois et tirer des conclusions à partir du moindre indice ou d'indices imperceptibles pour autrui. Vous pouvez ainsi purifier vos différentes relations afin de les rendre plus authentiques. Vous êtes parfois plus sensible à ce que l'autre dissimule qu'à ce qu'il révèle et si un détail subtil peut vous séduire, un rien peut aussi tout faire s'écrouler, d'où le fait que vous pouvez donner l'apparence d'une personne compliquée, bizarre ou tortueuse en matière de sentiments, de relations, de goûts et de préférences.

Vous aimez partager les secrets de votre partenaire, savoir un maximum de choses sur vos différentes relations quitte à faire quelques investigations, mais vous avez en revanche souvent besoin de garder vos sentiments, votre vie de couple et votre bonheur secret, et de les défendre farouchement contre tout élément susceptible de les perturber.

Si vous pouvez être particulièrement fidèle envers ceux que vous aimez lorsque vos exigences sont satisfaites, quitte parfois à les défendre jusqu'à la mort, vous pouvez être particulièrement venimeux envers vos ennemis et particulièrement efficace pour servir de bouclier psychique à votre partenaire par la protection que vous lui apportez.

Vous pouvez avoir des goûts, des aptitudes et des talents naturels pour transformer, régénérer, percer les secrets de la vie et de la mort, diagnostiquer, surveiller, garder, sécuriser et gérer les affaires de sécurité et d'assurance, utiliser des dons occultes ou des facultés psychiques, évacuer, pour gérer les crises et les conflits et pour vous occuper de difficultés ou de personnes en difficulté.

Votre image de la féminité est celle d'une femme authentique, ayant du caractère et de la puissance, passionnée, combative, mystérieuse, secrète, fascinante, envoûtante, dotée d'un fort magnétisme sexuel et détentrice du pouvoir d'initier aux mystères de la vie et de l'au-delà.

ASPECT DISSONANT/DYNAMIQUE VENUS-PLUTON

Il y a dans votre thème astral une relation permanente, mais discontinue, dissociée, duelle, tendue et conflictuelle, entre Vénus (vos désirs, vos plaisirs, vos sentiments, vos choix, votre relationnel) et Pluton (votre sexualité, votre besoin de transformation et d'initiation) car ces deux planètes vibrent en vous à deux fréquences totalement différentes.

Chaque planète veut se vivre, à sa façon, à travers vous et tend à considérer l'autre comme une rivale ou comme une perturbatrice. Vous avez alors tendance, soit à exprimer l'une puis l'autre des planètes d'une façon excessive, soit à vivre l'une des planètes et à rejeter l'autre parce que vous la considérez comme perturbatrice, parce que vous voyez son côté sombre plus que son côté lumineux.

Tant que vous nourrissez ce conflit à l'intérieur de vous, vous récoltez le moins bon de chacune des deux fonctions psychologiques et des expériences qui y sont associées. La solution, que vous verrez plus bas dans le texte, est de vivre chaque fonction en pleine conscience et de savoir alterner rapidement et consciemment, entre chacune des deux fonctions psychologiques représentées par la planète.

Vous transformez ainsi une relation conflictuelle en une grande force et vous vivez cette relation de façon consciente et dynamique.

Gérer la relation dissociée Vénus-Pluton, qui a mauvaise réputation, n'est pas une tâche facile. Il est souvent nécessaire, pour se libérer du Karma affectif qu'il engendre et pour pouvoir vivre une vie de couple harmonieuse, d'effectuer une prise de conscience et un travail d'évolution psychologique.

Ce n'est en général possible que lorsque vous avez atteint un certain degré de maturité, de lucidité, de pouvoir personnel et d'évolution sur le chemin de l'initiation que votre vie sentimentale peut devenir une source de bonheur durable. La relation Vénus-Pluton a un rôle initiatique dans le sens où elle a pour objectif de vous faire prendre conscience que votre vie terrestre n'est qu'une toute petite partie de votre vie éternelle, de vous apprendre les secrets de la vie et de la mort, de vous faire prendre conscience de ce que vous avez à travailler pour évoluer, c'est à dire les déchets psychologiques qu'il vous faut purifier et évacuer, le vide qu'il vous faut remplir, les dettes karmiques qu'il vous faut payer et les pertes et transformations qui sont nécessaires à votre évolution.

Si vous intégrez les transformations qui vous permettre de devenir plus authentique, si vous effectuez la prise de conscience et le travail sur votre personnalité qui sont nécessaires, cela peut déboucher sur une puissante évolution spirituelle et vous permettre d'initier autrui à ce qui leur est inconnu. La relation Vénus-Pluton dissociée s'est parfois matérialisé par la présence d'une femme (mère, tante, épouse, sœur, cousine, amante) qui fut dévalorisante, cassante, possessive et manipulatrice.

Cette femme a pu vous coller une fausse image de vous, une image d'une personne laide et incapable de séduire, ou alors une image de la femme objet, sale, obscure, exclue, marginale, tourmentée, effrayante, fatale, un peu sorcière ou obsédé par le sexe. Sans doute y gagneriez-vous alors à effectuer une prise de conscience quant à votre beauté, votre valeur et vos qualités mais aussi à développer une image de la femme plus positive, c'est à dire une autre image de la femme que l'aspect sorcière, objet sexuel, vamp, femme fatale et reptilienne qu'elle peut à priori vous inspirer.

Cette facette de votre personnalité peut initialement engendrer, lorsqu'elle n'est pas maîtrisée, une vie affective, des désirs et des relations qui peuvent être une source de crises et de douleurs, de culpabilité et parfois d'autodestruction, des difficultés à faire des choix et à ressentir du plaisir et de la joie, des difficultés à vivre heureux sur Terre, des difficultés à vivre des relations harmonieuses mais aussi des difficultés pour vous transformer, pour accéder à votre vérité, pour évoluer spirituellement et pour être en paix avec vous-même de par une dissociation, un conflit ou une contradiction entre par exemple un besoin d'harmonie et un besoin de combat, entre un besoin de plaisir et un besoin d'avoir mal, entre un besoin d'équilibre et un besoin de rupture d'équilibre associé à une tendance à saboter, entre un besoin de stabilité et un besoin de transformation, entre un besoin de relation sociale/sentimentale et un besoin de rejeter, entre un besoin de posséder des richesses et un besoin de se déposséder, entre un besoin de vous incarner dans la matière et votre besoin de suivre le chemin de l'initiation. Vous avez alors tendance à incarner plusieurs scénarios, en alternant parfois de l'un à l'autre.

Scénario 1 : Vénus domine et Pluton est rejeté ou mal intégré à votre personnalité.

Quand Vénus domine en vous, vous vivez selon vos désirs, votre besoin d'être en lien avec autrui et selon vos sentiments. Vous avez besoin d'exprimer votre sensualité, de vivre en fonction de ce qui vous plaît ou ne vous plaît pas, en fonction des attractions et affinités que vous pouvez ressentir avec autrui.

Vous vous consacrez alors à vos relations, à votre vie de couple, à vivre selon votre plaisir, vos goûts et vos préférences personnelles. Vous cherchez à vous ancrer dans la matière, à vous enrichir et à gérer votre capital. Il vous faut agrémenter et embellir la réalité, attirer, séduire, créer du bonheur et de l'harmonie, partager avec l'autre, d'exprimer votre sociabilité envers des membres de votre civilisation et de jouer votre rôle dans la société.

Vous pouvez alors être très sensible aux effets perturbateurs que peuvent avoir sur votre bonheur, vos plaisirs et vos relations le décès d'une personne qui comptait pour vous, une expérience sexuelle malsaine, les effets pervers de la jalousie, de la haine, des conflits, des rapports de force, de la guerre, de catastrophes naturelles ou de pratiques occultes malsaines, l'influence de personnes louches et dangereuses ou l'influence d'une personne qui vous a mis sur le mauvais chemin, qui vous a dévalorisé, manipulé, rejeté, trahi ou qui vous a fait mener une vie infernale.

Cela peut vous donner une tendance à attirer ce que vous redoutez et se traduire par une peur que des influences mystérieuses, qu'une une force occulte, que la fatalité, qu'une personne manipulatrice ou que vos propres démons viennent perturber ou anéantir votre bonheur ou votre couple et vous fasse mal. Ou peut-être avez-vous une peur bleue de la mort et des transformations? Vous avez alors tendance à nourrir vos propres angoisses et à rejeter tout ou partie de ce que représente Pluton.

Ce rejet de Pluton peut engendrer des difficultés à voir derrière les formes et les apparences, à ressentir puis à gérer les non dits, les angoisses, les malaises et les émotions non exprimées, à analyser les événements en profondeur, à comprendre le langage de la nature ou la justice divine, à garder un secret, à être lucide, à détecter les enjeux non exprimés, les tensions et les rapports de force sous jacents, à deviner les besoins, les intentions et les motivations d'autrui, à voir la vérité profonde de l'autre et à bien vivre l'expérience de la relation sexuelle.

Vous pouvez également avoir des difficultés à voir les problèmes en face, à accepter les crises et transformations nécessaires à l'évolution de toute vie, à gérer crises et conflits, à vous régénérer après des moments difficiles, à percer les mystères de l'existence et à vivre l'expérience initiatique, à réagir aux pressions, aux manipulations et aux magouilles, à influencer discrètement le cours des événements ou à tenir compte de vos exigences profondes. Si votre vie n'est pas tout à fait tel que vous le souhaiteriez, peut être en trouverez vous là la cause ?

Peut-être refoulez-vous cette partie profonde de votre personnalité parce que vous avez peur de ne plus être aimé si vous l'exprimez? Peut-être vous laissez-vous dominer, manipuler voire abuser par les événements ou par des personnes plus subtiles et plus sournoises présentes dans votre vie? Dans ce cas, parce que vous ne comprenez pas vraiment ce qui se passe autour de vous, ou parce que vous n'y voyez que du noir, vous risquez de vous faire manipuler. Et parce que vous refusez de vivre votre vérité profonde, vos passions et l'intensité de la vie, vous pouvez éprouver un sentiment d'ennui où une peur de vous ennuyer.

Peut-être avez-vous tendance à éviter, à rejeter ou à nier les crises et problèmes qui peuvent survenir dans vos relations ? Et peut-être refusez-vous de vous transformer pour vous adapter aux demandes de l'autre ? Vous risquez alors d'accumuler des déchets psychologiques et des souvenirs toxiques qui proviennent d'angoisses, de colères ou de pulsions non exprimées, et d'en subir les conséquences néfastes.

Il peut donc être important pour vous d'apprendre à faire remonter à la surface puis d'évacuer vos toxines intérieures, par exemple en faisant un travail sur le corps ou un travail en rapport avec la voix. A cause de ce que vous refoulez, vous pouvez être facilement insatisfait lorsque vous vivez une relation, un désir ou lorsque vous faites ce qui vous fait plaisir parce que vous avez l'impression qu'il vous manque cette part de vérité, d'authenticité, d'intensité, de mystère, de suspens, d'initiation, de transformation ou d'épanouissement sexuel qui est pour vous importante.

Vous pouvez avoir l'impression que les sentiments, goûts et désirs que vous exprimez, ou que la relation que vous vivez ne correspond pas à votre réalité intérieure, à votre volonté et à votre vérité profonde, à vos pulsions inconscientes, à vos instincts primitifs, à vos exigences personnelles ou à votre karma, ou que l'autre ne voit pas ou n'apprécie pas votre jardin secret et cette partie de vous que vous n'exprimez pas mais qui est pourtant réelle et essentielle. Et quand vos pulsons refoulées interviennent, cela peut se traduire par de violentes réactions de compensation et par des comportements excessifs.

Scénario 2 : Pluton domine et Vénus est rejetée ou mal intégrée.

Si vous vous êtes plutôt identifié à Pluton, prédomine alors chez vous un besoin de pouvoir, d'initiation, de percer les secrets de la vie, d'être détaché de tout en vivant les choses de très loin, d'être sexuellement épanoui, de développer votre instinct de survie et de résistance à de fortes pressions, d'être lucide, de vivre intensément et de suivre votre voie personnelle sans rien devoir à personne.

Vous pouvez être sensibilisé aux effets négatifs et perturbateurs que peuvent causer tout attachement à un être ou à un objet, toute relation amoureuse ou sociale, tout plaisir ou toute manifestation de gentillesse. Cela peut vous donner tendance à nier, à dénigrer ou à démolir tout comportement affectueux, l'expression des sentiments ou des sens, l'engagement affectif, vos désirs ou ceux des autres, ce qui vous fait plaisir et certaines de vos relations parce que vous les considérez comme des faiblesses.

Dans certains cas, parfois suite à une expérience affective décevante ou douloureuse, une tendance excessive à prendre de la distance par rapport à la vie affective en la voyant de très loin et en ressentant le caractère provisoire, accidentel, pathétique, faux voire sale des plaisirs charnels, des sentiments doucereux, des relations superficielles et des désirs égoïstes peuvent provoquer des réactions d'indifférence ou de rejet vis à vis d'eux.

Vous pouvez aussi avoir l'impression, lorsque vous êtes identifié à Pluton, que vos expériences et désirs sexuels, votre expérience de l'au-delà et vos expériences initiatiques, votre sensibilité à la jalousie, votre lucidité, vos exigences profondes ne vous procurent à vous ou à l'autre aucun plaisir et plutôt des désagréments, qu'ils n'ont aucun effet concret ou pire qu'ils vous coupent vos envies, vos désirs et votre besoin d'exprimer votre affectivité.

Vous pouvez parfois avoir tendance à ne plus croire ni en l'amour ni au bonheur, à ne voir que les mauvais cotés des autres ou de vous-même et à broyer du noir. Mais là où vous croyez être lucide, n'êtes vous pas excessivement sensible à la jalousie, aux pulsions refoulées, aux instincts primitifs, à ce que l'autre dissimule, aux différences qu'il y a entre vous et les autres et aux défauts d'autrui?

Un refoulement de tout ou partie de la fonction vénusienne peut vous donner l'impression qu'il manque à votre vie un équilibre, des moments agréables où vous faites ce qui vous fait plaisir, une vie relationnelle et une relation privilégiée où vous pouvez donner et recevoir de la tendresse.

Scénario 3 : Vénus (sentiments, désirs, besoins relationnels) domine en excès.

Si vous êtes plutôt identifié à Vénus, vous pouvez avoir tendance à l'être excessivement. Des réactions de compensation aux impressions de manque vu précédemment, impressions qui peuvent être subjectives ou correspondre à votre réalité quotidienne concrète, peuvent entraîner une faiblesse morale qui empêche une bonne gestion des désirs et des passions, une recherche excessive de plaisirs, de relations sociales ou de gains matériels, un besoin excessif de recevoir des marques d'affection au point parfois de faire n'importe quoi avec n'importe qui, quitte à vivre des plaisirs ou des relations qui sont finalement déséquilibrantes.

Vous pouvez avoir tendance à vouloir exagérément plaire et séduire, à tellement vous situer en fonction de l'autre ou des autres que vous y perdez une partie de votre authenticité et à rechercher des relations faciles qui ne vous donne pas la possibilité de trouver un bien être affectif. Une sensualité déchaînée peut mener à la débauche.

Une influence excessive des sentiments et des désirs peut se traduire par une trop grande affectivité, par une humilité ou une tolérance excessive, par une subjectivité empêchant de voir les choses en face, par une tendance au laxisme, à l'indécision, à l'insouciance, au laisser aller et par une attitude partisane du moindre effort dès qu'une difficulté ou un conflit se présente.

Vous pouvez avoir tendance à être trop bon et trop gentil, peut être par peur de décevoir, ou à en demander trop à l'autre au point que vos demandes sont parfois difficiles à supporter. La valeur attribuée à l'argent peut être excessive ou l'argent est parfois utilisé pour manipuler et pour dominer l'autre au travers d'une forme de chantage.

Certaines personnes ont tendance à se mettre dans des situations de dépendance matérielle ou affective vis à vis de personnes détenant le pouvoir.

Scénario 4 : Pluton est dominant en excès.

Avec vous c'est souvent tout ou rien. Vos goûts, vos préférences et vos désirs prennent facilement la forme d'une nécessité impérieuse, de pulsions qui doivent être satisfaites et d'ordre auxquels les autres doivent se plier.

Vous pouvez être prêt(e) à utiliser tous les moyens pour réaliser vos choix et pouvez être capable de vous battre jusqu'à la mort pour satisfaire vos désirs. Quand vos désirs ne sont pas satisfaits, c'est la crise, la haine, le drame, le suspens, les manipulations, la culpabilisation, les menaces, le chantage affectif et l'ultimatum.

Parce que vous pouvez avoir des difficultés à y voir clair dans votre vie affective, à réfléchir et à vous maîtriser, vous pouvez avoir tendance à attirer et à vivre des relations et des situations ambiguës, compliquées et douloureuses, tout en vous plaignant que vous n'avez pas de chance. Vous pouvez aussi avoir tendance, lorsque vous n'arrivez plus à entretenir la tension, à maintenir en irruption le volcan, à alimenter le suspens ou lorsque tout parait trop calme, à provoquer la crise, à chercher des problèmes là ou il n'y en a pas forcément, à créer des tensions ou à aller voir ailleurs.

Sans doute y gagneriez-vous à être plus tolérant et plus démocratique dans l'expression de vos désirs et à ne pas tout le temps demander l'impossible.

Parce que vous vous repérez en fonction de détails ou d'indices subtils imperceptibles pour autrui mais très présents à vos sens, (indices qui n'existent parfois que dans votre tête et qui peuvent être le produit de ce que vous refoulez dans votre inconscient) vous pouvez donner l'impression d'être une personne qui a des goûts, des sentiments, des désirs et des préférences très personnelles, qui se complique parfois inutilement la vie et qui aime un peu n'importe qui n'importe comment. L'influence excessive de Pluton peut induire des sentiments passionnels, obsessionnels, exigeants à l'extrême, orageux, durs, méfiants, jaloux, manipulateurs et parfois morbides. Une tendance à être particulièrement susceptible et secret dans l'expression de ce qui fait votre charme, de vos joies, désirs et sentiments peut vous créer des problèmes ou des complications relationnelles.

Une tendance à surprotéger l'autre au point d'être possessif, exclusif voire étouffant peut l'inciter à se soustraire à votre emprise et à vous rejeter. Cette tendance peut être due à un besoin de sécurité excessif qui provient d'angoisses mal contrôlées. Vous pouvez avoir des difficultés à vivre une relation privilégiée sans qu'il y ait de rapport de force, sans que l'un domine l'autre et manipule, tire les ficelles, détienne le pouvoir en imposant ses choix de façon pas toujours démocratique et tienne l'autre à sa merci. Votre vie affective peut alors ressembler à une lutte de pouvoir perpétuelle, comme si vous ne pouviez pas exprimer et vivre vos désirs, ce qui vous fait plaisir et vos sentiments en dehors d'un climat de suspens, de tension, de conflit ou de crise, comme si vous ne saviez aimer que lorsque vous avez mal ou que lorsque vous faites mal.

Peut-être que vous avez trop facilement l'impression ou la peur d'être manipulé ? Ces tendances peuvent néanmoins contribuer à la désintégration, à la destruction et à l'anéantissement de vos relations affectives. Peut-être avez vous tendance à être systématiquement désagréable envers l'autre, à manquer de respect envers lui, à l'humilier en tenant des propos cassants, à sans cesse le tester ou à sans cesse tester la valeur des sentiments qu'il vous porte, à lui parler tout le temps de ses faiblesses ou des vôtres sans y mettre les formes nécessaires, à être tout le temps en train de grogner, de gémir, de critiquer et de vous plaindre, à devenir hargneux lorsque le pouvoir vous échappe ou à susciter inconsciemment ce genre de comportements chez l'autre.

Vous dégagez parfois une aura d'agressivité, de négativité et d'individualisme qui ne veut rien devoir à personne pouvant décourager les autres à vous aborder ou à créer des liens avec vous. Une agressivité provocatrice, un coté dur et parfois violent, une franchise trop brutale, ainsi qu'une incapacité à soigner la forme peut vous attirer des rivalités sociales ou affectives, des ennemis nuisibles et une difficulté à vivre des relations harmonieuses. Et si vous n'avez pas forcément un sale caractère grâce à d'autres parties de votre personnalité, vous avez en tout cas du caractère. Vénus Pluton peut correspondre à une tendance à accorder un pouvoir énorme et parfois excessif aux autres, à la mère ou au partenaire, et à s'attacher à l'autre de façon excessive et collante, au point de piquer des crises d'angoisses dès qu'il s'absente. Cela peut provenir d'une peur du vide affectif, d'une peur d'être rejeté par l'autre et d'un sentiment d'exclusion. Peut être avez vous excessivement besoin lorsque vous vivez une relation, de transformation, d'épanouissement sexuel sans tabous, d'exploration de l'inconnu, d'initiation aux secrets de la mort, de la vie et des forces occultes de la nature, de développer votre lucidité, votre capacité de résistance, de régénération, de gestion de crises et problèmes ou de survie ?

Vous pouvez ainsi avoir tendance à vous lier avec des personnes perpétuellement en crise, avec des personnes qui sont dans l'ignorance, dans le rejet ou qui ont de gros problèmes, par ceux qui sont exclus, rejetés et marginalisés par la société, par des personnes destinées à mourir jeunes, par des personnes qui vous dominent et vous transforment, mais en vous détruisant au point que vous y perdez une part de votre identité, par des personnes qui utilisent ou subissent un usage néfaste de forces occultes ou avec des personnes ayant un penchant pour des pratiques sexuelles perverses, violentes, sado- masochistes et destructrices pour l'âme.

Et pourtant, derrière ces comportements, vous recherchez en fin de compte à connaître et à maîtriser vos pulsions ou les forces occultes de la nature alors que par de tels comportements vous risquez plutôt d'en devenir la victime. Vos sentiments peuvent parfois devenir une arme redoutable dont vous usez et abusez pour briser des relations, des cœurs et des consciences, pour réduire l'autre à votre merci, pour mesurer votre pouvoir, pour entretenir la tension ou par esprit de vengeance et de jalousie.

Ce que vous récoltez peut alors être aussi douloureux que ce que vous semez. Peut-être avez-vous découvert le rapport sexuel trop tôt, trop tard, ou que ça se soit mal passé la première fois ? Peut-être attachez-vous trop d'importance au plaisir charnel en croyant que le bonheur vient de là uniquement, pour ensuite rejeter en bloc cette fausse image de l'amour ? Vous gagneriez alors à développer une autre vision plus positive de l'amour et de la vie à deux.

Vénus Pluton donne parfois une difficulté à vivre au même moment ou avec la même personne entente sexuelle et entente affective ou encore une difficulté à aimer l'autre s'il n'y a pas une bonne entente sexuelle.

Expression positive consciente et naturelle : Lorsque vous apprenez à maîtriser cette partie de votre personnalité et à utiliser toute sa richesse et lorsque vous avez fait le chemin pour exprimer cette relation en pleine conscience et d'une manière positive. Pour transformer la relation Vénus-Pluton dissociée en relation consciente et dynamique, il peut être utile d'effectuer un travail sur l'image de la mère et de la femme, sur le couple et la vie affective, sur l'argent et la matière, sur le relationnel, sur le rôle de la forme, du plaisir et de l'harmonie et sur le rôle que doivent avoir dans votre vie relationnelle et au sein de votre personnalité les pulsions instinctives, la sexualité, l'au-delà et les voyages astraux (sorties hors de corps), les forces secrètes de la nature et l'initiation aux vérités universelles et à votre vérité profonde. Un travail sur la conscience corporelle (Tai-chi,

Tantrisme, Yoga, Danse) et un peu de sport peuvent vous faire le plus grand bien.

Les deux planètes peuvent être vécues dans des états d'esprit, dans des lieux ou à des moments très différents, de façon à ce que chacune rectifie l'autre au moindre excès et sans que l'une des fonctions psychologiques gène l'expression de l'autre. Vous pouvez alors vivre des moments où vous exprimez vos sentiments, vos vrais désirs et vos plaisirs, où vous vivez une relation tendre et privilégiée et des relations sociales agréables, où vous jouissiez de moments équilibrés et agréables et où vous goûtez aux plaisirs de la vie, en laissant de coté les problèmes et les difficultés, les crises et les tensions, et en ne cherchant plus à dominer l'autre. Et sachant qu'il existe au-delà des formes, des relations tendres et des désirs des sens une partie de votre personnalité plus intense, plus profonde, plus lucide, plus authentique et plus exigeante qui demande à s'exprimer à travers vous, vous pouvez vivre d'autres moments ou vous vous investissez dans une forme d'investigation ou de recherche initiatique, où vous allez au-delà du monde des apparences.

Vous pouvez vivre des expériences intenses qui correspondent à une volonté plus profonde que celles de vos désirs et de vos sens, en sachant éviter les excès dès que vous sentez votre équilibre menacé. Vous pouvez maîtriser l'art de dédramatiser sans pour autant renier. Vous pouvez aussi être capable de tempérer votre violence intérieure et de la canaliser dans une activité productive (artistique, relationnelle, financière). En amour, il y a des moments pour les câlins ou la tendresse et d'autres pour l'intensité du corps à corps ou pour l'intensité tout court. Il y a des moments où vous vous laissez aller dans une détente agréable, où règne l'accord et l'harmonie et où vous vous attachez, puis d'autres où vous êtes détaché où il vous faut mettre de coté vos sentiments pour gérer les crises et problèmes qui peuvent se présenter.

La relation Vénus-Pluton peut aussi être temporairement assumée à deux au sein d'une relation, l'un des partenaires assumant le rôle vénusien (relationnel, finances, esthétique, détente, loisirs, plaisirs) et l'autre le rôle plutonien (évolution psychologique et spirituelle, initiation, épanouissement sexuel, gestion des crises et des problèmes, sécurité et pouvoir). Bien maîtrisée, la relation Vénus-Pluton peut vous conférer un ensemble d'aptitudes qui sont alors vécues d'une façon particulièrement consciente et dynamique. Cela peut vous conférer, en ce qui concerne Vénus, une exceptionnelle maîtrise de vos sentiments, de vos désirs et de votre sens relationnel, artistique ou financier et en ce qui concerne Pluton un puissant caractère, une lucidité, une subtilité, une combativité, des capacités de transformation, un pouvoir d'infléchir le cours des événements et un éveil spirituel hors du commun.

Si vous êtes un homme, vous pouvez avoir une certaine fascination pour la femme à qui vous accordez toutes sortes de pouvoirs. Vous pouvez être capable de vivre avec elle des liens authentiques qui vous unissent pour l'éternité et des relations sexuelles épanouies. Si vous êtes une femme vous tendez à avoir un puissant magnétisme sexuel, un fort instinct de domination et un coté secret, mystérieux, authentique ou fascinant. Lorsque la relation Vénus-Pluton est vécue en conscience, le plaisir, la beauté, la joie et le bonheur sont chez vous une vérité profonde qu'il vous faut apprendre à incarner et à faire vibrer dans votre corps. Pour éprouver du plaisir et ressentir de la joie, vous avez besoin de passion, d'une certaine tension, d'exprimer votre pouvoir personnel, de vérité et d'authenticité, de vibrer avec votre être tout entier, parfois d'un combat, de révélation et de parcourir un chemin initiatique qui vous amène à incarner votre vérité profonde.

Et vous avez une connexion particulière avec l'au-delà. Avec de tels besoins, il n'est donc pas toujours simple d'éprouver du plaisir et de ressentir de la joie ! Sans doute vous faut-il effectuer un parcours initiatique et un travail sur vous-même pour en arriver là. Mais quand cela arrive, cela vous possède en surgissant des entrailles de votre être, vous fait pulser et il devient évident que votre véritable nature, votre vérité profonde, est celle d'une personne joyeuse et heureuse. Vous vibrez alors d'un magnétisme très particulier. Vos sentiments, vos goûts et vos désirs s'expriment en fonction d'une logique qui vous est propre, une logique qui est au-delà des explications, des modèles, des conventions, des influences extérieures ou de l'éducation. Parce qu'ils sont Influencés par vos instincts, par des pulsions inconscientes souterraines, par un besoin de combat et par un besoin d'initiation, et parce qu'ils correspondent à vos exigences les plus personnelles, ils tendent à être intenses, passionnels, exigeants, exclusifs et authentiques. Aussi pouvez-vous avoir des difficultés à aimer en deçà d'un certain seuil d'intensité, de passion, de suspens, de mystère et de subtilité.

Vos préférences et vos désirs prennent facilement la forme d'une nécessité impérieuse, de pulsions qui doivent être satisfaites et d'ordres auxquels les autres doivent se plier. Vous savez vous battre avec acharnement et obstination pour réaliser vos désirs et pour satisfaire vos préférences. Cela peut vous conférer de grandes aptitudes réalisatrices et une capacité à forcer les événements en votre faveur. Vous avez une forte sensualité et un puissant pouvoir de séduction qui ne s'exprime pas toujours consciemment. Parfois, les événements, ou certains de vos comportements affectifs, vous dépassent. C'est plus fort que vous. Vous pouvez alors avoir des difficultés à résister à certains de vos désirs ou à ceux d'autrui ou à certaines sollicitations, entre autres celles qui sont d'ordre sexuelles.

Parce que votre vie affective doit correspondre à votre réalité profonde, vous avez besoin d'une relation authentique et remplie de vérité. On ne triche pas avec vous. Et votre engagement dans la relation est total dès lors que vous avez testé l'autre, et que votre scepticisme naturel est surmonté.

Comme vous avez besoin d'une certaine tension dans votre vie affective, vous ne vous sentez vivre que dans des relations intenses et passionnées, où règne une totale communion du corps et de l'esprit, mais quelques fois aussi ou l'un domine l'autre, tire les ficelles, impose ses choix, use de son pouvoir et manipule en transformant ou en adaptant l'autre à sa propre personnalité.

Lorsque vous n'arrivez plus à inspirer de la passion ou à être épanoui sexuellement, lorsque vous ne parvenez plus à entretenir une certaine tension ou un certain suspens, lorsque l'autre est trop gentil, que la relation est trop calme, qu'elle n'évolue pas qu'elle et manque de piment, vous faites parfois en sorte de provoquer une crise et faîtes remonter la pression afin de transformer la situation, ou vous allez voir ailleurs, sans complaisance.

Vous pouvez être capable de faire preuve d'une gentillesse remarquable pour mieux manipuler l'autre et pour l'orienter subtilement vers vos propres objectifs. Par contre vous n'acceptez pas facilement l'aide d'autrui dans la mesure où vous ne voulez rien devoir à personne. Votre vie affective peut être particulièrement pimentée tant que vous n'avez pas maîtrisé cette tendance à vivre dans le rapport de force ou à vouloir dominer l'autre.

Lorsque vous avez dépassé cette tendance vous savez alors vous battre avec l'autre pour créer une relation authentique et une vie de couple riche en émotions. Lorsque vous vous sentez attiré par quelqu'un ou par quelque chose, lorsque vous aimez ou êtes aimé, vous avez la tendance et le besoin d'être comme fasciné, possédé, envoûté ou à l'inverse de fasciner, de posséder et de tenir l'autre à votre merci. Vous pouvez avoir une forte emprise émotionnelle sur ceux que vous aimez et le pouvoir que vous donnez à ceux qui vous aiment fait que ces personnes peuvent aussi avoir une forte emprise sur vous.

Vous avez parfois la curieuse tendance à rejeter l'autre lorsque vous l'aimez et à l'aimer lorsque vous le rejetez ou lorsqu'il qu'il vous rejette. Vous pouvez avoir tendance à associer tendresse et sexualité au point d'aimer l'autre, ou de vous attacher, que si les rapports sexuels sont satisfaisants. Cet aspect vous pose le défi d'apprendre à aimer de façon vraie et authentique, avec l'esprit, l'âme et le corps.

Quand vous arrivez à vous maîtriser et à canaliser vos pulsions, à bien saisir le sens de chaque relation qu'il y a dans votre vie, à être pleinement conscient de votre pouvoir de séduction et à être clair dans vos relations, votre intuition, votre flair ou votre instinct peuvent vous guider vers des relations riches, intenses et passionnantes, vers des relations qui vous grandissent, vous élèvent, vous transforment, vous font renaître et vous ouvrent les portes de l'initiation.

De certaines de ces rencontres peuvent naître des liens authentiques qui vous unissent à autrui pour l'éternité. Votre vie affective peut être vécue comme une véritable initiation spirituelle. Elle se transforme perpétuellement et vous transforme, pour vous emmener vers ce dont au fond vous avez besoin, c'est à dire une vie nouvelle conforme à ce que vous êtes éternellement. Et parce que vous avez du caractère, avec vous, on ne s'ennuie pas.

Vous pouvez avoir tendance à attirer ou à être attiré par des personnes ayant de fortes personnalités, par des personnes qui grâce à leur lucidité et leur magnétisme peuvent vous ouvrir les yeux, vous apporter des révélations, vous transformer, jouer un rôle initiatique dans votre vie, vous apporter une protection invisible non dévoilée mais redoutablement efficace, par des personnes mystérieuses, secrètes, subtiles, intenses, authentiques ou par des personnes qui assurent au lit !

Vous êtes quelquefois attiré par des personnes en crise ou qui ont des problèmes, qui n'ont plus beaucoup de temps à vivre, ou encore par des exclus, des marginaux, des militaires, des gendarmes ou par des personnes qui incarnent une forme de pouvoir. Chez certaines personnes, Vénus-Pluton correspond à une tendance à regarder sa vie affective de très loin, par rapport à l'éternité, à l'au-delà ou à l'ensemble de votre existence.

La certitude que toute relation authentique perdure par delà la mort du corps terrestre et que vous retrouverez dans l'au-delà les êtres que vous avez aimés ici bas peut donner à votre vie affective une richesse spirituelle et une dimension tout à fait inhabituelle. Vous pouvez être particulièrement lucide dans le domaine des sentiments et du relationnel. Vous savez alors voir derrière les apparences, déceler les besoins, intentions et goûts non exprimés de l'autre. Vous êtes particulièrement sensible aux rapports de force présents dans toute relation.

Vous savez disséquer l'autre en perçant ses cuirasses et en faisant ressortir ses points faibles, voir ce qui ne va pas dans la relation en dramatisant parfois et tirer des conclusions à partir du moindre indice ou d'indices imperceptibles pour autrui. Vous pouvez ainsi purifier vos différentes relations afin de les rendre plus authentiques.

Vous êtes parfois plus sensible à ce que l'autre dissimule qu'à ce qu'il révèle et si un détail subtil peut vous séduire, un rien peut aussi tout faire s'écrouler, d'où le fait que vous pouvez donner l'apparence d'une personne compliquée en matière de sentiments, de relations, de goûts et de préférences.

Vous aimez partager les secrets de votre partenaire, savoir un maximum de choses sur vos différentes relations quitte à faire quelques investigations, mais vous avez en revanche souvent besoin de garder vos sentiments, votre vie de couple et votre bonheur secret, et de les défendre farouchement contre tout élément susceptible de les perturber.

Si vous pouvez être particulièrement fidèle envers ceux que vous aimez lorsque vos exigences sont satisfaites, quitte parfois à les défendre jusqu'à la mort, vous pouvez être particulièrement venimeux envers vos ennemis et particulièrement efficace pour servir de bouclier psychique à votre partenaire par la protection que vous lui apportez.

Vous pouvez avoir des goûts, des aptitudes et des talents naturels pour transformer, régénérer, de percer les secrets de la vie et de la mort, diagnostiquer, surveiller, garder, sécuriser et gérer les affaires de sécurité et d'assurance, utiliser des dons occultes ou des facultés psychiques, évacuer, pour gérer les crises et les conflits et pour vous occuper de difficultés ou de personnes en difficultés. Votre image de la féminité est celle d'une femme authentique, ayant du caractère et de la puissance, passionnée, combative, mystérieuse, secrète, fascinante, envoûtante, dotée d'un fort magnétisme sexuel et détentrice du pouvoir d'initier aux mystères de la vie et de l'au-delà.

BIBLIOGRAPHIE

L'art de l'interprétation en astrologie
Transits planétaires et destinée
Georges Antares

L'astrologie, la psychologie et les 4 éléments
Astrologie, Karma et transformation
Les cycles astrologiques
Stephen Arroyo

Traité pratique d'astrologie
De la psychanalyse à l'astrologie
Uranus et Neptune
André Barbault

Les transits
Sylvie Beauget

Les aspects astrologiques
Bernard Blanchet

Dictionnaire astrologique
Henri G Gouchon

L'Astrologie
Le retour de Lilith
Joëlle de Gravelaine

Saturne
Guide astrologique des relations humaines
Le développement personnel
Liz Greene

Saturne et Uranus/Pluton
Astrologie mondiale
Hadès

La condition Solaire
Jean Pierre Nicolas

Le cycle de la lunaison
Le rythme du zodiaque
Dane Rudyar

Services proposés en Développement Personnel

Votre Diamant de Naissance

En tant qu'être humain créé par la Source, vous êtes un Diamant qui ne demande qu'à briller ! Pour faire briller le Diamant que vous êtes, il est nécessaire de polir, c'est à dire de prendre conscience, puis d'exprimer, chacune de ces facettes ! Véritable outil de connaissance de soi, ce « Thème Numérologique », basé sur votre nom+prénom+date de naissance, vous révèle dans toutes vos dimensions à travers les 24 facettes de votre être. Environs 80 pages.

Votre Thème Astral Approfondi

Votre thème de naissance représente la structure et le cheminement de votre âme, mais aussi ce qu'elle a choisi de rencontrer comme expériences. Axé sur la dimension psychologique et karmique, ce thème astral révèle votre structure, vos fonctionnements, vos atouts, vos contradictions et vos possibilités d'expression. Il vous aide à comprendre certaines difficultés et schémas de vie répétitifs, afin de les résoudre. 120 pages.

Votre Thème annuel

Chaque année (à la date de votre anniversaire), un nouveau thème se dessine pour vous…c'est votre Révolution solaire (nouvel ascendant, nouvelles configurations planétaires). Elle est le paysage de votre année, avec ses propositions, ses potentialités à exprimer, ses difficultés à transcender. Cette étude offre un éclairage sur votre année. Elle vous aide à l'optimiser et à lui donner du sens. Environs 15 pages.

Plus d'infos sur http://www.coaching-evolution.net

Sur demande par mail à : jacksoneric@neuf.fr ou 06 62 51 32 26

Contact : 06 62 51 32 26